南京大学政府管理学院优势学科项目成果

决策理论

在中国改革开放时期的适用性

黄健荣　著

中国大百科全书出版社

图书在版编目（CIP）数据

决策理论在中国改革开放时期的适用性 / 黄健荣著. —北京：中国大百科全书出版社，2022.12

ISBN 978-7-5202-1252-6

Ⅰ. ①决…　Ⅱ. ①黄…　Ⅲ. ①国家行政机关—决策—研究—中国　Ⅳ. ①D63

中国版本图书馆CIP数据核字（2022）第240513号

出 版 人　刘祚臣
策　　划　刘　嘉
责任编辑　陈　光
责任印制　邹景峰
装帧设计　博越创想
出版发行　中国大百科全书出版社
地　　址　北京阜成门北大街 17 号
邮　　编　100037
网　　址　http://www.ecph.com.cn
印　　刷　北京君升印刷有限公司
开　　本　710 毫米 ×1000 毫米　1/16
字　　数　256 千字
印　　张　20
版　　次　2022 年 12 月第 1 版
印　　次　2022 年 12 月第 1 次印刷
定　　价　78.00 元

前言

这是拙著 *The Applicability of Policy-Making Theory in Post-Mao China* 的中文版。

1999 年，本书以英文写成，由英国 Ashgate 出版公司（Ashgate Publishing Limited）在英、美、澳和新加坡出版，迄今已历二十三春秋。对于漫漫历史长河，这不过是弹指一瞬间。然而在这将近四分之一世纪的时段中，无论是中国还是世界都发生了巨大的变化。现在把本书的中文版介绍给国内读者，仍然有多方面的积极意义。

其一，本书对一些主要决策理论和决策模式的探讨以及对这些理论与模式在中国决策实践的适用性所作的分析研究，仍有其特别的参考价值。

其二，本书以中国建立经济特区的决策进程为研究对象，检视若干决策理论与模式在中国改革开放时期特别是创立经济特区决策进程中的适用性，对于研究推动中国改革开放历史进程的中国政府决策模式与决策行为的发展演进具有特别的价值。

其三，中国经济特区是在中国改革开放大潮中先行一步的“窗口”“桥梁”和“试验田”，对推进中国改革开放的迅猛发展起到了不可或缺的探索和示范的重要作用，极大促进了中国与外部世界沟通交流，推动了中国开放型经济的蓬勃发展，写下了宏阔壮美、浓墨重彩的历史篇章。对中国经济特区建立发展决策进程的研究是中国改革开放史研究的重要组成部分，因此本书对于中国改革开放史和中国经济特区发展史的研究都有重要参考价值。

本书遂译工作在抗疫期间完成。全球抗击防控新冠病毒肺炎疠疫狂风暴雨的严峻斗争再次警示世人，现代世界任何国度的治国理政，无论是制定应对政治、经济和外交重大事务的大政方针，还是制定防控抗击烈性传染疾疫的方略政策，都必须坚守实事求是的原则，恪守尊重事实一切以事实为依据的理念；都必须充分尊重科学，尊重客观规律；都必须依循科学决策、理性决策和民主决策的路径进行决策。这使我们更深刻地认识到，深入探讨优化政府决策的理论与方法，对于持续改善和优化政府决策能力与决策方式、优化政府管理能力的重要性。在这样的背景之下，出版这一从比较分析各种决策理论和决策模式的适用性切入，以进行决策分析与政策分析的方式研究中国改革开放时期政府决策模式发展演变及其缘由与影响的学术作品，更具特别的现实意义。

历史已经证明，且还将继续证明，只有坚定不移地在改革开放的道路上奋力前行，才能真正促进中国经济社会的可持续发展与健康发展，推进中国全面现代化建设和中华民族复兴。谨以本书之出版，致敬中国经济特区的开创者与建设者！致敬中国改革开放事业的开拓者与奉献者！为中国的未来祝福！

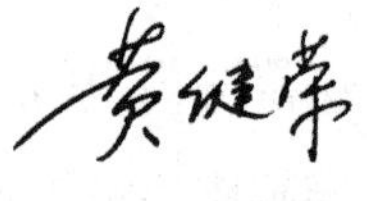

2022 年 5 月 15 日

于南京大学

致谢

以多种决策理论和模型对决策实践进行分析研究，是一项既具挑战性又令人感兴趣的工作。我能够顺利完成此项研究，首先是要感谢我的导师，英国纽卡斯尔大学社会学与社会政策系的迈克·希尔教授。感谢他对我论文研究写作的悉心指导，感谢他持续给予我启迪与鞭策。这一切都使我深受教益，并不断从中获得前行之动力。

特别感谢我的好友文森特·莱利先生，感谢他的友情与热情相助。他抽出宝贵时间为我审读论文，在英语方面给予帮助，改正其中的文法错误。此外，他让我有机会多次直接参与或观察纽卡斯尔当地的各种社区活动，以及一些基层党群组织的活动，包括不同层面的竞选活动，使我得以拓展和丰富在英国的学习生活经历，多方面获得新鲜生动的对于西方社会公共生活的感性认知，从而对我的研究所涉及的对当代欧美决策理论与欧美政治的探讨和对中国政府决策实践的分析评估助益良多。

感谢韦特·威尔逊教授对我的支持和指导。感谢罗伯特·霍伦兹博士的友情相助。他审阅了我的论文稿部分章节，并提出很有价值的意见。特别感谢他建议我与英国 Ashgate 出版公司联系出版事宜。感谢系主任彼特·塞尔曼博士对我研究工作的关心支持。感谢前后三任系务秘书多萝茜、玛格丽特和卡罗琳女士。

她们热诚友好，为我的研究工作提供方便和帮助，给我留下愉快的美好记忆。

特别感谢我的妻子姜秀珍女士。她全力支持我的工作，承担起家务的主要责任，使我得以专心进行学术研究。

最后，我还要感谢 Ashgate 出版公司为拙著出版付出辛劳的编辑，特别是凯特·特雷、安妮·凯比、克莱尔·安那尔斯和阿曼达·理查森，感谢他们给予的宝贵支持和帮助，使本书得以顺利出版。

1999 年 5 月 18 日

于英国纽卡斯尔大学

目录

第三部分　中国经济特区建立的决策分析

图表目录

第1章　导言

由于如下原因，探讨一系列决策理论在中国改革开放时期政府决策实践中的适用性，是一项具有挑战性的研究。(1）系统考察若干形成于西方的重要决策理论在中国的适用性是一项创新性工作；(2）对中国政府决策领域进行研究本身就是一项难度很大的探索性工作，面临诸多复杂问题。因此，为便于有效展开这一论题，需要首先简要讨论以下有关问题：为何有必要考察这些决策理论在中国的适用性？为何改革开放时期中国政府决策实践特别值得研究？进行这项研究的条件和困难是什么？以及本文将采用何种方法进行研究。

1.1　研究决策理论适用性的意义

政府决策研究在20世纪50年代以来得到迅速发展，特别是在美国和英国，政府决策研究已经成为政治学研究的主要议题之一。围绕政府决策研究的兴趣涵盖广泛的范围，包括政策内容、政策过程、政策产出、政策评估、决策信息、过程倡导和政策倡导（Hogwood and Gun, 1981,

1984）。本书讨论的只是这一范畴的第二部分：政策制定过程或决策过程。围绕这一过程，产生了各种旨在探讨或解释这一过程的理论。

本书将拟讨论的理论和模型分为两组。第一组是关于政策是如何制定的研究，包括相关的国家理论，如多元主义、精英主义、马克思主义、全球主义和制度主义等。这一组的理论与模式主要是对政府决策的实然状态进行探讨，包括谁参与或主导决策，决策的主导因素及其原因等。第二组决策理论与模型探讨改善决策的路径，主要是探讨政府决策的应然状态，包括理性主义、渐进主义、最优方法、混合扫描方式和权变方式等。

所有那些致力于研究政府决策过程的理论和模型，包括与之相关的国家理论和探索如何改善决策的理论，在决策研究中都处于主流地位，在西方的研究文献中具有重要意义。因此，在考虑研究一个国家或地区的具体决策进程，或某一具体决策问题时，首先从这些理论获得助益是明智的。这些理论和模型不仅可以为我们提供具有启发性的概念参考，而且可以为我们提供从不同角度分析政策过程的方法。另一方面，用上述理论和模型来分析具体的决策过程，也就是考察它们在多大程度上可以用于对实践进行观察和解释，进而探讨其因由。因此，将这些理论和模型用于一个国家或地区的具体政策事件的研究，既有利于检验这些理论和模型的适用性，也有利于推进对具体政策出台过程的研究。

由于中国的政治体制和决策机制不同于创造这些理论和模式的西方国家，这就不可避免地提出了两个问题：一是这种方法是否适用于研究中国的政府决策实践，二是这些理论和模型是否及在何种程度上适用于解读中国的政府决策实践。这些都需要并值得研究，是本书要探讨的核心问题。

1.2 改革开放以来中国的决策实践值得深入研究

从20世纪70年代末开始，在改革开放战略的指引推动下，中国进入了经济社会发展转型期。这一转变在中国历史上具有重大而深远的意义。从根本上说，这一转变的实质就是中国结束了长达两个多世纪的封闭状态，开始了真正平等开放、走向全球化的崭新时代。中国在这个过程中走向振兴和复兴，走向富强。中国的改革开放将作为20世纪世界上最有影响的重大事件之一载入全球史册。

这一重大转型的变化影响了中国经济社会的各个领域，其中经济增长无疑最为显著。从1979年到1995年，中国的国民生产总值增长迅速，平均每年以9.9%的速度增长（《人民日报》海外版，1996年7月6日第1版）。时任美国众议院议长金里奇认为，作为一个拥有世界五分之一人口的国家，“中国经济的增长和人民生活水平的提高是人类在过去二十年中取得的最大成就之一”①（《人民日报》海外版，1997年2月29日第1版）。

早在1992年，在美国享有盛誉的美国综合长期战略委员会就预测，“2010年，中国将成为世界第二或第三大经济强国”。这份名为《认知威慑》的报告，是根据美国著名智库兰德公司的资料提出的，包括美国前国务卿基辛格、前国家安全顾问布热津斯基和亨廷顿在内的许多美国外交政策方面的权威人士，都在报告上签了字（《特区经济》，1992年第4期社论）。

20世纪80年代以来，对中国改革开放成就较有影响的评论还有：英国《经济学家》周刊肯定中国经济改革取得了十多年的经济繁荣；法国《投资》将中国视为经济巨人；美国前总统尼克松说，中国在21世纪将

---

① 这一观点是时任美国众议院议长纽特·金里奇于1997年2月访华会见时任国务院副总理朱镕基时所提出的。

是世界上不仅人口最多，而且经济最繁荣的经济体（《半月谈》，1992，第5期，第5页）。

上述的美国权威报告和有关世界舆论表明，中国在经济上取得的巨大成就已为世界所公认；世界也认识到中国进一步发展的巨大潜力和光明前景。经济的快速发展带来了中国社会其他方面相应的巨大变化。在中国过去的两个世纪的历史中，从未出现过如此令世界瞩目的经济发展和社会繁荣。那么，中国为什么能在20世纪80年代以来就取得如此重大的发展呢？从根本上说，这是中国自发起改革开放以来施行一系列新战略和新政策的结果。那么，中国领导人为何能制定和实施这些新战略和新政策呢？在中华人民共和国成立后的前30年，并未能做出这些决策。事实表明，这是由于中国政府的决策行为、决策方式和决策环境发生了重大变化。这些变化涉及如下五个方面。

- 价值——评价一项决策的标准；
- 动机——为何要做出该项决策；
- 方法——使用何种方式来进行决策；
- 权力运行机制——在何种权力结构和权力运行机制中进行决策；
- 环境——在何种政治环境中进行决策。

那么，20世纪80年代以来在这些方面发生了什么呢？要回答这个问题，需要进行深入研究。我们只有弄清这些变化，才能理解中国政府决策行为和决策环境的改善为什么以及如何产生这些重大影响。

本书不可能从全方位整体上探讨在上述方面中国政府决策过程的变化，而是选择以中国经济特区建立和发展的政策过程为重点，来进行剖析个案的深入研究。具体而言，选择经济特区创立进程的决策行为进行案例研究之原因有如下三个方面。

（1）建立和发展经济特区是中国改革开放战略的重要组成部分，其政策与改革开放时期中国其他领域的政策有密切的相关性。因此，分析改革开放时期中国推进经济特区进程的决策过程，是观察和评价这一时期中国决策行为的一个很好的界面。

（2）中国经济特区的成功创立和发展产生了广泛和深远的影响，国内外都对经济特区的成就和经济特区作为中国实行改革开放的“窗口”“桥梁”和“试验田”的重要作用给予充分肯定。改革开放兴起后中国决策模式的变化为何以及如何导致经济特区的成功，是值得深入研究的问题。

（3）经济特区具有涉及敏感和重大政策问题较多的特点，又处于中国改革开放战略的前沿位置，因此推动经济特区进程的决策受到多种因素的影响，涉及多种利益群体。探讨这一发展进程，能够使我们认知如下一系列问题：各种内部和外部因素如何及在何种程度上产生了推动决策的动力；不同层次、不同领域的精英如何发挥作用，在多大程度上影响了政策的制定；一种新兴的多元化趋势如何及在多大程度上介入和影响了政策的制定；中国的现行制度，包括新建构制度，如何及在何种程度上塑形和制约政策制定过程；以及不同的决策方法在决策中如何应用及在多大程度上得到应用。因此，观察这样一幅幅生动多彩的政府决策画面，为我们审视一系列决策理论和模型对中国政府决策实践的适用性提供了一个很好的验证物。

在运用这些理论和模型来研究中国政府决策过程时，我们采用的方法是通过对所选择的一系列理论和模型在中国实践中的适用性的检验，来探讨改革开放时期中国政府决策行为的发展变化、主要特征及其原因。这种理论分析与实证分析相结合的方法可谓一石二鸟，这样做不仅使我们能观察到所选取的每一种理论对中国实践的解读程度及其原因，而且也能够通过这样的分析工具来探讨这一时期中国的政府决策模式的发展变化。

1.3 本研究可能遇到的问题

在真正进入对中国政府决策过程的研究时，虽然存在着可能性或有利条件，但也不可避免地会面临诸多不确定性和困难。一般来说，对学者而言，研究政治是一种巨大的挑战，因为“它使我们卷入在从未获得完全的关于发生了什么和为何发生的信息的情况下，却试图理解和解释事件，我们的解释受到我们的资讯构成和我们的意识形态影响”（Hill, M.J., 1993, p.157）。这不像观察冰山——虽然我们只能看到冰山呈现在水面上的一部分，但仍可根据冰山的比重和冰山十分之九隐于水下的知识，计算出它的总重量，此外也可以凭借声呐或更先进的探测设备确定冰山水下部分的形状。然而，观察和分析政治活动和政治事件，特别是决策活动，则大不相同。由于政治尤其是决策活动通常是隐秘的，当我们只能看到其中的某个或某些部分，或这些部分的表面现象，即它们通常能够被看到的样貌时，我们就很难对其进行全面的探讨和分析，并切实地解释个中原因。因为，我们没有任何像观察和测度冰山那样的计算公式或工具，可以便捷地计算和分析这些政治活动。因此，对这一领域进行研究的局限性是不可避免的。学者们所需要和能够做的，只是根据掌握的资料，借助对一般背景的理解，并尽可能多地借助可获得的有参考价值的理论，尽可能地去理解和解读所看到的现象或信息。

较之对西方国家的政治生活进行观察分析，研究中国的政治和决策过程将会遇到更多的困难，会有更多的不便，在很大程度上源于中国政治生活还比较缺乏开放性的特点。由于媒体和研究者所受到的进入政治领域的限制，一些重要的信息（包括公开活动的内部或幕后的信息）在政治事件的处理过程中或之后都难以接触和探究。因此，这些资讯数据很难被发现和积累。冀望深入探讨某个问题的学者，往往难以通过不同的途径，包括查阅档案、访谈和问卷调查，取得足够的资料。

因此，在决定研究本书所确定的主题时，我们知道将会不可避免地遇到许多困难。然而有必要指出，要完成这一艰巨任务，面临挑战的作者亦有利好的条件，能在一定程度上克服困难。这些便利条件包括两个方面。一是对中国政治和制度比较熟悉，这种熟悉既来自个人经验，来自对研究议题理解的积累，也来自对可能获取的必要资料信息的熟悉程度和语言优势。二是作者具有十多年历史研究的学术背景，这对于分析一个具有深刻而复杂背景的政策过程应是大有助益。研究条件的短项则可以概括为：（1）在研究经济特区决策的过程中，很难对这些决策者进行访谈。（2）一些与创建特区决策进程密切相关的核心信息，仍属于高度机密文件，难以获得接触的便利。

但是，在这种情况下，我们仍然可以进行研究。我们可以利用国内外政府和非政府组织出版物、政府档案、学者的研究著作以及报刊期刊上公开发表的相关信息等可获得的资料，尽可能地描绘和分析这座冰山——改革开放时期中国政府决策行为与经济特区政策过程的基本图景及其变化。虽然这样做主要是依据作者的个人的分析判断，但相信仍然会有益于至少从一个特别的界面推进这一领域的探索，拓展对这一问题研究的视界。

1.4 研究的主要内容与方法

在结合历史语境分析和综合理论分析的基础上，我们主要探讨两个方面的问题。（1）这些相关理论和模型对改革开放时期中国实践的适用性；（2）决策方式发生的变化如何以及在多大程度上影响了中国公共政策制定过程的所有主要相关方面，包括决策者、决策动机、决策方法、决策环境和制度。在此过程中，我们采用通过检验所选择的一系列决策理论和模型对解读 1978—1995 年中国经济特区建立发展决策过程的适用性，来探索改革开放时期中国政府决策模式的主要发展、变化和特征的方法。

通过这种方法，本书从两个方面探讨一系列问题。在理论方面，探讨这些理论和模型在多大程度上和如何适用于解释改革开放时期中国政府决策过程及其原因。在实践方面，从以下两个层面分析相关问题。

在第一个层面，直接涉及经济特区的发展进程的，有四个问题：中国为何要建立经济特区？与创立经济特区有关的决策是如何做出的？中国制定了哪些战略和政策来推动经济特区的进程？以及中国建立和发展经济特区决策过程的主要特点。

然后，第二层面是借助所选择的决策理论和模型，对改革开放时期中国的政策制定行为和政策制定环境予以进一步的探讨：（1）在不同时期谁参与了政府决策过程，谁处于主导地位？（2）确定政策和战略的目的和动机是什么？（3）决策的主要方法是什么？（4）政治环境的转变对决策有何影响及如何影响？（5）这一时期中国政府决策模式的主要变化和特点及其原因是什么？（6）这一时期中国决策模式的构成要素。当然，实证讨论是结合分析理论和模型的适用性进行，并且是为后者服务，这也是本研究的核心任务。以上陈述将其分为两个方面，旨在更清晰地阐明本项研究的目标。

如上文所言，虽然本研究要讨论的理论和模型很多，但我们只选择其中七种来具体观察和解读本研究的主要分析对象——中国经济特区创立的决策过程。所选取理论的第一组是相关的国家理论，或称之为研究政策是如何制定的理论，含多元论、精英主义和制度主义；第二组是关于政策应当如何制定的理论，或称之为研究如何改善决策的理论，含理性主义、渐进主义、最优途径和权变方法。做出这样的选择缘于以下考虑，更多分析将在第 2 章和第 3 章展开。

多元主义理论将描述性和规定性两种因素结合，强调在决策过程中利益群体参与并影响决策的要义。在这样的决策过程中，显现为寻求利益平衡的议价行为。用这一理论来解释改革开放时期的决策过程，并不意味着中国已经是一个多元化的社会——虽然在改革开放以来，中国的社会多元化趋势有了显著的增量发展，并对政策制定过程产生了越来越大的影响。这样做也并不意味着中国政府已然鼓励公众参与影响国家政策制定的多元竞争。这个问题的实质是：在一个社会中，无论政府是否愿意承认和接受多元文化和多元的价值取向，多元的政治经济力量的存在都是一种客观现象。即使在国家的强力控制下多元政治或多元经济力量难以发展的情况下，具有不同政治或意识形态倾向、不同政策偏好或不同利益偏好的群体依然会存在，这是不可避免的客观现实。他们可以积极或消极地在政策圈内圈外发挥影响，这种影响作用或强或弱。如果对这样的情况视而不见听而不闻，不能或不愿意直面，不是一种实事求是的态度。比较而言，改革开放兴起后中国社会多元化倾向的确已经呈现出一定的格局。从这一视角来探讨中国经济特区的决策过程，就是试图探究在政策制定圈内外、党政军内外的各种力量是如何并在何种程度上影响了特区政策的制定，而这些显性或潜在的力量又是如何并在何种程度上推动或迟滞了决策的推进。换言之，用多元主义理论来观察解释中国经济特区创立的决策进程，就是要检视中国社会公共生活中的多元化参与已经在多大程度上发生，一种体现利益追求或利益平衡的议价行为与竞争行为在多大程度上以及如何影响了中国经济特区的政策制定。

精英主义理论主要是一种描述性的叙述，认为复杂的多元参与的关键点实际上是那些政治精英的竞争，是他们之间理念与利益的冲突和互动。有鉴于此，从精英主义的视域观察中国的政策过程就显得尤为重要。一方面，中国现行政治体制的特点是强调集中，强调国家对社会公共生活的干预作用，这使得中国的政治精英较之西方国家的政治精英更处于非常突出的地位。另一方面，中国延续两千多年的封建政治传统也大大增强了精英政治的影响。这些封建因素的影响反映在现实的中国政治生活中，就是邓小平在1980年所指出的“个人崇拜、家长制、家长式作风，甚至包括干部的终身制”（Xiao, B. 1998, p.37）。因此，从精英主义的界面来审视经济特区的决策进程，就是要探讨精英主义的决策模式在多大程度上及如何影响了特区相关政策的制定。同时，也是要考察改革开放时期中国精英政治发生了怎样的变化。通过这些观察分析，可以使我们知道精英主义理论在多大程度上能够适用于解释中国的决策过程。

作为一种典型的描述性阐释，制度主义视角将影响决策过程的任何可能的行动或要素都视为制度框架的产物。制度主义理论认为，政策过程中的所有要素，包括权力结构、权力运行机制、决策程序和决策理论与原则，以及决策者的行为方式都是由现行制度所决定或架构的。那么，中国的现行制度如何以及在何种程度上塑形那些影响中国政策过程的主要因素？中国实行社会主义制度，是最大的发展中国家和拥有最悠远文明史的国家之一。从制度主义视界探讨制度如何以及在何种程度上能够解释中国决策过程的特征及其变迁，对于制度主义理论的研究和对中国的决策实践的研究都具有重要意义。因此，用制度主义的方法来研究经济特区决策过程，就是要探讨中国的现行制度如何通过塑形制约政策制定的权力分配、利益关系和游戏规则来影响，以及在多大程度上影响中国经济特区的决策过程。

选取包括理性主义、渐进主义、最优化方法和权变方式四种主要的决策模型在内的关于政策应当如何制定的主要模式来考察经济特区的政策制定过程，是基于以其来分析中国实践的可行性和必要性的考虑。选择理性主义和渐进主义，不仅因其是最重要的决策研究模式，处于探索改进决策过程的理论连续统的两端，还因为用其来分析中国现实具有特别重要的意义。中华人民共和国成立后前30年的历史时期，特别是在极“左”思想和政治运动主导中国社会生活的时期，经验主义、教条主义和整体主义，以及追求虚高目标、理想主义加革命激情的行为方式等，在政府决策中都不同程度地占据了支配地位，导致许多在经济和政治上带来灾难性后果的政策产出。那么，改革开放时期中国的政府决策发生了哪些重要变化，1978—1995年中国在多大程度上由于摆脱了旧的决策模式而取得了令人瞩目的经济社会的巨大发展，这是值得政府决策研究者深入探讨的问题。因此，以理性主义和渐进主义这两种主流决策模式考察特区政策的制定过程，就是为了能够直接测度和评价其实践，从中检视究竟在哪些方面发生了变化，这些变化在多大程度上助益于改善中国的决策过程。最优路径方法是寻找中间道路的主要决策模式之一，试图综合理性主义和渐进主义模式之优长，并避免其缺失。权变方法旨在给出一个综合的解释，阐明一种决策模型的适用性取决于其是否能从不同的维度与特定的决策问题情境的现实相符。因此，用这两种方法来观察和审视中国经济特区的决策进程，是对以理性主义和渐进主义模型进行分析的有益补充。

此外，需要指出的是，本书将引入分析本项目核心研究对象的三个相关的国家理论和四个寻求改善政府决策过程的模型之间具有较强的耦合性。一般认为，理性主义决策模式的理论基础是精英主义，渐进主义决策模式的理论基础是多元主义，而最优化路径的理论基础则是试图限制精英主义和多元主义因素的偏失之处。权变方法旨在说明，一个理论模型对实践的适应性取决于其在多大程度上与特定环境的现实情境相符。在进行系统的决策分析时，运用这一为我们提供综合视角的方法具有启示意义。制度主义方法特别考察和分析各种因素得以介入和影响决策过程的因果条件，是从根本意义上对决策行为进行制度解释的方法。因此，在决策分析过程中，使用这样的方法与其他模型相结合，是深化和推进研究不可或缺的一环。特别是，如上所述，中国是实行社会主义制度的最大的发展中国家，用制度主义的方法分析其决策过程与决策行为具有更重要意义。综上所述，上文所评析的两组理论与模型具有密切的相关性。

本研究的展开从三个层面进行。第一层面即第一部分，含第 2 章和第 3 章，梳理和评析主要相关决策理论与模型的主要理念、方法与特点，并从总体上讨论所选择理论和模型对中国政府决策实践的适用性。

第二层面即第二部分，是从第 4 章至第 7 章，是对 1979—1995 年中国经济特区建立发展的决策过程的述评。这一时期分为三个阶段。第一阶段是 1979 年至 1980 年代初，这是以深圳为代表的第一批经济特区的建立和发展时期。第二阶段从 1980 年代初至 1980 年代末，是中国最大的经济特区——海南特区的建立和发展时期。第三阶段始于 1990 年浦东新区的创立。浦东新区是我国最重要最特殊的经济特区。第 4 章概述中国经济特区发展进程的背景、主要特点和政策，其后各章依次讨论这三个阶段的基本情况。

第三层面即第三部分，从第 8 章至第 10 章，考察所选择理论和模型对解读分析中国经济特区发展进程决策行为的适用性。第 8 章探讨与政策如何制定有关的所选择国家理论的适用性。第 9 章审视关于政策应当如何制定的相关理论的适用性。最后，第 10 章整合对各种理论与模型的适用性的讨论并进行综合比较分析，进而提出本研究的结论。进行这一综合考察，旨在使我们进一步深化对在何种程度上这些所选理论和模型能够解释改革开放时期中国的政府决策过程，以及中国政府决策行为在何种程度上发生了变化及变化的原因等问题的认知。在此基础上，探讨改革开放时期中国政府决策的基本特点，并得出本研究的主要结论。

本项研究的成果有助于我们认知，实现中国历史转型的关键条件之一，是获得显著改善的决策模式和决策环境使中国得以制定和实施一系列有效的战略和政策，从而使中国在 1978—1995 年的长时段中能够持续地向预期目标奋力前行，使中国的经济社会发展进步取得举世瞩目的成就，中国发生了前所未有的沧桑巨变。

第一部分

本研究相关理论审视

第 2 章　关于政策是如何制定的国家理论论析

审视若干决策理论与模型在中国改革开放时期政府决策实践中的适用性，需要首先对相关的主要决策理论与模型进行梳理评析，以利于从中选取适合的理论。本章探讨第一组理论，即与政策是如何制定的相关的国家理论，包括精英主义理论、多元主义理论、制度主义理论、马克思主义理论与全球化理论。在对这些理论进行讨论之前，需要对政策与决策的概念进行简要的界定和分析。

2.1 政策与决策

什么是政策？为有利于进入讨论决策理论的界面，我们应当首先获得一个清晰的关于政策的定义。

对于政策这个概念，可以从不同方面进行观察。首先，从一般意义上说，政策指向公共政策。公共政策涉及较宽或较窄范围的公共事务，例如国际层面的政府间组织，或一个国家或地区，或一个企业、商业公司或社团等组织必须介入的公共生活与组织运行活动；一些公共政策与私人事务相关。第二，政策通过选择为一个社会共同体提供方向、规则、标准或计划，以指导决策机构所领导或指导范畴内的组织运行与工作运行。从这个意义上说，一种价格指导规定、一种税收规则、一部法律或一个规划方案，一个国家的发展战略或外交方略，都是政策。第三，政策有其时效性。它只是在一段时间内有效，譬如一年、两年、五十年，或更长时间。它只有在与客观环境包括政策受众的要求相符时才具有存在的合法性，包括形式合法性与实质合法性，否则就会被原决策者或新的决策者所终止。第四，政策是应对现实存在问题作出的处置或开出的处方，即解决问题的对策。因此，当一项政策合法出台后就具有行政或法律效力，政策范围内的社会或组织的成员就会受到该政策的约束或规制。

然而，要能够完整清晰地定义政策并非易事，学者们对政策的涵义历来见仁见智。20 世纪 50 年代以来，研究者提出各种各样的观点，其中最具代表性的可列举如下。

（1）政策是决定和行动的网络。伊斯顿认为，一项政策是由一系列决策和行动组成的，并通过这些决策和行动组成的网络分配价值（Easton, 1953, p.130）。

（2）政策是行动或不行动的过程。赫克洛认为，“一项政策通常可被视为一项行动或不行动的过程，而不是具体的决定或行动”（Heclo, 1972, p.85）。

（3）政策是对目标和手段的选择。詹金斯认为，政策是“一套相互关联的决定，涉及在特定情况下选择目标和实现目标的手段……”（Jenkins, 1978, p.76）。

（4）政策是一种立场。弗兰德等人指出，“政策本质上是一种立场，这种立场一旦明确表达出来，就会形成一系列决策的基本框架”（Friend, 1974, p.40）。

（5）政策是政治合理性的表达。帕森斯认为，制定一项政策就是要使某种理由或主张合理化。这些理由或主张包括两方面，即对所面临问题的认识和解决这一问题的方案。政策界定问题并指出应该如何去做。一项政策提出一种理论或原则，而基于这些理论和原则，某种需要取得合法性的要求得以实现（Parsons, 1997, p.15）。

关于政策定义适用的范围，学术界有一个普遍接受的观点。也就是说，它“通常被认为适用于比某一特别的决定‘更大'，但比一般社会运动‘更小'的事情”（Heclo, 1972, p.84）。

从比较宽泛的应然视角看，政策是对目标的选择或是为实现预期目标选择的适当手段或措施；政策是对组织内不同群体之间利益冲突的协调与平衡；政策是区分和维护不同群体的利益和利益诉求。制定政策旨在依据决策者的理论、价值观和意志，实现和维护其所代表组织的根本利益和长远利益。

一般而言，政策的概念适用于社会中的所有组织（例如企业、公司也会有其政策），但本书中所讨论的政策只限于政府行为的范畴，即如上所述，指向涉及国家和社会公共事务的公共政策。

那么，什么是决策呢？一般来说，决策可以说是一个选择目标或执行方案的过程。在这一过程中，决策者（个人、小组或组织委员会或政府）对一个已查明（或未查明）的问题或系列问题做出反应，通过分析信息、确定决策目标、制定备选方案、评价备选方案并最终做出选择某个优先的备选方案的决定。这是对决策的狭义定义。但是，广义而言，决策不能简单地视为一种政策选择过程，因为它涉及一些更为复杂的理念和功能理论。这些相关理论分为两类：其一，政策是如何制定的；其二，政策应当如何制定。

第一方面的理论主要涉及描述性研究和实然性研究，包括一些基本的国家相关理论。这些理论探讨：（1）谁有权参与政策制定过程；（2）谁能及为何能在政策制定过程中起主导作用；（3）制订政策的目的或动机；（4）国家权力结构和权力运行机制如何以及在多大程度上影响政策制定过程。

第二方面的理论主要是规范性研究和应然性研究的范畴，包括对决策方法和决策模式的具体探讨。主要涉及：（1）应当用什么方法进行决策；（2）如何根据不同情况，采用不同的决策方法；（3）如何判断和评价决策方法和决策模型的适用性。

本研究从宏观层面对决策理论进行探讨，集中于上述两类决策理论。上述两组理论都涉及各学派的多种理论和模型。在第一组关于政策是如何制定的研究理论中，我们将讨论多元主义、精英主义、马克思主义、全球化理论和制度主义等相关的国家理论。第二类是关于政策应当如何制定理论，我们将讨论理性主义、渐进主义、混合扫描法、最优化方式法和权变方式等。

为考察这些理论和模型对中国政府决策过程的适用性，有必要首先对其理论体系和主要特征进行梳理和评析。本章讨论有关决策的国家理论，并从总体上考察这些理论对解释中国决策实践的适用性。

2.2 关于政策是如何制定的各种国家理论

2.2.1 多元主义与新多元主义

多元主义是20世纪最具影响力的政治思想和理论。这一理论的核心是关注谁有权参与以及如何参与国家决策过程，强调广泛政治参与的重要性，认为国家的权力分散于各种各样的社会群体中。因此，它对选举、政党竞争和利益群体的重视程度远远超过其他理论。此外，这一理论坚持认为，重要的问题在于公民必须通过多种渠道控制其政治领导人并影响公共政策的制定。

从历史上看，“多元主义”一词与反对专制国家的政治哲学学派的观念是一致的。洛克和孟德斯鸠都是这一学派的杰出代表。孟德斯鸠在其《论法的精神》一书中，高度赞扬18世纪英国政治体制将政治权力分为行政、立法和司法三个部门，并特别强调一个政治体制拥有多个权威来源的优势（Richter, M.1977）。

古典多元主义者反对主权国家的法律学说，认为它不符合经验现实，作为一种规范性目标是不可取的。他们反对只从表面价值接受宪法观念的政治研究的法律主义方法。

邓利维和奥利里（Dunleavy & O'Leary, 1987, p.17）总结古典多元主义政治学知识渊源的主要特征，概括为如下五个方面。（1）首先肇始于并主要体现为对国家一元论的抨击，包括对后者在主权学说的哲学与在中央集权的专制国家的实践两个层面。（2）赞赏群体和组织的自主性、主动性和多样性。（3）认为在任何复杂的社会中，都有发生激烈群体冲突的可能性。（4）对制度或社会制衡作为防止国家一元论的机制的相对效用性提出争议，也对制度或社会多元主义的理论基础主要是保护性还是发展性存在分歧。（5）意识到一个以自我利益为主要动机而缺乏传统社会纽带的社会的风险，尽管它一直坚持捍卫政治个人主义的功效。

当代多元主义发展于20世纪50年代和60年代初，其代表论著有丹尼尔·贝尔（Bell, D., 1960）、罗伯特·达尔（Dahl, R.A., 1956, 1961）和林德布鲁（Lindblom, C.E., Dahl and Lindblom, 1953）等人的著作。新多元主义虽然与古典多元主义一样，仍然使用经验/观察的方法，并遵循限制国家权力的规范信念（但重点是政府而不是国家），但却是作为对精英理论和古典民主理论的对立物而发展起来的。作为对精英主义理论的回应，新多元主义认为，政治资源存在广泛的分配，不同的利益在不同的政治争论和不同的时代中占上风。在与经典的民主理念的争论中，它淡化了那种只是强调投票作为民主制度的标准与为压力集团活动提供立法支持的重要性观念。

罗伯特·达尔从他对美国政治的研究中，对这种新多元主义做出了明确的表述。他强调说："在美国，很少有能够对政府起决定性影响的群体。确实，因为缺乏能力和机会去影响政治体制中的某些官员，以便至少实现他们的某些目标，因而少有这样的有组织的、积极的和能够持续产生决定性影响的群体。"（Dahl, 1967, p.113）。这是关于上述多元主义理念的最著名的表述。

汉姆和希尔则从另一个角度用新多元论的观点描述当代社会的权力来源：金钱、信息、专业知识等权力资源是非累积分布的，没有任何一个权力资源占主导地位。因此，就其本质而言，在一个多元的政治体系中，权力是碎片式和分散的，多元主义所呈现的基本图景是一个政治市场。在这个市场中，一个群体能获得的成果取决于其资源及其推销的"分贝率"（Ham & Hill, 1993, p.29）。

总之，与传统的多元论相比，新多元论更少关注选举、政党竞争和利益集团政治，降格其社会意义。新多元主义的核心理念包括：不可逆转地摆脱单纯的阶级政治划分；"左"与"右"思想冲突的认知不合时宜与"后工业化"新议题的生成；代表机构作为控制扩展的国家运行的作用大大减少；以及企业在自由和民主政治中的特权地位（Dunleavy 和 O'Leary，同上，p.288）。

2.2.2 精英理论

精英在政治学中一直是一个含义相当松散的术语，因为没有一个准确的界定来描述其语义以及相关的政治和社会现象。现代精英理论的创始人是意大利社会科学家维尔弗雷多·帕雷托和加埃塔诺·莫斯卡。他们两人都认为，精英的存在和发挥作用是人类社会的客观规律。莫斯卡在《统治阶级》一书中指出，在所有社会中，都会出现两类人，一类是统治阶级，另一类是被统治阶级。第一类总是人数较少的阶级，行使所有的政治职能，垄断权力，享受权力带来的好处（G. Mosca, 1896，载于 Kahn & Livingston, 1939, p.50）。

帕累托对“精英”一词的定义在社会科学界被广为认可。他对精英进行考察研究，并提出一个综合性的概念。根据帕累托的观点，精英是在所有人类活动中拥有最高能力的人。在他的研究中，帕累托把注意力集中于他所称的“统治精英”，并将其与非精英或较低阶层的人群相比较（V. Pareto, 1916, in Livingston and Bongioro, 1935）。

精英理论的研究者关注如下六个方面的主要问题：精英的构成；精英权力资源；精英与社会阶层的关系；精英与民主的关系；精英与多元主义的关系，精英产生的必然性。

精英的构成　自 20 世纪 50 年代以来，政治学者、社会学者和历史学者对精英的研究日益增多，最受关注的精英群体是政治领袖（包括革命精英）、企业首脑、高级官僚、军事首脑和知识分子。但是，精英，特别是政治精英的具体构成是什么呢？这一问题有很多不同的答案，其中波特摩尔的分类更值得关注。波特摩尔试图区分政治精英和政治阶级，认为前一类人包括政府和高级行政机构的成员、军事领导人，以及在某些情况下贵族或王族中在政治上有影响的家庭和强大企业的领导人；后者不仅包括政治精英，而且还包括反对党领导人、工会领导人、商人和积极参与政治活动的知识分子等（Bottomore, 1966, pp.14−15）。这种区分从内部构成和外部拓展两个层面对精英进行界定，看来更容易被人们接受。

精英权力的来源　人们已经普遍认为，精英权力的来源是多方面的，如占有正式职位、财富、技术专长和知识等。然而，精英的权力往往不会单一依赖于上述的任何一种资源。在当代精英理论中，对重要组织（大公司、工会和政党等）的控制以及制度化的重要职位，一直被认为是精英拥有其权力的关键资源而备受关注。

精英与民主的关系　即精英理论在民主社会是否可行，精英是否能够为民主社会所接受的问题。这个问题已经被许多学者所关注和研究。有论者认为，精英的存在与多元化民主并不矛盾，因为精英之间的竞争有利于维护民主政府（Ham & Hill, 1993，p.33）。

精英主义与多元主义的关系　从根本上说，精英主义理论与多元主义理论在谁控制政治权力或国家决策的问题上存在着某种相似性。在精英理论中，那些政治精英显然是指向社会中的少数，是统治阶级；而依据多元论，虽然它强调在多元社会中没有一种单一的资源，或者甚至少数几个群体能够决定性地影响国家，但也揭示出不同的政治资源仍然被一些小群体所控制。因此，一些学者试图调和精英主义和多元民主的关系，一些人试图利用精英理论研究的结果来论证权力精英不过是换了一个名称的统治阶级（见 Ham 和 Hill，同上；Miliband, R.1969）。

精英与社会阶层　这涉及阶级分层理论和精英成员的阶级来源问题。研究表明，总体而言，精英从中上阶层自我吸纳的比例很高，但各国之间存在差异，在社会主义国家差异尤其很大。希思的研究（Heath, 1981）表明，精英群体自我吸纳程度在 1949—1972 年之间变化不大，但自 1972 年以来，由于其成员的扩大，精英群体的整体构成已发生重要变化。事实上，在 1972 年，四分之三的精英群体成员来自较低的社会阶层。因此，它可以被看作是民主精英或民主化在英国和其他工业化国家进一步扩展的结果。

但是，也有论者不同意精英成员阶层构成变化的意义。他们认为，只要主要经济资源的所有权或有效占有权集中在少数人手中，不管是资本家阶级还是官僚或知识分子的“新阶级”，精英构成吸纳对象的变化对统治集团的统治状况影响并不大。

精英产生的必然性　为解释精英产生的必然性，精英理论的研究者给出了各种各样的理由。帕累托提出一种与人类在社会生活中运用理性能力的悲观论点有关的复杂的心理学理论；莫斯卡和米歇尔斯着重强调一种与韦伯理论非常相似的关于组织和官僚性质的理论；熊彼特则认为，芸芸众生不可避免地会患上与群体心理相关的癔症（Robertson, 1993, p.161），等等。尽管政治学学者对精英理论的精确定性并没有形成共识，但几乎没有人会否认精英存在的必然性。

2.2.3 马克思主义理论

马克思主义是基于研究分析资本主义社会运行的基本规律而产生的。作为一种典型的决定论，马克思主义揭示，由于资本主义社会固有的、无法解决的生产关系矛盾，即资产阶级与无产阶级的矛盾、生产力与生产关系的矛盾，最终会导致根本性的阶级斗争。在资本主义社会里，国家不过是小部分资产阶级控制生产资料的工具，用来对工人阶级实行和维持其统治。由此宣告，通过无产阶级革命推翻这样的社会，走向社会主义，是人类历史发展的必然规律。

尽管当代社会的发展并不完全符合马克思的预测，但它“并没有使他的全部分析无效，特别是关于生产资料的所有权或控制权对于国家权力的意义的部分”（Ham & Hill, 1993, p.34）。国家理论是马克思主义庞大理论体系的重要组成部分，最初是对黑格尔政治哲学的批判，特别是对黑格尔关于在现代社会中国家是一种独立于社会经济力量之外的力量的观点提出质疑。

根据马克思主义理论的描述，现代国家的地位和作用包括以下三个方面。

- 国家是统治阶级的工具。这是马克思主义关于国家的最著名和最正统的解释。马克思在《共产党宣言》中提出，现代国家“不过是一个管理整个资产阶级共同事务的委员会，而不是社会共同利益的代表”（MacLellan, D. ed. 1977年，第223页）。这一功能的基础是由生产关系构成的社会经济结构，生产关系是“产生法律和政治结构的基础，并与一定形式的社会意识相对应”（Marx, K.1859; 1973, p.181）。

- 国家在某些特殊情况下是仲裁者。当阶级斗争处于势均力敌时，“国家权力作为表面上的中间力量，暂时获得了一定程度的独立性，这就给政治领袖和国家官僚机构造成了暂时的‘创造历史’的角色”（Engels, F.1884）①。实际上，马克思和恩格斯并不期望仲裁国家是资本主义制度下的典型政体，而是希望随着历史的发展这种政体很快被取而代之，出现权力向无产阶级的决定性转移。另一方面，在这一特殊时期，由于国家对资本的依赖，国家在经济问题上对资本的自主权仍然非常有限。
- 国家的自主权为统治阶级的长远利益服务。国家作为上层建筑，其功能的发挥必须与经济基础的要求相适应。因此，正如邓利维和奥利里（Dunleavy & O’Leary, 1987, pp.210–211）总结的那样，“政府和法律行政机构被塑造成能够最大限度地维持资本积累的形式，无论国家是否由资本家直接控制，也无论阶级力量平衡的确切态势如何”。它意味着，为了服务于资本的长远利益而违背短视的资本家的当前愿望，国家需要而且也可以制定和执行一些有利于其他社会阶层乃至整个社会的政策。

对马克思主义国家理论的探讨，一直是马克思主义研究的重要组成部分。自20世纪70年代初以来，关于马克思主义和新马克思主义国

① 恩格斯，F.，（1884）《家庭、私有制和国家的起源》，北京，外语出版社，1978年，第208页。

家理论的著作大量出现，相关作者包括 James R. O'Connor, C. Offe, N. Poulantzas, R. Miliband, R. 和 M.Aglietta 等（Gorman, 1985）。

作为一名政治经济学家，奥康纳的论述重点是财政危机以及资本主义国家在 20 世纪后半叶的作用。奥康纳（O'Connor, 1973）通过分析不同形式的现代国家财政支出的作用，即提高劳动生产率的社会投资、降低劳动力再生产成本的社会消费和维护社会和谐的社会费用，得出如下结论：国家支出是为垄断资本利益服务的，国家是由代表垄断资本家阶级利益的具有阶级意识的政治理事会来管理的。可以看到，奥康纳虽然强调国家支出是为垄断资产阶级的利益服务，但他仍然明确指出，为了这个目的，国家需要付出社会费用来维护社会和谐。这实际上是国家在为其长远利益服务时自主权的表现之一。

米利班德提出资本主义国家的工具主义分析，并试图探索经济权力和政治权力之间的关系。他认为，统治阶级是由那些拥有和控制物质和精神生产资料的人所组成，因此他们也有能力控制国家权力。然而，在指出资产阶级对国家政策的影响的同时，米利班德还认为（Miliband, 1977, p.74），国家在其运作中确实拥有高度的自主权，尽管"国家确实按马克思主义的说法代表统治阶级行事，但它在大多数情况下并非听命于统治阶级"。他认为，国家的这种相对自主权对于马克思主义理论来说是重要的，因为它赋予国家以资本家不喜欢的方式来保护和推进资本主义发展的客观利益的能力。在不同的国家形式中，自主权的程度不同。米利班德（1983, p.65）进一步探讨统治阶级与国家之间的关系，他认为，在发达的资本主义社会中，这种关系最好描述为"两种不同的、独立的力量之间的伙伴关系，它们有千丝万缕的密切关系，但每一种力量都有自己单独的关注范畴"。

普兰察斯对马克思主义国家理论的突出贡献是试图把葛兰西的霸权概念和阿尔都塞的结构主义结合起来，不仅分析资本主义国家，而且分析向社会主义形态过渡中的国家（Poulantzas, 1973、1976、1978）。他的主要思想包括如下两个方面。

- 国家拥有自主权，既为资产阶级的利益服务，也为国家自身的利益服务。普兰察斯拒绝接受把国家视为仅是生产关系的反映，或是资产阶级借以实现其目标的简单工具的概念。他认为，国家享有一定的自主权，因此可以追求自己的利益以及资本的利益。
- 国家可以为资产阶级的长期利益服务。普兰察斯（Poulantzas, 1973, p.285）在考察国家如何精心安排一个内部竞争和高度分化的资产阶级的不同利益，以创造凝聚力和服务于资本的长期利益时得出结论说，它的相对自主使国家能够客观地判断一些具体情况，并寻找可行的措施来处理这些情况。这些行动包括妥协，甚至牺牲"占统治地位的一个或几个派系的长期经济利益"。因为，"为了实现他们的政治阶级利益，这种妥协和牺牲有时是必要的"。

总之，学者们关于马克思主义国家理论的讨论，都集中在关于一个由现有经济基础所塑造的社会中，国家在多大程度上是占统治地位的阶级的工具，以及国家在多大程度上享有自主权的问题上。这两个方面都是以经济决定论为基础的。这就是说，经济基础的性质决定现代国家的形式和国家权力的分配。上述研究者的观点基本上是一致的，如马克思主义理论的主要代表人物都认为资本主义国家是统治阶级维护其统治地位的主要手段。正如汉姆与希尔所指出："他们代表了一种完全不同的途径，既不同于那些多元主义者倾向于把政府看作是众多压力集团中的一组压力集团，也不同于那些精英主义者认为国家精英有权有势，但不与社会中的一个特定阶级相联系。"（Ham & Hill, 1993, p.39）

然而，要对上述观点进行更具体的分析，仍有一些问题需要进一步探讨。(1) 国家运行在多大程度上取决于统治阶级的意志。(2) 国家可享有某些自主权的条件。(3) 如果说，国家拥有一定的不受统治阶级控制的自主权，这是所有其他不同社会制度国家都存在的普遍客观规律吗？(4) 不同社会制度和价值观念的国家的自主程度有何差异？(5) 最后也是更重要的一点，由于当代工业社会的阶级关系已经变得非常复杂，人们的阶级地位很难确定。例如，许多人不是生产资料的所有者，甚至没有一个很小的企业，但是他们或多或少有一定的资本投资，譬如有或多或少的股票和股份，或者有资本储蓄。那么，他们是资产阶级吗？这些人是教师、医生或是中低级公务员，以及许多其他类型的自由职业者。如此，如何能够清晰地划线界分统治阶级和被统治阶级？如何界分资产阶级与非资产阶级？如何确定某种利益是仅属于一个特定的阶级而不属于其他阶级？此外，即便是许多大公司的高级管理人员，通常也是雇员而不是所有者。这些人属于统治阶级还是被统治阶级？如果上述疑问得不到解决，就很难深入讨论国家受资产阶级利益支配，并为统治阶级的长远利益服务的观点。

2.2.4 全球化理论

全球化理论最早产生于20世纪中叶以来对世界一体化经济发展的研究，随后被运用到政治、文化等其他领域的研究。全球化发展趋势在所有领域都日趋强劲，并对人类社会各方面都产生了深刻而广泛的影响，从而也必然对国家决策产生强大的影响。因此，把全球化理论视为国家决策相关理论之一，是合理的和必要的。

用经济的观点来看待全球化，其本质是指向一种趋势，即"民族国家对决策议程的控制力弱于过去"(Parsons, W.1997, p.235)。这意味着，在经济的所有方面——原材料、劳动力、信息和运输、金融、分配和营销——在全球范围内一体化或相互依存（Carnoy et al., 1993）。20 世纪 50 年代以来的历史证明，经济全球化的快速发展正在侵蚀着各国经济的完整性甚至自主性。换言之，任何国家在决定其经济政策或策略时，都必须审慎考虑有关国际因素，并寻求必要的国际合作。因此，卡斯特尔斯明确指出，全球化经济是“一个基于全球作为一个联合体实时运行的经济”（Castells, 1994, p.21）。

全球化的产生和加强是科学技术迅速发展的结果。强有力的世界性信息和通信系统（电信和计算机网络）的建立，以及先进运输设施的改进，使我们的地球变得更小了。过去时间与空间对人们的限制，如今在任何情况下都不再成为人与人之间的互相联系的障碍。不同国家和地区之间在经济活动中越来越密切的联系和影响，进一步增强了它们之间的相互依存性。

由于“在我们生活中时间与距离观念的重构”（Giddens, A, 1989, p.519），全球化趋势迅速而显著地影响了人类社会生活所有的重要方面。换言之，所有这些重要方面已经深刻和直接地卷入这一趋势。洛德（Luard, 1990）从不同侧面具体分析了这些表现。例如，他揭示，在世界安全方面，由于军事技术的发展，具有巨大杀伤力的武器的制造以及在非常短的时间内将这些武器运送到世界任何地方的能力，“没有一个国家再能够在没有帮助的情况下保卫自己和自己的人民。其他社会问题，例如采取行动打击恐怖分子、打击劫持航机行为、防止艾滋病及其他各种烈性疾疫的发展蔓延等，无疑都需要国际合作。此外，只有在全球范围内才能有效地保护世界的环境”（同上，第 9 页）。基于对全球化的深入研究，洛德甚至提出，世界政治行动的焦点已经转移到国际层面，因而需要一个全球性的政体（第 191 页）。由于如下原因，他认为，要建立一个更加公正的国际社会，只有国际行动才具有意义。

> 只有通过建立类似于在国家内部运作的经济管理制度，在全球层面进行再分配，才足以纠正目前最明显的各种不平等现象。只有跨国的政治运动，把所有国家的人们，包括富人和穷人，聚集在一起，以实现所需的变革，才有可能实现这一目标所必需的政治和经济关系的调整。只有比今天存在的机构更具代表性、反映团体和个人以及政府意见的新的国际机构，才可能是实现这种改变的适当工具（同上，第 190 页）。

虽然洛德所强调的论断及其预测可能为时尚早，或者正如他所说的那样，对某些人来说无疑是“乌托邦式的”，“不现实的”，“而且也许是误导的”（同上），但它确实揭示了全球化所带来的深远影响，并提醒人们应当对这一问题给予足够的重视。

全球化理论为在国际层面上观察人类活动的表现形式、运行机制及其影响提供了一个新的视角。它向我们描述了两个基本事实：一方面，这些活动中的许多问题（例如世界和地区安全、反恐怖、反劫机、环境保护、预防和控制艾滋病的传播等）在国家层面上不可能真正或从根本上解决；另一方面，许多问题只有广泛地参与国际信息系统的传播、国际交流和竞争（科学技术研究以及包括生产、金融、商务等在内的一切经济活动）才能得到很好的解决。这表明，全球化因素不可避免地对各国的政策制定产生了重要影响。

毫无疑问，任何国家的决策方式都需要调整，以适应全球化形势的要求。这意味着，在所有国家的决策进程中必须认真考虑这些国际因素。任何不重视这些决策影响因素、不积极参与国际交流与合作的倾向，必然有损于国家利益。例如，经济孤立就是脱离世界经济发展的主流，放弃与其他国家学习、交流、竞争的机会，导致经济停滞和落后。东欧社会主义国家的崩溃恰恰表明，它们是其经济孤立和落后的受害者，因为

“旧式的官僚政治没有能力应付新的经济组织和技术的要求”(Carnoy, M.et al., 同上，p.13)。政治孤立意味着自我封闭，自我脱离世界政治舞台，也必定会给一个国家带来诸多问题。因此，全球化趋势对任何国家都是一种严峻的挑战和巨大的压力，同时也是一种机遇。人们不能逃避它，而是必须调整决策理念与决策方式以适应它。这对当代世界的任何国家而言，都是唯一的选择。

2.2.5 制度主义理论

制度研究在 20 世纪 80 年代以来重新活跃起来。学界对制度研究兴趣的复苏，是社会制度的现代转变与这些制度的观察者持续研究评论的累积结果（March and Olsen, 1984, p.734)。具体而言，对制度研究的重新关注源于以下几个方面：社会、政治和经济制度体系更为庞大、更为复杂和丰富，其在公共生活中的地位日愈重要；现代经济和政治体系中的大多数主要行为者都在正式组织中；最后，在相当大的程度上，法律和官僚机构在当代生活中实际上占据主导地位。

一般来说，广义而言，制度包括正式和非正式的组织、规则以及习俗。彼特·霍尔对制度所作的界定被广泛接受。他认为，制度包括“正式的规则、合规程序和标准的操作方式，这些规范建构了各种不同的政治和经济体系中的人与人之间的关系”（Peter Hall, 1986, p.19)。制度主义研究这些习俗、惯例和方式如何被“制度化”，它们是如何由于具有规范力量并变得有意义的（Apter, 1991 年，p.463)。因此，制度主义代表了一种试图说明政治斗争是如何由它们所发生的制度环境来调节的尝试（Ikenberry, 1988, pp.222−3)。此外，制度主义者感兴趣的是影响政治行为者如何界定其利益，并构建其与其他群体的权力关系的整个国家和社会的制度，其中显然包括选举竞争的规则、政党制度的结构、政府各部门之间的关系以及工会等经济行为者的结构和组织（Thelen & Steinmo,

1992, p.2)。

概而言之，制度主义者的研究主要集中在三个问题上。

- 考察这些思想、习俗、惯例和方式是如何得到加强或固化，即如何制度化，并为一个组织或一个国家的公众所接受和遵守。
- 探讨制度构建并调节政治斗争与社会冲突的规律。
- 讨论制度化社会中不同政治与社会力量之间的基本关系及其变化。

此外，由于目标变化很快，原则变化则比较慢，从这个意义上说，制度主义试图讨论原则与实践之间的联系（Apter, 同上）。下面的讨论阐明学者所提出的制度影响的基本观点。

首先，政治制度可以创造环境。马奇和奥尔森认为：

> 政治制度不仅对其所处的环境作出回应，同时也造就这样的环境。现代政治理论对这样的现象通常未作解读，而是认为，政治结果取决于三个主要因素：政治行为者之间的偏好（利益）分配、资源（权力）分配和游戏规则（宪法）所施加的约束。所有这些都被视为政治制度的外生因素。也就是说，偏好是在一个社会中形成的，并通过社会化传播，资源通过一些广泛的社会进程在政治行为者之间分配，游戏规则要么保持稳定，要么因普通政治活动以外的革命性干预而改变。(March and Olsen 1989:162)。

第二，政治制度对决策的影响。霍尔在他的《从凯恩斯主义到货币主义》(Hall,1992, p.109 ）一文中指出，虽然 20 世纪 70 年代英国经济政策的变化并非仅靠制度产生，但英国政策制定的制度环境在很大程度上决定了政策制定所依循的准确轨迹。决策过程的制度化惯例建构了政策制定者对新的经济发展的解释。劳动力市场和金融市场的配置形态增加要求采取某些政策路线而不是另一些政策路线的压力，媒体和选举舞台的体制特点，使某些经济思想对公众和政治的吸引力较大，而使得其他经济思想的吸引力较小。

戴蒙德·S. 金（Desmond S.King, 1992, p.242）也认为："政党和政治家将思想、政治制度与政策相联系，……制度安排无疑是依照彼得 霍尔颇具影响力的分析所主张的方式来建构决策的。"

第三，政治制度与政治稳定之间存在着重要关系。艾珀特（Apter, 1991）指出，在人们都按照自己的意愿行事的情况下，政治稳定很容易破碎。这种情况是否会发生，在很大程度上取决于制度的运行方式及其在政治规范方面所代表或体现的功能。

塞伦与斯坦莫确定了制度动力的四个来源。其意义在于，在这些情况下，可以观察到在一个国家中制度的影响随时间变化的变异性。这些制度动力来源包括：

（1）社会经济或政治环境的广泛变化可以产生这样一种情况，即以前潜在的制度突然变得突出，并对政治结果产生影响。

（2）社会经济背景或政治力量平衡的变化会产生一种情况，即旧制度可为不同的目的服务。当新的行动者出现并发挥作用时，他们通过现有制度追求其新的目标。

（3）外生变化可引起现有制度内所追求的目标或战略的变化，即当旧制度内的原有的行为者追求新目标时，结果也会发生变化。

（4）当政治行动者调整其战略以适应制度本身的变化时，另一个动力来源就会出现（Thelen 和 Steinmo, 1992 年，第 2 页）。

随着制度研究的发展，出现了新旧制度主义的分野。从根本上说，旧制度主义源于对政治和道德哲学问题的研究，新制度主义则源于经济学。依据马奇和奥尔森的说法，将新近的理念（即新思维）描述为将旧制度主义的元素融入现代政治理论的非制度主义范式可能更准确。这是因为，新的制度主义“不再强调政治对社会的依赖，而突出相对自主的社会和政治机构之间的相互依存性；淡化简单强调微观过程和历史效率的首要性，而倾向于认知相对复杂的过程和历史的低效率；淡化选择和分配结果的隐喻，而倾向于其他行动及以意义和象征行动为中心的逻辑”（March and Olsen, 1984, p.738）。

2.3 上述理论对考察和解读中国实践的适用性

本章第 2 节的考察探讨与决策相关的主要国家理论，即关于政策是如何制定的若干理论的主要观点。每一种理论都有其理论价值和应用价值，但也都在不同程度上存在不足或偏失。很难说这些理论中的任何一种已经为它们所寻求研究的国家理论提供了令人满意的完美解释。正如阿尔福德（Alford, 1975, p.152）所指出的，每一种理论都有一种倾向，即声称其解释力比其实际所拥有的更强，并将其概念的适用范围扩展到用于回答那些它实际上无法处理的问题。因此，采取综合的方式，借鉴整合不同理论的优势，要比试图寻找一个单一的国家理论更有助益（Cawson and Saunders, 1981）。故而我们将用这些已作基本考察的各种理论从不同的维度审视中国的决策实践，以利于进一步评析其优长与不足。下文首先对这些理论逐一进行简要评述，然后分别从总体上探讨它们对解读当代中国政府决策实践的适用性。

多元主义的适用性　多元主义理论的主要优长，是认识到任何社会本质上都是利益多元化的社会，因此在任何政治体制中都应该是由利益多元的群体分享国家权力。应当倡导权力的扩散性与分散性，拒绝把权力集中在任何一个人或一个群体手中。这样的理念有利于防止极权主义和权威主义，有利于实现使国家决策符合社会整体利益和根本利益的要求。

然而，多元主义理论的描述性表述虽然与现代社会现实相吻合，但其规定性理念却在一定程度上背离了政治实践。在一个多元政治体制的社会中，一方面，不同的利益群体可以依据宪法赋予的权利，通过各种途径表达自己的意见和要求，或者争取自己的利益；但是，另一方面，实际上只有某些个人或少数群体在任何时候都能发挥关键作用。对于所有社会群体而言，国家权力或政府决策能够被影响或分享的程度，取决于他们各自能够控制的重要资源（包括财富、专业知识、声誉和社会地位以及社会影响力）及控制的程度。在一个多元政治体制的社会中，那些占据较高社会地位的群体对国家政策的影响比那些处于较低社会地位的群体更大，那些控制社会主要资本的人比那些处于弱势经济地位的人对国家事务有更多发言权。

后来，新多元主义理论的主要支持者在他们对此反思的著述中也认识到了这一点，并对其观点予以修正。林德布鲁认为，决策在很大程度上受到资本主义运作的影响，企业和市场的利益尤为重要（Lindblom, 1977）。达尔明确指出，与其他群体不同的是，占主导地位的力量是商业利益的要求，决策不是一件中立的事情（Dahl, 1982）。因此，即使在多元体制的社会中，不同社会地位和背景的群体之间也不可能真正实现平等和公正地分享国家权力，事实上国家权力又是不可避免地被一些拥有优势地位和权力资源的小集团所控制。此外，对政党竞争制度的认识还需要从两个方面进行考察。一方面，它是作为体现多元社会基本原则的自由民主社会的重要组成部分，具有积极的社会作用；另一方面，在选举之后，通常仍然是一个政党组织政府，而且在大多数情况下胜选的政党必定主导国家政治。这一事实即表明这一制度的局限性。因为，其他党派和利益集团监督和批评决策者的作用往往不够强大，不足以对国家决策产生重要或决定性的影响。进而言之，无论是在一个组织（企业、公司、协会、工会、研究所或大学等）中，还是在一个国家（政府、内阁、部委等）中，总是只有一个首席成员领导或主导一个机构，即一名总经理、一名主席或一名总统、一名总理和一名部长，而不是两个。因此，从这个意义上看，基于一元论的组织结构在任何领导体制中都是客观存在的，在现实中具有重要性；多元主义的适用性是相对的，而不是绝对的。

以上论述试图说明，多元主义理论的出现反映了不同社会背景、不同阶层群体的需求，符合现代国家的发展趋势。一些多元主义的理念或方式是有益于推动人类社会发展的积极因素，但其规定性思想在某些方面与现实相悖。事实上，权力分配不平等、不公平的问题并不易解决。在任何时候、任何社会，平等和平衡是相对的，不平等和不平衡是绝对的，无论是在经济上、社会上还是在政治上。

20 世纪 80 年代初以来，多元主义理论逐渐进入中国学术界的研究视域并被不同程度地接受。经济改革的大潮正从多方面改变着中国的社会结构，社会的多元价值和多元利益的界分越来越清晰，并逐渐为政界和学界所认知。在这种情况下，用多元主义的思想来观察和分析中国的实践，可以在相当程度上看到它在不同方面的适用性。

改革开放以前，政府和官方媒体强调全国各民族的利益是一致的，或者说全国人民的根本利益是一致的，很少注意和提及不同社会群体之间利益的差别。实际上，如同任何一个现代国家一样，中国社会也存在着干部、知识分子、工人、农民、企业主、商人等不同社会阶层、不同社会群体之间的利益差异与利益分化。不同社会群体之间有着明显不同的社会地位和收入水平，而随着改革开放的发展，不仅是这些差异正在越来越突出，而且还会不断出现新的利益群体或利益阶层。以下简要讨论当前中国不同领域的多元化趋势及其影响。

首先，在经济领域。值得注意的是，经济改革的发展带来利益多元化趋势的重大变化。农村改革产生“家庭承包制”，大大提高了农民的生产积极性，因为它第一次明确规定农民与国家之间相对合理的利益分配关系，在一定程度上满足农民的基本要求。在工业领域，已采取四个主要步骤。（1）减少指令性计划，增加指导性计划，促进管理的分散化，然后启动市场经济的发展；（2）实行国有企业所有权和经营权的分离；（3）调整税收政策，理顺中央与地方、政府与企业的利益分配关系，加大对企业的倾斜力度。（4）鼓励发展多种所有制企业，特别是促进外国资本来华投资。通过这些措施，国有企业获得更多的自主权，地方政府和国有企业都能在促进生产方面发挥更积极的作用。同时，打破公有制企业在工业经济构成中占绝对优势的局面。在当代中国，国有、集体、个体、私营、外资、合资等多种经济成分（所有制）并存的局面已经出现，各种经济构成之间的利益关系日渐清晰。国家不再采用管理国有企业的方法来管理非国有经济成分的所有者和经营者，因此在制定经济政策和其他相关政策时，已经开始关注和重视这些不同群体的存在和各自的利益诉求。

在当代中国，政治思想和意识形态领域仍然是一个非常敏感的领域。坚持社会主义道路，坚持人民民主专政，坚持中国共产党的领导，坚持马列主义、毛泽东思想，是执政党制定的四项基本原则，并为国家宪法所确认。一切理论和意识形态及其实践，无论是学术研究、文艺创作，还是为推动大众文化生活和商业活动所进行的宣传，都不允许违背这些原则。

在坚持四项基本原则的前提下，中国的社会生活已经出现较大程度的自由空间。例如，给予人民宗教信仰自由的政策已经得到执行。全国范围内有基督教、天主教、伊斯兰教、佛教、道教等宗教信仰的人数不断增加。新建了许多教堂和寺庙。非政治性作品（文学作品、自然科学作品等）的作者，只要不是抵触执政党和政府、反对现行政治制度，不涉及淫秽暴力的主题，都有其较大的写作空间。

在政治体制方面，多党合作制度的重要性不仅被提升到前所未有的高度，而且更重要的是，这一制度在改革开放时期的政治生活中一直发挥着较大的实际作用，特别是在 20 世纪 80 年代末以来。中国八个民主党派的地位进一步提高[①]，政治参与更加广泛，从而使多党合作和政治协商制度进入一个黄金时期（Li, D. 等 . 1997, p.4）。1989 年 12 月，中共中央根据邓小平的建议，制定并通过了《中共中央关于坚持和完善中国共产党领导的多党合作和政治协商制度的建议》。这一文件的颁布和实施，标志着中国共产党领导的多党合作和政治协商制度进入规范化、制度化的新阶段。从此，中国共产党全国代表会议和中央委员会全体会议的重要文件、政府的工作报告、国家的重要政策、重要的人事安排、重要的法律法规，在交付讨论、审议和决定之前，都要通过各种形式，提交各民主党派中央和著名的无党派人士征求意见。自 1989 年 6 月以来，这样的会议在 8 年内举行了 100 次（同上，第 4–5 页）。

民主党派和无党派人士直接参与国家决策，取得显著的效果，对于提高决策质量与决策可行性，推动一些关键性的新政策的制定起了重要作用。例如，在宪法修正案中增加多党合作制度，开展议会外交，建立

---

① 这八个民主党派是：中国国民党革命委员会、中国民主同盟、中国民主建国会、中国民主促进会、中国农工民主党、中国致公党、九三学社、台湾民主自治同盟。这些民主党派自 1949 年参加中国人民政治协商会议以来，参加中共领导的爱国统一战线。

长江三角洲经济开发区等，都是由民主党派或无党派人士提出的（同上，第 6 页）。另一方面，非中共人士直接进入国家领导层，也是中国决策参与多元化的一种现象。截至 1996 年底，已有 43 名非中共人士担任副部级以上领导职务，其中一人担任国家副主席，还有一大批非中共人士和无党派人士被任命为地方市级领导职务（同上，第 7 页）。这在过去是不可想象的。这些事实从一个侧面表明，多元政治力量介入中国决策的趋势在发展。

此外，实行一定程度的党政分开，使国家机关在处理日常工作中发挥更大的作用，从而提高了政府管理运行的效率。权力下放的逐步推进，使省级和地方政府获得前所未有的权力。今天，越来越多的中国人认识到，在共和国成立后的前三十年行政权力过于集中带来太多沉痛的教训。在国家决策与国家管理运行中行政权力过度集中，往往导致决策失误甚至重大失误或决策低效率问题，后果很严重甚至极为严重。反过来说，如果能够对公权力特别是国家层面之行政权力进行合理配置，并建立能够良性运行的民主的决策机制和决策监督制衡机制，就能够有助于优化政府决策过程，提升决策效率与决策质量，从而促进经济社会的有效运行与良性发展，不断增进人民的福祉。

概而言之，多元理论对解释中国的决策实践具有一定的适用性。它最符合于分析当代中国的经济结构及其运行方式的发展变化，在中等程度上适于分析行政管理体制的发展变化，在较低程度上可分析政治思想（意识形态）、政治体制与政治生活的状况。换言之，多元化理论在不同程度上有助于解读中国政治、经济和社会生活的变化发展与相关的决策实践，对推进相关研究亦具有一定的指导意义。

精英理论的适用性 精英主义理论之优长，在于揭示权力不仅来源于对经济力量的掌控，而且来源于知识、专长、文化、种族、宗教等多种因素；任何时代的任何政治制度都是由少数人掌握权力。这些分析使我们能够更多地注意到国家理论的一个重要方面，即国家的政策通常是由少数人制定，而不是那种认为政策是由大多数人意愿所决定的表象。因此，观察和研究国家决策应该集中在这些政治精英的行为。

然而，精英主义理论的不足在于它的阐释力的某些缺失。譬如，它只是描绘了一幅权力分布和权力来源多样化的图景，而没有对这些权力如何产生和如何形成作用力提供足够的解释。

分析精英主义理论对中国实践的适用性，会发现精英主义理论与中国的现实状况有很大的契合性。首先，在很大程度上精英政治在现阶段中国所呈现的必然性特别引人注目。由于中国经济社会发展程度还不高，相当一部分民众或者缺乏参与国家政治生活的能力，或者不清楚如何运用自己的政治权利，如何参与国家政治生活，或者缺乏参与政治事务的意识和动力。其次，在现实公共生活中，公众的政治参与还有很大的拓展空间。例如，各级人民代表大会代表的选举采取直选方式的努力还处在最基层的尝试。另一方面，对于各级人民代表大会的议程和建议、决议草案，包括立法事务、人事任命或其他重要问题，公众包括人大代表的知情权、参与权和批评监督权亟需实质性和增量性拓展，以利于更好地用事实回击一些西方政治分析家攻击中国人大是“橡皮图章”的言论（Ian, 1991, p.13）

政治精英在中国决策过程中占据显著主导地位的原因有四个方面。从传统上看，在中国，历代统治者与政客官僚都认为官员比百姓更有智慧，政府比民众更高明，高级官员比低级官员更善于政务。在他们看来，朝廷、官府及其官员天然就有资格教化和管束普通民众，这是天经地义的事情。这样的前工业社会的旧观念是如此根深蒂固，时至今日也远未能清除其遗毒。在当代中国，持有这样的观念者认为，政府、高层领导者可以在没有公众参与甚至完全不知情的背景下决定国家最重要的问题，政府应该拥有对公众发号施令的权力，而不一定要接受来自社会的监督和约束。

从经济上看，这是中国经济的特殊性和中国经济发展程度决定的。一方面，由于在中国的经济构成国有经济占绝对优势地位，这就必然导致国家在获得对经济的超强控制力的同时对政治控制的强度不可撼动。因此，国家决策主要由执政党高层和政府高级干部掌控。另一方面，在经济还比较落后，经济发展程度较低的社会里，民众参与国家政治生活的动力或自觉性也还远未达到强劲的地步，因为大多数民众主要关心的问题仍然是如何谋生、如何增加自己的收入以获得与维持温饱乃至富足的生活。

从政治上看，长期以来，中国传统政治观念并不鼓励人们真正参与到国家的政治生活中，并大胆发声。

马克思主义的适用性　马克思主义国家理论揭示了主导经济的社会力量也必定控制国家权力或在国家决策过程中起关键作用的客观规律。换言之，生产资料的支配对于国家权力的控制具有重要意义。由此，形成马克思主义在这方面的基本原理，包括国家政治体制、国家权力构成与权力运行机制等在内的上层建筑受社会经济基础制约，同时上层建筑在一定条件下能够对经济基础产生巨大反作用，以维护政权及其基础。

但是，作为经济决定论最重要的理论建构，马克思理论对经济权力与政治权力的关系，即国家对资本主义力量的独立程度，以及国家通过自主和独立的路径与方式为社会公众服务的可能性，未予足够的分析。此外，它较少注意到权力可以来自经济力量以外的其他来源这一事实。最后，随着现代工业社会的发展，民间资本投资参与的扩大，使阶级或阶层身份日愈难以识别，这就给马克思主义理论提出新的问题，即解释国家权力与资本的关系。

要探讨马克思主义国家理论对中国实践的适用性，必须指出，马克思主义国家理论是在对部分资本主义社会和资本主义国家进行考察和分析的基础上产生的。然而，中国现阶段并不是资本主义社会，过去也从未出现成熟的资本主义社会。那么，这就不可避免地产生了一个问题：它是否适用于解读中国的实践？这是一个复杂的问题，不能简单地做出肯定或否定的回答。马克思主义是中国共产党的指导思想，在考虑其对解释中国实践的适用性时，一些不同的情况需要做具体分析。

首先，作为人类社会在不同地域的统治机器，所有国家特别是现代民族国家都有一些共性，如谋求维持社会的正常秩序和稳定，防止国家受到外来侵略等。按照这种观点，马克思主义国家理论虽然主要产生于对资本主义社会的观察和分析，但对解释中国的实践仍有相当大的适用性。在中国的实践中，观察上层建筑（这里主要指国家机器）对经济基础起反作用，通过政府的积极干预来促进经济的发展，可以看到在共和国建政后有两个比较成功的时期。一是20世纪50年代初期，在长期战乱之后，在政府的积极动员、组织和指挥下，很快就取得经济恢复和初步发展的成就，为进一步发展奠定了基础。另一时期是20世纪70年代末以来，由于政府强力推进改革开放政策，中国“创造了20世纪经济发展的奇迹”(PDO. 21 Dec. 1995, p.4)①。中国其他方面也发生了许多深刻的变化。这些事实表明，政府决策（战略、方案和政策）的制定和实施能够有力地影响中国的经济和社会发展。

其次，观察改革开放时期中国决策者的表现，可以看到他们采取行动推行改革开放战略、促进中国现代化的进程，显示了国家在服务其长远利益和根本利益方面的自主性。第二次世界大战结束以来，经济全球化的迅速发展深刻地影响着世界政治经济格局和各国关系。无需讳言，在这一过程中，欧美发达国家的经济模式及其经济力量的影响占主导地位。中国的改革开放战略实际上是为了加快中国融入世界，使中国能够

① 约翰·梅杰（英国首相），《在中国对官员的演讲》，《人民日报海外版》1995年12月27日。

进入或重新进入世界的经济秩序。在对内方面，中国改变经济发展指导思想和发展战略，改革经济管理体制，鼓励在国有经济之外发展多种经济成分，包括集体经济、私营经济、合资企业和外资独资经济，并放松对企业的控制，赋予企业更大的自主权。在对外方面，中国致力于迅速扩大与外部世界的经济联系。1979 年以来，中国从发达国家引入大量资源，包括资金、技术、管理方式、行政管理模式、法律和司法模式等。这些事实表明，中国的高层决策者已不再像过去那样，囿于意识形态的考虑，拒绝来自资本主义国家的各种资源和管理理念与管理方式。新的理念与思路是，只要有利于中国经济社会的发展，有利于增进人民的福祉，无论何种资源都可以引进和利用。中国为何能这样做呢？从根本上说上，这是国家基于自身利益得失考量的自主行为。20 世纪 70 年代末，中国严重的经济落后状况及其与发达国家和地区，特别是与相邻国家和地区巨大差距的存在，使中国领导人面临着难以承受的极大压力。他们意识到，中国政府如果不能尽快从根本上改变这种严峻的局面，将很难维持其政治合法性，将可能失掉人民的信任。因此，这实际上是一个关系到其政治制度和政权生死存亡的大问题。因此，改革开放战略的制定和实施，本质上是中国政府为自身长远利益和根本利益服务的自主行为。

此外，中国的外交和政治政策也进行了调整，以应对新形势的挑战。主要包括：积极改善中国与不同社会制度国家之间的国家关系，扩大中国同外国在非经济领域的各种合作；减少国内意识形态的控制等。这些也可以解释为中国在政策制定、应对形势变化等方面的国家自主适应性。

但是，如前所析，马克思主义国家理论对资本主义国家的自主性和独立性问题未予足够的分析和重视，对社会主义国家的自主性和独立性问题亦未予以深入探讨。因此，社会主义国家如何运用国家权力管理社会，以及能够在多大程度上能够运用国家的自主权力管理社会，是一个尚未解决亦是难以解决的问题。因此，在改革开放前的很长一段时间里，中国在探索如何正确运用国家权力的实践中一度陷入窘境。这些主要表现为马克思主义国家理论在中国决策实践中的误用。

共和国建立后的前三十年，在国家决策中对马克思主义国家理论的误用主要表现在两个方面：一是国家权力的过度使用，二是阶级斗争方法的过度使用和滥用。关于第一个问题，主要是指从20世纪50年代末开始，执政党和政府在国家管理中过多地运用国家政治权力和行政权力对经济、文化、意识形态乃至社会生活方式等各方面进行干预。马克思主义的理论虽然主张无产阶级取得政权后可以用新的国家工具改造社会，促进社会发展，但在某些方面已经超出合理限度。经济领域的情况表明，在指令性经济制度下，政府对社会经济活动干预过多过强。在意识形态领域，则表现为更严格的限制，那些与主政者的指导思想不吻合的观念（尤其是政治思想）不允许表达和争议。在文化领域，对文学、艺术、戏剧、电影、音乐、电视、广播等各个方面，都作出了要求服务于为实现国家奋斗目标和执政者意识形态的严格规定。即使在社会生活领域，政府也进行各种强力干预，干预范畴覆盖服饰风尚、宗教和传统习俗等。国家权力在不同领域的不当干预和过度干预，对中国的经济和社会生活造成极大困扰，教训是很沉痛的。进入改革开放时期，这些状况发生了不同程度的变化。这些变化影响着中国社会的各个方面，依其影响程度和变化程度排序，从强至弱依次为经济领域、社会生活领域、文化领域和思想政治领域。

阶级斗争方式的过度使用和滥用，是对马克思主义国家学说的另一种误用，也是共和国建政后的前三十年中国决策中的一大问题。马克思主义认为，阶级斗争是人类历史发展的动力，国家是阶级斗争的工具，是统治阶级用来维持其政权的工具。审视这一观点，首先可以确认的是阶级斗争在革命时期的重要作用。在任何一个国度，任何一个时代，当一个代表新生产关系的新生力量必须取代旧者时，阶级斗争是必要的。如英国革命、法国大革命和美国独立战争，以及中国的辛亥革命，等等。其次，在新的统治阶级已经建立政权后的和平时期，如果国家仍然强调阶级斗争的作用，甚至把阶级斗争作为维持社会运行发展和维持社会正常秩序的主要手段，必定会铸成大错。在改革开放前的三十年里，中国领导人以各种方式多次重复这一错误，甚至愈演愈烈。在那个时代，“以阶级斗争为纲”是中国决策的主导原则。阶级斗争被认定是推动一切工作的动力，一切工作都必须与阶级斗争相联系。在国家管理中用阶级斗争的观念来观察、分析和处理一切问题，造成了极为严重的后果。例如，反右运动把表达对国家管理方式和经济社会运行方式的不同意见定性为反对执政党和社会主义，并对运动中被划为右派者与同情者进行无情的批判斗争；“文化大革命”的目的是发动“无产阶级专政下的继续革命”，以打击执政党的内部敌人——那些被认定为“走资本主义道路的当权派”的颠覆行动并横扫一切“封资修”“牛鬼蛇神”。在中国大地上，不知多少人在这些连续不断的政治运动中遭受劫难。考察全面“以阶级斗争为纲”为主导思想的国家决策方式的后果，可以看到至少有两大突出问题。其一，由于国家政权把主要精力用在人为制造的“阶级斗争”上，并不断以政治挂帅和阶级斗争方式来推动经济建设和社会运行，导致两个后果。一是国家的经济建设远未得到足够的重视；二是违反经济规律的指导方针使经济运行长期陷入低效率，乃至受到极大破坏。到“文革”末期，中国经济已濒于崩溃的边缘。其二，无休止的“阶级斗争”和政治运动，使整个社会人与人之间的关系出现异化，传统的伦理道德观遭到扭曲和践踏，社会不稳定因素不断累积，国家治理困难重重。

对马克思主义国家理论在中国被误用的讨论表明，其主要问题是把错误的指导思想作为国家决策的动力和目标。这就造成国家权力的过度使用和阶级斗争方式的长期滥用，由此就必然带来持续的错误政策输出，在经济社会和政治生活各领域各层面造成灾难性的后果。

综上所述，马克思主义国家理论主要是在考察和分析资本主义社会的基础上产生的，中国虽然不是资本主义国家，但由于其具有现代国家的许多共性，因而该理论在相当程度上亦可用来解释中国的实践。审视中国的两段历史，20 世纪 50 年代初期和改革开放以来中国政府积极制定有效政策推动经济迅速发展的事实表明，政府只有排除泛政治化因素与意识形态斗争导向型思维模式对国家决策和国家运行的干扰，才有可能理性地制定政策，从而有效进行治国理政和促进经济社会的发展。换言之，如果一个国家在其决策中能够基于国家社会的根本利益和长远利益考虑，有效发挥其自主权，而不是被某种意识形态和政治目标所捆绑，才有可能制定较好的政策。实际上，即便是在现代欧美资本主义国家中，无论是滥用国家权力干预公共生活，还是以阶级斗争方式管理国家经济运行和社会运行，都必定导致国家治理和经济社会运行的失败。

全球化理论的适用性 这一理论揭示全球化发展趋势对国家层面决策的重要影响。其重要性在于强调由于现代技术和全球经济的发展已经导致“我们的时间和空间观念的重组”（Giddens, A.1989, p.519）。因此，积极参与到以世界各国或地区和各领域相互依存、相互合作为特征的全球化进程中来，对一个国家的生存发展具有至关重要的意义。全球化理论的提出，无疑是 20 世纪以来对国家决策理论最重要的贡献之一。

全球化理论对解读中国决策实践的适用性毋庸置疑。中国正反两方面的经验，即实行改革开放政策以来所取得的成就和发展，以及过去自我封闭和自我疏离所造成的严重后果，都为这一结论提供了有力的证据。

正如将在本书 4.2.2 所讨论的那样，自我封闭政策是导致中国在共和国建政后的前三十年经济发展停滞和落后的主要原因之一。邓小平在回顾这一沉痛教训时，曾明确指出，从明朝中叶到鸦片战争（1840）的闭关锁国和1958—1976年的不幸时期，导致了多年的愚昧落后（Deng, X., 1985 b, p.61）。因此，邓小平认为推动外向型经济发展极为重要。

> 总结历史经验，中国过去陷入停滞落后状态的一个重要原因，就是闭关锁国。经验证明，闭关锁国搞经济建设是不可能成功的（Deng, X., 1985 B, pp.67–68）。

邓小平后来在谈到中国的改革和经济建设时，多次强调对外开放的重要性。

> 对外开放具有重要意义。任何一个国家如果孤立自己，封闭国际交往，要想取得发展是不可能的（Deng, X., 1987, p.105）。

邓小平这些重要理论的提出，标志着中共决策指导思想的根本转变，其核心是：

- 没有经济发展必定会使国家陷入危险。
- 对外开放和加入世界经济秩序是实现经济发展的必要条件。

这些成功的经验可以追溯到20世纪70年代末，当时中国宣告实行改革开放战略，实施全面对外开放，拓展与世界主流经济接轨的渠道。随后，创建作为实施这一战略的“试验田”“窗口”和“桥梁”的经济特区方案应运而生。如前所述，改革开放时期的中国领导人认为，通过对外开放，中国可以从发达国家汲取资本、先进的科学技术和管理经验，从而加速中国的经济发展。随后的二十年见证了中国快速参与经济全球化的进程。这一变化不仅带来经济的腾飞，也使中国从根本上告别政治上的孤立，国际地位大为提高和加强。这些事实表明，全球化理论对解释当代中国的政府决策实践不仅具有适用性，而且是非常重要。

在改革开放前的中国，在很长时期内高层领导者担心资本主义在中国国内复辟。但现有证据表明，对中国的真正威胁并非来自内部，而是来自外部，这就是全球经济的快速发展。如前所述，在全球化进程中，发达工业化国家经济占主导地位。这种趋势现在已经发展到这样一个阶段，如若一个国家（特别是发展中国家）不能跟上这股浪潮，就势必难以推动本国的经济发展，难以缩小与工业化国家的差距。在上文所分析的事实表明了这样的可能性。中国过去的困境，实际上就是已经陷入这样的危险。

另一个原因也使得中国参与经济全球化的必要性大为增强。中华人民共和国成立后，虽然努力建设和发展社会主义经济，但实践证明，不学习和借鉴资本主义两个多世纪发展所形成的经济模式和先进技术，却难以取得成功。客观地说，资本主义的生产模式和经济模式已经比较成熟并取得成功，其生产力发展处于较高程度。因此，中国要加快经济发展，就必须学习借鉴资本主义的生产模式、管理模式和先进的科学技术。从根本上说，比较先进和有效的经济模式和管理方法，更不必说先进的科学技术，应当不是也不会成为那些社会制度不同的国家的敌人；相反，这些有用的要素和资源是可以学习借鉴和引进的。中国改革开放时期的领导层意识到这一点，并果断地引入新的思维方式，在决策中采取了极大的灵活性，以回应全球化的挑战。他们相信可以“有选择地吸收外国的好东西，抵制外国的坏东西”（Liu, p.1985）。

中国参与经济全球化，或适应经济全球化，从而进入或重新进入世界经济体系，其理论依据是邓小平的“猫论”和判断新政策或新资源可行性和可用性的“三个有利于”标准。邓小平强调，无论是白猫黑猫，只要能抓住老鼠就是好猫（Shambaugh, D.1995, p.88）。那么，中国的

“老鼠”，即政策目标或评价标准是什么呢？按照“三个有利于”的标尺，即是否有利于促进社会主义生产力的发展，是否有利于提高人民的生活水平，是否有利于增强中国的综合国力（Deng, X.,1993, p.372）。因此，所有那些有利于用来捕捉这些“老鼠”的方法和资源，都应当是被容许和鼓励使用的。中国 1979 年以来的经验表明，中国的政策正是依循这样的原则而制定的。

全球化理论在中国决策中的运用不仅具有现实的必要性和紧迫性，而且有其符合中国执政者当前的指导思想和符合国家人民根本利益的理论依据和现实依据。但是，必须看到，全球化决定论和马克思主义国家理论一样，是一种描述和强调经济方式和经济关系的发展变化对国家决策的全面影响的国家理论。这两种政治经济学的不同之处在于，前者是从国际层面来观察问题，而后者则主要着眼于一国内部的分析。与其优长相反，全球化理论的短项就像马克思主义的国家理论一样，也不是很适合解释那些具体的决策过程，这是合乎逻辑的。

制度主义理论的适用性 正如前文所析，制度主义的优长之处体现在如下三个方面。

- 揭示制度化因素对于构建和制约影响国家决策的利益和权力分配格局的重要作用。
- 强调制度化力量在建构和调解国家决策中所出现冲突的重要作用。
- 指出在一个制度化的框架中，决策者和环境可以相互作用，即前者可以创造和改善后者，后者亦可对前者形成巨大影响。

然而，作为一种描述性理论，制度主义未能回答如何建立合适的制度以满足社会需求的问题，而只是解释制度如何影响决策。实际上，人不是制度的奴隶和工具，制度应该为人类社会服务。因此，人们需要做的不是仅仅追随后者，被动地受其影响，而是要通过改革使之不断完善，以适应现代社会良性运行的需求。

为分析制度主义理论观察和解读中国实践的适用性，需要首先探讨中国现行制度对政府决策过程的影响及其原因。中国现行制度对决策过程的主要影响可从两个方面看。其一，是高度集中的权力体制的影响。这包括执政党处于国家领导的核心地位；政党制度与国家制度在很大程度上交织在一起，政府在很大程度上是执政党的执行机构；以及主要领导者对决策起主导甚至决定性作用。这种高度集中的权力体制对决策过程有重要影响，一方面可以保证决策的高效率，特别是在战争年代和革命时期等特殊历史阶段，因为它有利于避免来自反对派的干扰，减少无休止的争论对包括时间在内的各种资源的耗费。但从另一方面看，在和平年代进行经济建设时期，这种模式并不适合充分发挥各方面的作用，不利于广泛吸收各方面的意见和建议，特别是反对派的意见和建议。进而言之，这也不利于权力制衡。有效的权力制衡是决策得以优化的重要保障。此外，在很长一段时间里，在中国决策中“党委挥手，政府动手，人大举手，政协拍手”（Shirk, 1993, p.57）的状况成了严重问题。因为它混淆执政党与政府、立法机关与执政党的职责区分，贬抑政治协商机构政协的作用。幸运的是，这种情况在改革开放时期的中国已经发生显著变化。

其二，是确立了一种很强势的由官方主导的、排他性的意识形态管控体制。改革开放之前，这种情况相当严重。事实证明，这种意识形态的严密管控对政府决策有很大的负面影响。

本章对五种与政策是如何制定相关的国家理论做简要评析，并从总体上考察它们对解读中国决策实践的适用性。依据这些讨论，本研究选择多元主义、精英主义和制度主义三种理论来分析中国经济特区建立的决策过程。这样的选择，基于如下考虑。

虽然这五种与国家相关的理论都在不同程度上可用于解释中国的实践，但其适用性有所不同。正如导言所指出，与政府决策相关的政治经济学研究模式包括马克思主义决定论和全球化决定论的要旨，聚焦于探讨与社会经济生活相联系的经济关系、经济模式和经济力量对国家决策过程的影响。这些因素既来自国内，也来自国外，并通过形成一定时期国家决策的动因而发生影响。但从中国的实践来看，这些因素通常在较长时段内才能发挥作用，并对一些重大事件产生影响。换言之，它们的作用或影响通常要从较长的时段或一个较大的历史变化中认识到。如前文所论析，探讨中国为什么在“文化大革命”结束后不久就实施改革开放战略的决策动因，就可以发现这些影响。因此，这些方法似乎更适用于研究重大政策事件的宏观背景和动态，而不是很适用于解释具体的政策制定过程。因此，这两个理论模式将不用于考察经济特区建立的决策过程。

比较而言，多元主义、精英主义和制度主义的模型更适用于考察和分析影响比较具体的决策过程的各种因素，包括决策机制、决策环境和决策者行为等等如何及在多大程度上产生作用。因此，在进行本研究的主要分析工作时，将引入这三种理论模式来审视建立经济特区三个典型案例的决策过程，并具体地探讨其适用性。

第 3 章　关于政策应当如何制定的理论论析

第 2 章考察有关政策是如何制定的理论和模型，指向与决策相关的国家理论。这些理论主要是进行实然性研究，在不同程度上结合描述性和规定性要素，并侧重于前者。本章概述关于政策应当如何制定的不同理论流派，这些理论以规定性方法为特征，探求改善决策之路径，是进行应然性研究。拟作考察的主要理论包括理性主义、渐进主义、混合扫描方法、最优化方法和权变方法。这些理论与相关国家理论之间有密切的关联性。譬如，理性主义是一种精英主义取向的理论，渐进主义和混合扫描方法之建构基于多元主义取向，最优化方法和权变方法则是以多元主义和精英主义的混合取向为其基础。

3.1 审视各种相关理论

3.1.1 理性主义理论

赫伯特·西蒙提出的理性主义决策模式，包括综合理性模式和有限理性模式，被认为是决策研究文献中最主要和最根本的方法。学界在对其可行性、优长与偏失进行论辩的过程中，产生了若干其他的决策模式。

西蒙理性主义决策模式的基础是其管理理论。在他的理论体系中，决策被认为是核心问题（Simon, 1947, p.1）。西蒙在其早期的著作《管理行为》中提出了公共政策制定中的理性主义决策方式的经典表述，即决策者需要"从备选方案中选择一种能够获得完美结果的方案"。要做出这样的"选择"需要经过三个步骤："（1）拟出所有可供选择的方案；（2）研判每一种方案可能产生的所有后果；（3）对这些后果进行比较性评估"（Simon, 1975, p.67）。在西蒙看来，一个组织内目标或目的的存在对赋予管理行为以意义具有根本的重要性。反之亦然，管理行为只有在目标指导下才是有意义的。在任何组织中，都可能有许多实现目标的方法，当面临需要在备选方案之间做出选择时，理性的决策者应该选择最有可能完美实现其预期目标的方案。

迈尔森和克里斯提（Meyerson & Christie, 1955, pp.314–15）将理性主义决策模式的基本特征概括为：（1）决策者需考虑所有可能的选择，即他考虑在当时的情况下，根据他所寻求的目的，什么行动是可能的；（2）他确定并评估采用每一种替代办法的所有后果，即他预测可能采取的行动方针将如何改变总体情况；（3）他对备选方案作出抉择，这种选择的可能后果就他最有价值的目的而言是可取的。很明显，理性主义决策模式是一个理想化的决策模式。根据西蒙的理论框架，显然，运用这一模式需要充足的资源。福雷斯特（Forester, 1984, pp.23–4）认为，运用这种决策模式要求具备如下条件：

- 需要作出决策的问题已经得到明确的定性，其范围也已界定；
- 得到所有可供考虑的备选方案；
- 获得所有的基准信息；
- 获得所有关于每一备选方案预期后果的资料；
- 获得所有关于政策适用范围内人们的价值取向和选择意愿的

信息；

- 拥有足够的时间、技术和其他必需的资源。

尽管这一阐述将西蒙的假设推向极端，但确实指出了西蒙理性决策模式的主要问题。还有些学者进一步详细分析该模式的不可行性。例如，布雷布鲁克和林德布鲁（Braybrooke & Lindblom, 1963, pp.48−54）列举出理性综合模式在适用性方面的八个不足之处：

- 不适用于人类解决问题能力的有限性；
- 不适用于信息的不充足性；
- 不适用于获得信息的高成本；
- 不适用于未能建立令人满意的评估方式的情况；
- 不适用于在决策中观察到的事实和价值之间的密切关系；
- 不适用于它所主张的变量系统的开放性；
- 不适用于政策分析师对战略分析步骤的需求；
- 不适用于政策问题实际出现的不同形式。

事实上，在很大程度上，西蒙后来也意识到其方法在运用中的一些困难。其中包括：（1）当整个组织的价值观可能与组织内个人的价值观不同时，很难决定在决策过程中依据谁的价值观和目标来作判断；（2）由于组织内的个人和群体往往可以自行解释一般政策声明，因此提及组织的目标可能没有意义；（3）在实践中，决策很少以这种纵向、全面和有针对性的方式进行；（4）在决策过程中，似乎很难区分事实与价值、手段与目的。（Simon, 1964, 1983）

在认识到综合理性模式过于理想化的基础上，西蒙在其后期著作中提出了“有限理性”模式来描述现实中的决策过程。他认为，在实际的决策实践中，决策者通常会面临如下的情况：

- 模糊的、未能定性的问题；
- 关于备选方案的不完备资料；
- 关于需决策问题的背景和起点的不完备资料；
- 关于每一备选方案所产生后果的不完备资料；
- 关于政策受众的价值取向、意愿、兴趣范围和内容的不完备资料；
- 决策者时间、技术和其他资源的有限性。

因此，在有限理性决策的实践中，决策者对政策方案的选择不是追求能实现自身价值最大化的，而是能令人满意或足够好的目标。这意味着，他们只是做他们能做的事情（Grandner & Simon, 1958年）。显然，"满意"的标准比西蒙原先提出的追求最优方案更为现实。根据这样的要求，令人满意的标准应当是：必须有一套说明备选方案应达到的最低限度的令人满意的标准，所有的备选方案都必须符合或超过这样的标准（March & Simon, 1993, p.161）。

虽然西蒙改善其理论框架，把综合理性模式修正为有限理性模式，是一个重大的理论发展，但前者仍然具有重要价值。正如汉姆和希尔所指出，"综合理性模式仍然是重要的，它对不同国家改善其政府机制的努力大有裨益"，因为这"表明综合理性模式的思想仍然是强有力的"（Ham & Hill, 1993, p.87）。综合理性决策模式成功应用的最为经典案例之一，就是美国国家航空及太空总署（NASA）在人类历史上首次把人送上月球。这一计划的主要实施过程是：肯尼迪总统依据现实的条件与可能和有关方面的建议作出决策，宣布这一目标；然后科学家们根据已掌握的科学理论和技术提出实现这一目标的计划。之后，对执行计划的所有备选方案进行审查，并选定一种合适的方略；为实现这一目标，分配和投入相应的资源；最后，1962年发射成功，从而验证这些理论的正确性。英国一些例子也可以说明这样的情况（Blackstone & Plowden, 1988），包括用于开发公共支出调查委员会（PESC）系统以规划公共支出，以及随后引入预算编制方案、项目分析评估以及中央政府政策审查工作等。

作为对原有模型的修正和发展，有限理性模型定位于让决策者选择一个不是冀望最大化其价值，而是达到满意或足够好的方案。这样的改进因其更符合现实而广受好评。例如，林德布鲁（Lindblom, 1979）认为，对理性模式的限定是有限理性模式能够取得的最好进展。

3.1.2 渐进主义理论

在讨论理性主义决策模式的可行性与不足的过程中，一些学者也尝试提出自己的理论模式，以作为对理性主义模式的修正。其中，查尔斯·林德布鲁首先提出的渐进主义模式就是这样的一种综合描述性与规范性策略的重要模式。林德布鲁认为，渐进主义模式由三个核心概念构成：连续的有限比较、离散式渐进主义模式和决策参与者的相互调适。连续的有限比较实质上是一种简化的渐进决策模式，其方法是限定决策备选方案的数目，只考虑那些与现行政策差别不大，可以忽略考虑拟采取政策后果的方案。在这一过程中，能够同时对事实和价值、手段和目的进行分析。林德布鲁认为，这样的方法虽然有一些公认的缺点，但仍优于“徒劳的超人式全方位尝试”（Lindblom, 1959, p.88）。

离散式渐进主义是渐进主义决策模式的第二个核心概念。林德布鲁和布雷布鲁克在其合著的《决策策略》（A Strategy of Decision, 1963）对离散式渐进主义作了详细描述。他们认为，离散的渐进主义就是通过如下方式进行决策。

> 通过较小的或渐进的措施，而不是通过全面的改革方案来解决所面临的问题。这一改善过程是无止境的；它采取的方式是一

系列不确定的政策行为。此外，它是探索性的，因为随着关于什么是可能的和结果比较理想的新政策经验出现，决策的目标在持续改变。在这个意义上，它也更好地描述为远离已知的社会问题，而不是朝着一个确定的和相对稳定的目标前进。在任何情况下，政策的制定都涉及根据最近的政策步骤所显示的可能实现的情况来选择推动政策向前发展的目标。没有考虑其可行性而选择的乌托邦式的目标，对这种政策的制定是没有意义的。

林德布鲁所提出的党派相互调适方式，是为了在没有主要协调者的决策情况下实现人与人之间的沟通协调而提出的，它包括适应性调整和操控性调整。在适应性调整中，决策者只是需要适应他周围的决定，而操控性调整则是寻求从其他决策者那里得到他所希望的回应（Lindblom, 1965, p.33）。

后来，霍格伍德和冈恩（Hogwood & Gunn, 1984）将渐进主义模型的主要特征概括为：

1. 政策制定者通常避免全盘考虑，或者至少不会阐明他们的目标。这实际上体现了一种明智，即如果这样做会易于引发冲突而不是达成一致，阐明目标也就是提供判断标准，为何要把这样的标准作为质押交给未来?

2. 当明确现行政策不能解决问题时，立法者和行政官员采取的修正行动倾向于“渐进方式”，即对现行政策进行相对较小的调整，而不是大刀阔斧的变革。在此过程中，他们从已知的基础谨慎地、试验性地前行，而不是大步迈向未知的未来。

3. 应当认识到，只有很少的问题能够一劳永逸地得到解决。相反，政策制定是连续不断的过程。持续地对已纠正的错误进行反思，就会出现新的前行道路。

4. 很少有政策是由个人或仅是单一机构所制定的，政策是通过权力网络中众多有影响力的政策主体相互作用而制定的。

5. 虽然这些行为主体是自利的，但他们不是盲目的党派利益维护者，而是能够通过讨价还价、谈判和妥协等各种方式相互调适。

6. 在大多数多元化的自由民主国家，“寻求共识”是一种被广为认可的价值观。因此，能够出台的政策通常不一定是最好的政策，而是大多数群体能够认可的折中政策（pp.52–3）。

在 20 世纪 70 年代后期，林德布鲁进一步提出他的战略分析方法，作为渐进主义决策模式的一种方式，他认为这是一种类似气象预测分析的更可取的构想。林德布鲁认为，简约的渐进分析、离散式的渐进主义和战略分析之间存在着密切的联系。汉姆和希尔（Ham & Hill, 1993）将其总结为：简约的渐进分析仅限于考虑与现状有渐进差异的备选方案的分析，离散式渐进主义涉及将分析局限于几个熟悉的备选方案，将目标和价值观与问题的经验方面交织在一起，更多地关注问题的解决而不是所要寻求的目标，关注一系列试验、错误和修正试验，只探讨对与备选方案有强相关性的后果分析，以及关注众多分析参与者分析工作的一些关键性碎片。战略分析只限于分析那些经过周密测算和深思熟虑所选择一套策略，以简化复杂的政策问题。简而言之，渐进分析是离散式渐进主义的一个要素，离散式渐进主义是战略分析的一种形式（pp.92–3）。

林德布鲁的渐进主义决策模式在决策理论文献中获得广泛好评。艾伦·威尔达夫斯基在《政策分析的艺术与工艺》一书中（Aaron Wildavsky, 1980），对政策过程提出了类似的政策假设。他认为，与其说是原有的政策问题得到解决，不如说是其他问题取代了前者，因此，“我们感兴趣的不是政策决定，而是事情的演进”（p.23）。他还分析了一些重要的政策现象，这些现象为渐进主义决策模式提供了积极的证据，如目标上的政策退却、政策自为其因、没有协调者的协调等。

戴伊在分析渐进主义决策模式的可行性时（Dye, 1984），从四个方面进一步论述其必要性。（1）决策者通常没有时间、心力或资金来研究现有政策的所有替代方案。获得所有这些信息的成本太高。即便在计算机时代，政策制定者也没有足够的预测能力来判定每一种备选方案将可能产生的后果。当许多不同的政治、社会、经济和文化价值在受到威胁的时候，他们也无法测算出替代政策的成本收益比。（2）决策者认可原有政策的合法性，因为全新的或与过去不同的政策的施行后果具有不确定性。在新政策的后果无法预测的情况下，继续已知的政策更为安全。在存在诸多不确定性的情况下，决策者宜维持过去的政策或方案，无论它们是否被证明是有效的。（3）现有项目已经注入巨量投资，会阻碍彻底变革的可能性。这些投资可能是在金钱、建筑物或其他硬件设施方面，也可能是在心理建构、行政管理或组织结构方面。人们普遍认为，不管政策的效用如何，它们在产生之后便往往会随着时间的推移而持续，并且形成难以改变的惯例，而个人也会在组织和实践的延续中发展出个人利益，这使得根本性的变革更是非常困难。因此，并非所有的政策备选方案都值得仔细考虑，需要认真考虑只能是那些不会引起物质、经济、组织和行政混乱的政策选择。（4）渐进主义在政治上是有利的。在政策制定中，当争议的事项仅限于预算的增加或减少，或者是对现有项目的修改时，更容易达成一致。当决策涉及那些可能关系到巨量得失的重大政策转变时，冲突就会加剧。由于通过新项目或新政策所引发的政治压力非常大，除非有重大的政治调整，过去的政策往往会基本延续到未来几年。因此，渐进主义在减少冲突、保持稳定和维护政治制度本身等方面都是重要的（pp.35–6）。

应当注意到，渐进主义模式尤其与美国的现实相符。布雷布鲁克和林德布鲁（Braybrooke & Lindblom, 1963, p.73）自己也意识到这一点并解释说，在美国，“决策的推进通过求得一系列的近似值来实现。政策是针对问题而制定；它被试验，然后被改变；以被改变的形式再试验，再被改变，如此循环。其他一些政策分析师也认识到这一点，并给出更多理由来说明这一特点。他们指出，在美国，政策的制定是在一个高度多元化的环境中进行，这个环境由相互依存的利益集团所支配，这些利益集团在一个开放的系统中运作，并接受为制定政策而进行妥协的必要性。”（Ham & Hill, 1984, p.82；Hogwood & Gunn, 1984, p.53；Berry, 1974, p.349）。这些都符合渐进主义决策模式的主要特征，即制定政策的目的不是使决策者的价值最大化，而是使决策输出能够被所涉利益群体都认可。

此外，林德布鲁认为他的模型不仅是对政策制定如何发生的描述，而且也是一种规范性策略，一种关于决策应该如何做出的模型。他认为：“从心理学和社会学的角度而言，决策者有时可以使自己容易和迅速地作出改变，这只是因为改变是渐进的，并非陷入充满巨大的错误风险或政治冲突中。例如，在一个快速变化的社会中，人们可以认为，它之所以变化得这么快，只是因为它避免了对大变化的大争论。”（Lindblom, 1965, p.157）

尽管如此，林德布鲁的渐进主义模式也因其保守和偏见而受到强烈批评。德洛（Dror, 1964）在他的论文《蒙混过关：“科学”还是惯性？》中，虽然承认林德布鲁关于渐进主义决策模式著作主要致力于描述性研究，但认为其规定性因素“是在所有人类组织、行政和决策行为中存在的趋惰性和反创新力量的意识形态强化”。德洛认为，这一策略只有在以下情况下才是有效的：（1）目前的政策结果基本上令人满意；（2）问题的性质相对稳定；（3）处理该问题的方式不断可获得。同时，他认为至少在以下三种情况渐进主义模式是不适用的：（1）当下政策可能是如此明显地不令人满意，仅对它们作些微调整是毫无意义的；（2）需要政府作出反应的问题可能变化太快或变化太大，以致基于过去经验之政策不足以指导今后的行动；（3）可用于解决问题的方法可能会扩大，因此存在重要的新机会，但很可能被渐进主义者所忽视。

针对德洛的批评，林德布鲁认为，无论是在美国这样的政治民主国家，还是在相对稳定的专制国家，渐进主义决策模式所需的条件都可以得到满足。同时，林德布鲁（Lindblom, 1964）对批评他的“得过且过”方法的保守倾向做出回应。他认为，连续的小步骤改变同样可以达到一个有重大变化的目标，就像频次较低的大动作可以做到的一样。

对渐进主义决策模式的另一种批评，是贝利（Berry, 1974）提出的关于渐进主义模式评价决策的不合理标准和过分强调当前利益的弊端。关于第一个方面，他认为，在实践中，如果不是根据具有客观标准的理论，而是仅仅根据在特定情况下的可接受性来评价一项决定是否“良好”，就会倾向有利于最有权势群体的利益。因此，渐进主义决策模式的适用范围实际上要比倡导者所宣称的要更窄。

关于第二个问题，贝利认为（Berry, p.350），由于该模式强调满足当前的利益需求，而不是未来的利益需求，“微小变化”对后人的影响可能比人们普遍愿意承认的要大得多。尽管林德布鲁认为正是由于全面分析的成本过高，才采用渐进主义模式，但实际上，渐进主义倾向于忽视这样一种可能性：在某些情况下，付出较多分析的成本可能没有产生错误政策的代价那么大。因此，未能探索对现有政策进行彻底改变的备选方案所要付出的代价可能会更高。

尽管受到来自各方面的批评，渐进主义决策模式仍以其令人信服的优点成为决策的重要模式之一。作为理性主义决策模式的对立面，渐进主义模式在决策理论中占有重要地位。这两种决策方式的关系是既对立又互补。它们是寻求改善决策过程之路径的两端。后来发展出来的其他方法都是试图在两者之间找到折中的方式。这些寻求“中间地带”的决策模式包括混合扫描法、最优化方法和权变方法等。

3.1.3“混合扫描”方法

一些学者认为，无论是理性模式还是渐进模式，其优长与缺失都是显而易见的，都不符合实际的或令人满意的规范的决策解释（Parsons, 1995, p.297）。因此，人们一直在努力探求能够将两者的优点结合起来并减少其偏失的新方法。埃齐奥尼提出的混合扫描决策模型，即是试图在理性主义和渐进主义模式之间寻找一条中间道路的尝试之一。埃齐奥尼认为（Etzioni, 1986, p.8），他的方法“不像理性主义模式所要求的对所有可能的选择进行全面探究那样苛刻”，而“比渐进主义模式更具战略性和创新性”，因为它“将（a）确定基本方向的高层次的基本决策过程与（b）为基本决策做准备并在达成决策后加以解决的渐进过程结合起来”（Etzioni, 1967, p.385）。

“混合扫描”一词来源于对气象卫星相机的类比，是一种观察和判断决策形势的综合方法，它既能“扫描”总体情况，又能“扫描”已被定位的主要矛盾或问题所在的需要获得详细信息的特定区域。埃齐奥尼（1967）将使用理性方式和渐进方法的不同目标描述为：前者寻求关于整个气象图像的详细和全面的信息，后者只关注那些过去已经形成麻烦动向的地区及其邻近地区。而在将混合扫描策略应用于决策过程时，则是把对一些关键地区的详细检查和对大范围天气图景的概略审视结合。因此，该模型具有广泛的可行性和比较经济的操作方法，可以满足大多数决策情况的要求。

应用混合扫描方法的前提是定义两种不同的决策——基本决策和渐进决策。埃齐奥尼认为，基本决策是通过研究决策者以其目标构想为依据所确定的主要选择作出，但与理性主义所表明的不同——细节和详情被省略，因此对所需信息的把握是适宜的。而其渐进决策则是在基本决策（和总体审视）设定的背景下做出的（Etzioni, 1967, p.390）。埃齐奥尼对这两种元素的功能予以如下表述：

> 在混合扫描中，这两个元素中的每一个都有助于减少另一个元素的特定缺点的影响；渐进主义通过限制基本决策所需的细节来减少理性主义的不切实际的方面，而将理性主义置于语境中有助于通过探索长期的替代方案来克服渐进主义的保守倾向。

混合扫描模型很快引起学者日益增多的关注，包括一系列的讨论、批评和应用研究。埃齐奥尼（Etzioni, 1968, pp.286–8）进而提出了一个可用于计算机程序的模型作为其研究设计的基础。更重要的是，通过对知识的社会背景、检验现实的本质、权力与知识的关系、知识的分配和“社会意识”的考察，他认为理性模式和渐进主义是有缺陷的，不能作为促进“积极社会”的基础，因为“积极社会”是一个人们通过社会集体变得更了解自己、更能够按照价值观念来改造社会的社会。后来，詹尼斯和曼恩（Janis & Mann, 1977, p.37）对埃齐奥尼的方法提出了重大改进。他们指出，在最初的扫描中，那些没有“破坏性目标”的选项被保留下来用于更仔细的扫描，这是一种“准满意”的方法，然后，“每次对幸存的选项进行重新检查时，测试规则可能会通过提高最低标准而朝着优化的方向改变”。戴维·斯达奇（David Starkie, 1984, p.75）同意埃齐奥尼的观点，即由于渐进模型没有为累积变化提供指导方针，而累积变化通常是随机的或分散的，许多渐进变化的累积预计不会产生与基本决策相同的结果。作为比照，在应用混合扫描方法时，基本决策则提供这样的指导。斯塔基认为，埃齐奥尼提出的关于“渐进式‘蠕变’在现有政策仅靠修改已无法持续时作出突变的构想”，是一种结合渐进式决策和基本决策的可能模式。

对混合扫描模型的批评来自不同角度。霍格伍德和刚恩（Hogwood & Gunn, 1986）批评该模型在实际应用中存在两个问题。首先，气象卫星和社会问题之间是否可以类比？霍格伍德和刚恩认为，地球和空间表面具有固定的几何比例，可以扫描在一个简明清晰的模式中，需要更深入关注的区域和现象是显著的。然而，人类社会的基本样貌是怎样的，或是说应该聚焦于哪些现象，却并不清晰。其次，“混合扫描”模型对如何分配分析资源的决策具有特别的潜在相关性。但是，埃齐奥尼只是提出需要详细分析的天气形成类型的标准，并没有提供确定应以何种方式分析何种类型政策问题的标准（p.61）。史密斯和梅伊（Smith & May, 1980）认为，混合扫描的主要困难在于如何区分两种不同的判定。他们认为：“如果没有进一步的经验数据，对混合扫描方式如同乌托邦式的理性主义规划一样令人昏昏欲睡的质疑依然会存在。”（p.153）因为，正如我们所看到，方式和目的之间的区别是灵活的，在一个背景下的基本决定在另一个背景下是渐进的，反之亦然。决策者至少有可能以不同的方式对其决策进行定义，要么考虑或忽略细节，要么探讨或忽略在特定情况下适合其目的的备选方案。

汉姆和希尔从另一个角度指出埃齐奥尼模型的问题。他们怀疑基本决策是否像埃齐奥尼所说的那样重要，因为“在某些情况下，基本决策在确定大方向方面很重要，而在其他情况下，决策则可能会以更少建构性的方式的推进……当这种情况发生时，政策过程的特点是无计划的漂移，而不是有意识的设计……”（Ham & Hill, 1993, p.91）。

虽然论者从不同角度批评混合扫描决策模式，但这种模式确实有助于观察决策情况，因为它提供了“一种作出基本决定的适当方法，有助于使一系列决策备选方案得以探讨”（Hill, 1997, p.106）。

3.1.4 最优化方法

德洛提出试图将理性主义和渐进主义决策模式结合起来的另一种方法。他在批判理性主义和渐进主义的基础上，提出建构同时增加理性因素和超理性因素的最优化决策模式。德洛（Dror, 1968, pp.130–1）认为，他的最优化模型可以避免两个极端，一方面防止纯粹的理性，另一方面因提供了一个最优目标而好于仅仅是对当前状态作渐进式改善判断的选项。他还认为，其模型的利好在于融合和补充各种规范性模式的长处，并避免它们的缺点。

德洛的模型有三个主要特征：超理性成分、元决策和增加理性要素。（1）重视超理性成分的作用。德洛认为，超理性过程在最优决策中必须发挥重要的、必要的和积极的作用，基于如下三个原因：第一，有限的资源、不确定的冲突和知识的缺乏使决策理性受到严苛的限制，因此决策者必须在很大程度上依赖超理性过程。第二，在决策的某些阶段，只有超理性的过程才会起作用，例如政策制定者需要“创造力”来发明新的替代方案。第三，这一论证更具思辨性并基于直觉，超理性的过程在某些阶段可能比理性过程更好解决问题，即使理性过程本身也能解决问题（Dror, 1968, p.157）。

德洛的超理性因素包括使用直觉、判断、创造性发明、头脑风暴和其他方法。他认为，政策制定者通常更偏向于“直觉”而非“信息”，更偏向于“猜测”而非“估计”，他们必须非常努力地实现一种“有根据的直觉”或“猜测”。因此，为了改进决策，一个主要的办法是鼓励和加强其超理性成分（Dror, 1968, p.158）。

（2）强调“元决策”，即“决定如何决定”。德洛认为（Dror, 1968, p.159），广义地说，“决策包括三个主要阶段：（a）元决策，即关于如何制定政策的决策；（b）通常意义上的决策，即就实质性问题制定政策；（c）重新决策，即根据政策执行情况的反馈修改政策”。

因此，在这里，决策系统是由元决策阶段作为一个整体来处理的，通过元决策阶段来确定问题、价值观和资源，并将它们分配给不同的决策单位；设计、评价和重新设计决策系统；确定主要的决策战略（Dror, 1968, p.160）。德洛强调这些阶段的重要性，因为必须投入资源以确定决策程序与方式，从而实现更好的政策产出。

（3）增加理性成分。显然，这一思想与综合理性模式有着密切的理论联系。然而，德洛在很多方面都做了调整。（Dror, 1968, p.160）他将整个决策过程分为18个具体阶段，分别进行论述。在这些阶段中，有一些是特殊的，例如元决策阶段的7个阶段。其他的一些阶段则借助理性模型的思想，例如，"建立可操作的目标，并对其进行优先级排序"。准备一批重要的备选政策，包括一些"好的"政策。因此，有些学者（Hogwood & Gunn, 1981）认为德洛实际上倾向于决策理论谱系中西蒙模式的一端。

然而，毫无疑问，德洛提供了一个最重要的尝试来设计一个规定性的决策模型，并且德洛的工作的一个特别优点是它认识到决策过程中的超理性因素的重要性（Ham & Hill, 1993, p.90）。

虽然德洛认为他的模式避免了理性主义和渐进主义决策模式的不足，但其他论者仍有不同的看法。林德布鲁批评德洛仅仅提出了一系列不相关的陈述，不能说它们已构成决策的"模型"。史密斯和梅伊（Smith & May, 1980, p.154）认为，

> 德洛的陈述中最薄弱的特征是确认"直觉和经验"在决策中的作用。其非理性信息来源及分类模糊多变尤为令人不安……同样重要的一点是，理性主义和渐进主义决策模式之争的核心问题，在很大程度上并没有被这种试图提供的"第三种选择"所中止。

由于这些原因，这些学者认为最优化模式很难被认为是对其他模型

缺失的实际修正和优势的补充。但亦有论者持不同意见。希尔认为，如同混合扫描模型，德洛的最优化模式的重要性“主要在于它是试图满足人们所广泛持有的将渐进主义模式作为规定性方法的保留意见”（Dror, 1997, p.106）。所提出的三个要素构成旨在“结合现实主义和理想主义”（Dror, 1964, p.157），对在理性主义和渐进主义之间寻求一个中间立场是有启发的。例如，超理性成分强调在决策资源非常有限或需要“创造性”发明新的选择（在某些情况下可能会发生）的情况下，超理性思维是必要和有效的。因此，这一思路是合理、现实和适用的。在这些情况下可以使用的是“直觉、判断、创造性发明和集思广益”，这来自决策者的经验和知识的积累。

3.1.5 权变方法

在争论和寻求理想的决策方式的过程中，一些学者逐渐意识到，没有一种单一的决策模式能够普适地应用于所有决策情境；不同的情况需要应用不同的决策方式，因此决策方法不应当是排他性的。一种在特定情境中适用的决策模式（或模式组合）的应用性的依具体情况而定。这些学者建议，在不同的决策背景中，应该采取不同的决策方法。应当说，霍格伍德与刚恩所作的如下表述是对这一理念的清晰阐释（Hogwood & Gunn, 1986）：

> 某些问题通常需要高度的政治多元主义、议价行为和渐进主义方法。但在其他问题上——可能只是一小部分，需要更具计划性和分析性的办法。因此，我们赞成一种权变方式。……决策没有“一种最好的方式”，正如没有建构和运行“良好组织”的普适性处方一样。决定以何种方式进行决策所需的诊断技能包括高度的政治敏感性和辨别力，以及对规划和分析技术的把握。（第 62 页）。

权变方法的出现是决策理论研究的一个新进展。随着越来越多的学者参与到对这一方法的探讨中，人们进一步探究应如何根据不同情境来评估和定义决策背景。

基于对规划过程进行的深入研究，克里斯滕森（K.S. Christensen, 1985）指出，规划过程是一个典型的不确定过程，并提出了一种权变模型来处理复杂的规划问题。他根据决策者获得明确目标（目的、预期产出或结果）和技术（处理问题的知识或手段）的程度，将规划条件（即决策情境）分为四种类型，并提出四种相应的处理方法。

（1）第一种情况是：已知技术；有约定的目标。在这种情况下，规划者需要按照标准和常规的程序来配置有效的技术以达到目标，他扮演程序员、标准化人员、规则制定者、监管者、调度者、优化者、分析者和管理者的角色。（2）第二种情况是，有约定目标；未知技术。在这种情况下，规划成为一个学习过程，规划者将通过这个过程获得缺失的知识；规划者需要发明和创造性的敏感性，通过务实地（以渐进方式）寻找有效的方法来处理不确定性。因此，规划者扮演倡导者、参与促进者、促进者、调停者、制宪者和谈判者的角色。（3）第三种情况是：没有约定目标；已知技术。规划变成议价过程。每一项交易都必须针对其特定的参与者；在讨价还价的过程中，需要调解和让步，以包容不同的价值偏好并达成共识。规划者扮演实用主义者、调整者、研究者、实验者和创新者的角色。（4）第四种情况是：没有约定目标；未知技术。在这种情况下，规划就变成为在混沌状态下对手段和目标的有序搜索。规划者扮演有魅力的领导者和问题发现者的角色，并且务实地（以渐进方式）前进，俾能妥为处理不确定性。此外，他还充当倡导者、主持者、促进者、调解人、宪法制订者和谈判者。

较之克里斯滕森，约翰·福雷斯特则从另一个角度分析规划决策情境。他认为，规划者和决策者可以在评估决策情境复杂性程度和特征的基础上，制定更好的策略来适应特定背景。福雷斯特建议（Forester, 1984, pp.23–31），为了评估决策情境，必须首先审视从理性主义者的理想状况到高度政治结构的决策情况这一连续过程的流变，从理想化的假设开始，然后慢慢放松这些假设，来考虑这个连续统的变化。在这个连续统的每一个决策情境中，根据其复杂程度和当前的限制，考虑采用不同的实际策略是适当的。

福雷斯特的连续统由五个部分组成。第一种假设是，只有一位决策者来作决策，他是一个理性经济人的行动者。假定决策环境是决策者的办公室，是一个封闭的系统。在这种情况下，问题是明确的。在最近的文件抽屉中能够提供或可用的资源包括问题的范围、时间范围、价值维度和后果链。信息是完美的、完整的、可获取和可理解的。时间是无限的。因此，在这样的条件下，通过可获得的方法和解决技术所形成的理性或最优化方法来处置问题，是一个明确、适用的策略。

福雷斯特连续统的第二部分是，情况变得受限：决策者容易犯错，他允许直觉、局限性和怀疑出现在这样的决策情境中；决策环境是开放性的；问题尚未明确界定，其范围也是模糊的；而且信息不完善，时间已成为稀缺资源。在这样的情境中，一个令人满意的决定就已经足够好。对决策后果和环境变化的研判成了对冲的赌注。在这个过程，需要走捷径，寻求估算和近似值的结果是必选项。

福雷斯特连续统的第三部分是，决策者面临如下增加的限制情况：决策是由一个合作小组作出，该小组由决策者、工作人员和客户组成，他们的技能和洞察力各不相同；环境有社会差异；对问题的定义也有不同；信息不仅不完善，而且有很大差别；时间成为宝贵资源。在这种情况下，仅仅是寻求满足的决策不可行。它必须施行获得社会智力网络研究支持的策略。这样的研究探求依赖于对社会智力网络持续的培育、维护和支持。在这里，决策情境不再仅仅是在一个认知受限的环境中；决策者存在诸多歧见，决策战略必须考虑到这样的环境因素。决策者必须能够通过跨越组织边界、使用社交网络和利用专业知识资源来收集信息，以求实现预期目标。

福雷斯特连续统的第四种情形是在一个决策环境变得更加复杂的多元化世界中。不仅是社会分化，而且竞争组织也使实际决策条件更加复杂；在这样一个多元化的环境中，对问题的定义呈现多样化；对于提出的问题，各利益群体有不同的理解和评价；信息成为一种政治资源；这一过程卷入包括竞争、拒绝、操纵和歪曲等行为；然而，时间却是一种稀缺资源。在这种情况下，搜寻和“联网”等策略是不够的，议价和调整必不可少，短期政治妥协成为可以采用的实际渐进决策方式。

福雷斯特连续统的第五种情形表明，在现实中，政治组织环境中的社会行为者不是简单地随机和多样性地相互影响、相互冲突和竞争的行为者，而是在呈现出显著的非随机和连续性的社会和政治经济结构中经常处于相互竞争和对抗的地位的行为者。在以高度结构化的多元性而不是随意的多元性为特征的决策环境中，结构和权力很少能很好地分离。在这种决策环境中，问题的定义反映了它们的社会根源。决策者的信息似乎反映了参与者的利益。时间就是力量，力量似乎是均衡分布的。在这种情况下，渐进式战略很难对当前的现实做出反应。适当的战略应当是调整策略，使之有利于实现有效的平等、实质性的民主参与和表达，避免制度性的种族、性别和经济控制问题的延续。

依据其对连续统中决策方略的上述分析，福雷斯特结论是：随着决策情况的复杂性增加，需要一套应对复杂度增量性变化的决策方式。

与克里斯滕森根据目标和技术的可获得性程度来处理四类情境的模型，以及福雷斯特的连续统模型不同，帕齐·希莉（Patsy Healey）提供了一种更微妙的权变方法，展示了一种独特的视角。希莉基于对脱离实际讨论政策过程形式倾向的批判，强调考虑过程形式产生或使用的背景的重要性。她认为，在任何情况下，讨论都应与所涉问题的实质有关，而研究的关键在于如何处理背景、实质和政策进程之间的关系。此外，希莉认为，政策过程是被更广泛的社会关系相互渗透的过程，而不是独立于或“融入”这样的社会关系。决策背景本身可通过政策过程的运行来定义。因此，她指出，这种概念可作如下表述（Patsy Healey, 1990, p.92）：

> 将政策过程的讨论牢牢地定位于社会变迁的经济与政治动态之中。因此，政策过程天然地就是政治性的。

因而：

> 分析的任务聚焦于确定“在集体或公共机构的运作中，置身其中或卷入其中的利益群体之间，利益群体与国家之间的权力关系调整和改变过程的独特性质”。

在界定构成政策过程的社会互动与更广泛的社会关系之间的关系时，希莉（p.98）提出了三套准则来分析政策过程。（1）关于参与者的规定，包括谁可以和以什么条件进入程序，谁控制程序，程序必须合法的基准何在。（2）所涉各方之间关系的规范，其中包括论争的方式和程序。（3）关于一项可接受决策的判断基准，其中包括以何种价值来指导和规范决策，以及以何种方式将决策提交相关机构或选区。

根据这些规范，希莉进一步讨论决策过程形式的连续性，即从客户名单、政治理性、多元政治、公开民主辩论、谈判、特别委员会、社团主义、官僚法律、司法 / 半司法，以及从技术理性到市场理性的变化序列。在上文所列的连续统中，这些过程的顺序是：从比较直接的政治形式到与利益群体有直接关系的其他形式，再到与表面上与正式和非正式政治分离的利益集团的间接关系。

希莉（Patsy Healey, 1990, p.100）认为，这种方法强调特定过程中的分配趋势，而不管这些过程是在什么背景下发展起来的。客户程序在调解复杂的利益冲突和处理外部影响方面有很大的困难。谈判过程会把那些无权支配其他参与者的人排除在外。官僚的、司法的和技术理性的程序间接地调节着利益……因此，她得出结论，程序形式是围绕一系列特定问题进行利益调解的产物。程序中的决策规则所反映的是特定调整过程中的权力博弈，是由在利益群体中分配权力和在程序形式中设置决策规则的建构性权力所塑形而不是由谁决定的。

至此，在这一部分我们已经从不同的角度讨论以权变方法探讨决策过程的三种模型。综上所述，可以推断，所有这些决策的权变方法都强调，只有当一种决策方法能够与决策问题的特定情境相符时，这种决策方法才可能是有效的。他们对运用权变方法的探索，为我们分析决策态势和相应的决策方法提供了多维视界。可以说，这些模式各具不同程度的解释力。

3.1.6 垃圾桶理论

垃圾桶模型最早由科恩、马奇和奥尔森（Cohen, March 和 Olsen, 1972）在 20 世纪 70 年代初提出。他们对这一模型的描述在很大程度上基于对高校决策过程的研究。这一模式实际上是对那些规定性方法的批判。这一方法强调，决策的情况往往涉及许多不确定性，不仅包括目标、问题和解决方案，还包括组织和参与者。因此，它否认任何理想化的决策过程。

这种观点描述了这样一种现象，即决策的选择机会吸引各种不相关但同时存在的问题、解决方案、目标、利益、担忧，就像垃圾桶会吸引垃圾一样，因此作者将其称为“决策的垃圾桶理论”。尽管作者们为在社会科学文献中引入这个尖刻甚至不雅的短语而道歉，但是“这种现象是足够真实和重要的（要消除这个标签已经太晚了）”（March and Simon, 1993, pp.26–7）。

该模型试图确定决策过程中的“有组织的无政府状态”，其特征是目标不明确或不一致，技术模糊且很少为成员所理解，以及成员参与程度差异很大。

根据这一理论，组织可以被看作是以下要素的集合：（1）问题；（2）解决方案；（3）参与者；（4）选择机会；（5）期望参与者将问题与解决方案联系起来，从而做出决策的环境。因此，“组织是一种选择的集合，寻找问题、议题和感觉；寻找决策的情境，这些情境可能被公之于众；寻找问题的解决方案；而决策者寻找能够出手的时机”（Cohen, March & Olsen, 1972, pp.2–3）。

在这样一个“垃圾桶”，这些元素通常是或多或少随机混合在一起。其有序组合的出现几乎不可预测，也没有一个先验的时间表。有时，解决方案可以先于问题，或有时问题和解决方案都在等待一个适当的时机作出决定。因此，传统的假定顺序——“问题的识别和定义”“形成决策备选方案”“审视备选方案的后果”“客观地对这些后果进行评估”以及最后的“做出抉择”，对于实际发生的事情而言，常常是很差的描述（March & Olsen, 1976）。

依据马奇和奥尔森（March & Olsen, 1976, p.33）所言，在一个垃圾桶模式决策过程中，决策会以三种不同的方式做出：

- 监控方式。当问题被吸引到其他选择时激活了一个选择，如果有精力能够很快做出新选择，那么就可以最少的时间和精力做出抉择，而不再注意存在的问题。

- 流动方式。在某些情况下，选择是与问题相伴随（未能成功匹配）已经有一段时间，直到一个对存在问题“更有吸引力”的选择来到。此时，问题留给选择，从而使决策成为可能。原有的决定解决不了问题，而问题的解决有了新的选择。
- 转变方式。有些选择在经过一段时间的工作后能够解决问题。时间长短的变化可能很大（取决于问题的数量）。这是在组织内大多数关于选择的讨论中所隐含的常见情况。

垃圾桶理论强调组织结构对于垃圾桶过程所产生结果的重要影响。结构要素可以通过以下几方面对这些结果产生影响：（1）影响问题、选择、解决方案或决策者到来的时间模式；（2）确定决策潜在参与者在决策中的精力分配；（3）在各种要素溪流之间建立联系。

尽管提出垃圾桶模型的论者否认理想化的决策过程，但他们并未断言在组织中不可能出现系统性决策。相反，他们强调，表面上的无政府状态仍然是有结构和组织的，能对参与者所处的巨大环境不确定性做出合理（尽管不是最优）的回应。为实现决策目的，组织必须设法吸引决策参与者足够的注意力来解决存疑中的问题。然而，决策参与者通常会有更多的想法。因此，在没有明确关注问题或只是推迟问题的情况下作出决策并不罕见。然而，该理论的作者们认为，管理层的任务是协调和引导组织将所需的注意力转向组织期望的方向发展。

马奇和奥尔森（March & Olsen, 1976, pp.34–5）确定垃圾桶决策过程的八个主要特性。第一，解决问题不是最常见的决策方式，除非是在流动性受到严格限制或是在一些流动负载的情况下。第二，这一过程通常对负载的变化非常敏感。系统净能量负荷的增加通常会增加问题的活跃性、决策者的活跃性、决策难度以及流动和监控的使用。第三，决策者和问题往往通过选择相互追踪。决策者和问题往往一起从一个选择转向另一个选择。第四，在决定过程的“效率”的三个关键方面之间有一些重要的相互联系。这三个方面是问题活跃性、问题延迟和决策时间。第五，决策过程经常是高度互动的。第六，重要的问题比不重要的问题更有可能得到解决，早到的问题比晚到的问题更有可能得到解决。第七，重要的选择比不重要的选择更少解决问题的可能性。第八，虽然已作出的选择占很大比例，但选择失败的发生往往集中在最重要的和最不重要的选择。

垃圾桶过程的一个主要特征是问题和选择的部分分离。虽然决策被认为是一个解决问题的过程，但事实往往并非如此。科恩和奥尔森（Cohen & Olsen, 1972, p.16）认为，问题是在某种选择的背景下解决的，但是只有当问题、解决方案和决策者的不断变化的组合恰好使行动成为可能时，才会做出选择。通常情况下，则是在问题离开一个特定的选择范畴之后，或是在问题发现之前。

垃圾桶模式提供了一种在“有组织无政府状态”的存疑情况下处理决策问题尝试。这种认为通过行动发现目标，行动先于意图，解决方案寻找问题的想法似乎在某些情况下符合决策的一些特点。正如科恩和奥尔森所指出的（同上），尽管它“不能很好地解决问题”，但“它确实使作出选择和解决问题成为可能，即使组织存在着目标模糊和冲突，对系统内外的问题缺乏足够的了解，环境多变以及决策者可能有其他想法的情况”。

在本章 4.1 中，我们对关于政策应当如何制定的各种决策理论和方法进行了探讨。虽然它们是从不同角度，运用不同的方法来研究决策过程，得出的结论也有很大差异，但实际上在这些理论与方法之间有很大的相关性。渐进主义决策模式是作为对理性主义决策模式的批判而产生的，其他决策模式则是试图在二者之间探寻中间道路，以求扬其长而避其短。它们之间的关系如图 3.1 所示。

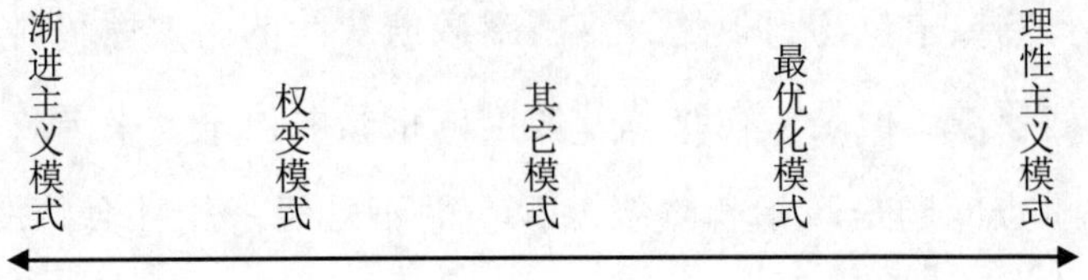

图 3.1　不同决策理论与决策方法之间的关系

正如上文所指出，这些理论模型以寻求改善决策方式的规定性要素为其特征。基于对这些理论模式之优长与缺失的认知，我们需要进一步从总体上考察从中选取的若干理论和模型对中国政府决策实践的适用性。

3.2 若干决策理论对中国政策实践的适用性

在从总体上考察所选取的若干决策理论和模型对中国政府决策实践的适用性之前，首先应对当前中国研究这些理论和模型的必要性作简要讨论。

现代决策理论是在西方国家产生和发展起来的。在当代中国，直到 20 世纪 80 年代初比较系统的对决策理论的研究才得以起步，这一状况可以从历史、政治和理论等多个层面寻求解释。首先，决策理论研究在 70 年代末以前是一门被禁止的学科，因为决策研究必然要涉及讨论与执政党和政府相关的从中央到地方层面的政治事务，这是不允许学界置喙的领域。二是，马克思主义经典著作一直被视为社会科学的百科全书，是社会政治理论的集大成者，被认为是全面和正确的，足以用于处理任何关涉政治包括政府决策在内的各种理论和实践问题。因此，中国没有必要寻求非马克思主义的其他理论来处理政治和决策问题。

三是，研究动力不足。决策理论的产生是现代经济社会和现代政府管理快速发展的需要，因为现代经济和国家管理的复杂性空前增加，对其管理运行的要求也与日俱增，这就对政府决策的高效性和科学性不断提出了新的要求。但是，在改革开放前的很长时段里，中国政府的领导者关注的重点问题是政治和阶级斗争，而不是经济和社会的发展运行。因此，对这方面研究的需求并不像发达国家那样迫切。对于制定政策处理政治和阶级斗争问题，中国领导人往往有足够的自信。然而，正是在这一时期，中国在经济、政治和社会管理方面出现了许多重大的决策失误。这些事实说明，当代中国的政府决策实践确实需要一种科学的、系统的理论来指导，确实需要进行系统深入的研究，以减少或避免陷入决策失误甚至出重大决策错误的可能性。四是，中国改革开放以来出现的新形势，带来了前所未有的经济快速发展和相应的一定程度的政治宽松局面，这既为对决策理论的研究提供了现实需求，也拓展了进行研究的可能性。

由于中国对现代决策理论的研究尚处于起步阶段，因此首先运用这些现有的理论对中国的政府决策实践进行分析，以期获得启示和借鉴，不仅具有必要性且将大有助益。本节考察理性主义、渐进主义、混合扫描方法和最优化方法等理论和模式在中国决策实践的适用性。这样的考察将重点讨论以下问题：这些理论或模式是否适用于中国；如果适用，那么它们在多大程度上以及在哪些方面能够解释和有助于改善中国的决策过程。

3.2.1 关于理性主义理论

用理性主义决策模式审视中国的政府决策实践，我们看到，作为一种理想化的精英决策模式，它在很大程度上与中国的基本决策方式契合。或者说得更明确一些，从理论上说，中国决策者通常更倾向于使用这种方式（特别是综合理性模式）。在改革开放前，在各级政府核心决策圈，通常所践行的是只限于某些精英群体范围的尽一切可能寻求解决问题的最佳方案的决策方式。这已然成为一种常态。改革开放前很长一段时间里，中国高层决策者和大多数各级领导者，对人的力量和执政者的力量过于自信，而忽视这两个方面的局限性。这种自信正如毛泽东所言，在党的领导下，只要有人，什么人间奇迹都能够创造出来。因此，有这样信念的决策者认为，在任何情况下，甚至在有限的时间内，也能从可供选择的政策备选方案中找到最好的政策来解决他们所面临的问题。

但遗憾的是，这里存在突出的悖论，即中国政府的决策者在理论上倾向于运用理性主义的决策方法，并认为这样的方式可以实现完美的决策，而中国实际上的决策行为却往往偏离理性主义模型应当依循的基本路径。这意味着在其决策时往往不能真正做到按照理性主义方式的要求推进决策进程，即审视评估所有可能的选择方案及其后果，包括那些符合或不符合主要领导人选择偏好的备选方案及其后果。造成这种情况有政治和社会方面的多种原因。由于决策权过于集中，能够直接参与政策制定过程者数量相当有限。同时，公众参与国家政策制定的可能性和条件也受到很多制约。这样，广泛吸收全国各方面的信息和意见以利于更好地进行决策的渠道必然受到很大的限制。此外，由于政治一元论和长官意志的影响，与决策主流选择偏好相左的意见不容易表达甚至不能表达；即使能够侥幸得以表达，也难以被主要领导者考虑和接受。这样的做法实际上与理性主义决策模式的基本要求背道而驰。这种状况在改革开放前尤为严重，因而在许多重大决策问题上造成失误。

例如，发起人民公社和“大跃进”运动的失败，是十分典型的中国经济领域重大决策失误。这两个决策的目的，是期望中国在较短的时期内改变农村的生产方式迅速推进农业和工业经济的大发展，以求迅速增强国力，提高人民生活水平。但是，中国领导人在制定这些重大战略时，并没有充分考虑当时的现实条件和实现这些决策的可能性，没有考虑到这样做是否符合经济发展规律。这些应考虑的条件和问题至少应包括：不顾生产力的发展水平而试图人为地实现生产关系的大变革是否可行；

中国经济基础十分薄弱，科技水平比较落后，促进经济大发展所需资金不足；人力资源问题；组织和管理经济建设与指挥战争的基本规律基本方式的重要区别，等等。此外，决策者更没有全面地审慎地研究和评估实施这些决策可能造成的所有后果。决策者甚至在“大跃进”运动中提出了一个非常不切实际的口号“十五年超过英国，二十年赶上美国”，并开展了声势浩大的超英赶美运动，以图实现这一宏伟而又梦幻般的战略目标。这两个决策的后果人所共知。运动的彻底失败，给中国国民经济和社会生产力带来了极大破坏，造成了巨大灾难。

进一步对中国政府决策方式作简要的历史回溯，还可以进一步发现，在不同时期、不同问题上，中国政府决策者对理性主义决策方式的运用程度有显著差异。相对而言，在战争时期能够较好地运用理性方法处理问题，在运用理性方法处理政治局势方面也比较成功。然后，在 1949 年以后的和平时期，则是在不同领域的情况各不相同。作为新政权的建立者，他们虽然在遇到各种问题时仍努力以理性方式应对，但在实践中却并不容易做到，特别是在改革开放之前。由于领导者特别是一些高层决策者的心态变得过于自信，最终往往滑向以对革命激情的判断和意识形态界分取代理性思维的泥沼。因此，这就很容易在政治问题上犯错误。同时，在制定经济社会政策时，由于缺乏必要的知识和经验，以及习惯于把经济社会问题与政治问题纠缠在一起，由此也常常导致决策失误。其他政策的制定与此类似。但或许也有一些例外，国家外交和国防事务领域的决策失误相对而言较少一些。比较而言，这两个方面在一定程度上能够用更实际、更理性的方法来处理，避免犯大错误。一方面，中国领导人在漫长的历史时期积累了比较成功的政治和战争经验；另一方面，外交与国防事务直接关系到国家的生存与发展，其重要性往往使他们在决策时能够更为谨慎些。

此外，当非政治性问题与那些主要是人为强加的意识形态或政治争论交织在一起，或被卷入后者时，其决策往往就会较少得到较好的理性考虑。改革开放以来，虽然形势有了很大的好转，但在决策上也出现一些偏失。不过，总体而言，情况比过去有了很大改善。譬如，考察中国在制定和实行改革开放战略、制定建立经济特区规划、解决香港回归问题、处理中美关系等方面的决策，可以看到，这些都是能够较好解决问题的成功的决策案例。其决策都包含较强的理性成分。

总之，根据中国的历史经验与现状，理性方法在决策过程中虽然经常被提倡使用，但如上文所分析，在很多情况下，尤其是在改革前的历史阶段，理性方法实际上并不容易真正得到运用。人们可以想见的是，在哲学一元论、绝对论在政治和意识形态领域仍在较大程度上占主导地位，在较大程度上仍然存在个人崇拜，且其对社会公共生活仍有很大影响的国度，真正运用理性模式并非易事。因此，在当下中国强调对理性决策模式的运用，有利于消减上述消极因素的影响，改善中国的政府决策。当然，在使用该模型的过程中，有必要结合其他可行的方法来弥补其不足。概而言之，在当下中国，无论是综合理性决策模式还是有限理性决策模式，在适当的决策情境下，可有其不同程度的适用性和效用。

3.2.2 关于渐进主义理论

这一模式在中国的实践中具有较显著的适用性和借鉴意义。可以说，目前在中国占主导地位的，作为推进改革开放进程基本指导思想的理论或思维模式，在很大程度上就是一种渐进主义模式。邓小平的名言“摸着石头过河”充分体现了这一原则。改革与开放都是中国为加快经济增长和社会发展所采取的全新尝试，中国的执政党和政府的领导者没有这样的经验，其他发展中国家也没有现成的经验可供借鉴。因此，在这种情况下中国要完成这两项任务，总体上可行的方式是逐步尝试一系列较小步骤的变革，并依据在实践中不断获得的反馈，及时调整政策，而不是冒着大风险朝着所追求的目标大步踏入未知之境。换言之，即为了避免犯大错而造成较大的损失和走弯路，采取逐步推进的渐进方式来决策，摸着石头过河，最终将能实现预期目标。

此外，渐进主义模式的一个重要方式是通过决策参与者之间的相互调适来达成共识，这是一个重要的制定政策应当依循的方式。同时，林德布鲁强调，为了寻求更快的变化，必须避免所制定政策的大变化引发大争议。这些理念在当代中国的实践中特别具有针对性和适用性。正如许多学者所知，在改革开放前的近三十年里，有许多关系到中国发展的根本性决策问题，都要经过无休止的争论。无需讳言，那个年代极“左”思想有很大的影响。由于政府决策往往涉及一些敏感的政治原则或意识形态问题，这就使决策问题很容易陷入尖锐论争而难以达成共识。另一方面，一些决策参与者习惯地认为，在决策论争中表明自己比较“左”的立场，要比那些愿意表达自己的真实观点和比较客观地分析问题的看法更具有政治安全性，更为稳妥，更不容易犯错误。因此，许多政策问题一是无法实现真正坦诚相见的论争，二是无法通过决策参与者之间意见的相互调适来达成一致，其结果或是因无休止的争论造成无法决策，或是导致极“左”意见占上风的决策。这样的决策带来的重大损失令人扼腕。邓小平在总结这一教训时曾强调说：不搞争论是我的发明。这样做的目的是为了节省时间做更多的工作。如果我们陷入无休止的争论，情况就会变得复杂，就会浪费时间，那就什么事也做不成。邓小平的思想很明确，就是看准了的事情就先去做，然后再根据实践来检验其效果。邓的这种政治实用主义，在他著名的“猫论”中有清晰的表达，那就是“不管黑猫白猫，能抓住老鼠就是好猫”。

巧合的是，邓小平的上述思想与林德布鲁所强调的决策方式有相似之处。但是，林德布鲁与邓小平都强调在决策问题上避免争论以求取得实际进展的方法上存在着一些差异。林德布鲁主张通过相互调适，来达成决策参与者都能认可的共识，从而实现决策目标，而邓小平则主要强调依靠中央的权威来避免争论。然而，我们可以肯定的是，这种力求避免那些无用和不必要的争论，同时为实现所期望的具体目标而采取积极行动去做事情的想法，体现了在现代社会协调公共生活的一种政治智慧。只有那些拥有丰富政治经验，或是对这一问题有深入研究的智者才能领悟到和运用这一重要思想。

考察中国的实践，我们也可以看到，渐进主义模式的一些原则，如通过一系列小步骤达成实现大变化的目标，虽然在很多情况下适用，但并非能在所有情况下都适用。从根本上说，有些大的变化可以通过一系列的小步骤来实现，而有些则不能。例如，中国目前在社会建设和社会管理进程中最大的项目之一，是建立社会福利制度，这无疑是一项需要投入大量资金、耗时很长的巨型综合性工程。但这件事无论要用多长时间，都可以分步实施，逐步实现总目标。由于中国的总体经济发展水平相对较低，并且也缺乏足够的资金和经验，这一计划不可能在短时期内实现。因此，应根据资源的可获得程度和其他条件的可行性，把这个大项目分解成多个较小的支系统和次级目标，然后可以通过相应较小的决策逐一实现。到将来的某个时间节点，当这个总体方案的各个子系统都完成之时，就能够整合成一项宏大的社会工程。不过，在尚未实现社会福利制度完整覆盖的时候，就没有必要也不可能宣布全面福利制度已经建构且开始实施。

从另一个案例看，对于长江三峡大坝是否兴建是否上马的决策，渐进主义模型基本不能适用。当然，在工程的酝酿准备阶段，在收集研究相关的地质、水文、气象等资料的过程中，阶段性的小步骤的决策是可以进行的，因为这是一个积累的过程。实际上，这些先期的工程探索准备工作从 20 世纪 50 年代中期到 90 年代初已经进行了近 40 年。但是，要决定是否批准这一大坝建设方案，则断不可能采用渐进法。要回答这个问题的“是”或“否”，就必须运用综合理性模式以求万全之决策，因为它涉及巨量的投资和极为重要的安全问题。这项超级工程如果决定上马并开工之后，无论是半途而废或是建成之后失败，都是万万不可接受的。此项工程于 1992 年 4 月 3 日获得第七届全国人民代表大会第五次会议批准建设，1994 年正式动工兴建，2003 年 6 月 1 日下午开始蓄水发电，2009 年全部完工。

为进一步分析渐进主义决策模式对中国实践的重要意义，有必要对改革前的相关情况作简要考察。共和国建政后 30 多年来，决策中存在的主要问题之一是急功近利，甚至好大喜功，而未能审慎考虑现实条件与可能性。如上文所析，在 20 世纪 50 年代末，为在短期内从根本上迅速改变中国经济的落后状况，党中央在全国发起了“大跃进”运动，并提出在十五年和二十年内使中国分别赶上英国和美国的大而无当的目标。这样不切实际的运动的结果只能是遭遇失败。另一个典型的例子，是 20 世纪 50 年代初发起的集体化运动和 1958 年发动的人民公社运动。这两个相关联的运动试图在较短的时间内彻底改革农业生产的组织结构，改变生产关系，从而使农业获得迅速发展。然而，1958 年后的 20 年里，这些冒险的努力带来了严重的后果，农业生产的效率越来越低。人们知道，在 20 世纪 70 年代末，这一官方推行的制度已被家庭联产承包责任制所彻底取代。对此反思，如果当时能够在这些重大问题上采取渐进主义的决策方法，就可以大大减少许多因整体主义、好高骛远、理想主义加革命激情的决策方式而造成的错误，就可以减少许多重大损失。

以上所讨论的，其实是激进主义的一种表现，或者说是一种简单化的冒进主义决策方式。为了深入探讨渐进主义模式的作用，我们需要进一步讨论渐进主义与中国决策实践中的激进行为之间的关系。许多研究者注意到，中国是一个在政治上和经济上更容易产生激进思想和激进行动的国度，特别是在近现代。正如一些论者所指出的，无论“文革”中的极“左”激进主义多么可笑，它绝不是一个人甚至一代人的幻想。因为，“现代中国的激进主义比大多数人意识到或愿意承认的要根深蒂固得多”。因此，“它只能在中国在巨大的外部压力下发生变革的特定历史背景下加以理解，这种外部压力既产生于过去的光荣和伟大，也产生于近代的屡战屡败和屈辱所产生的急躁行动和愤怒”（Hua, S. at el. 1993, pp.22-4）。许多事实证明，20世纪80年代以前中国社会所产生的激进主义现象，包括“大跃进”时期提出“十五年赶上英国，二十年超过美国”和“跑步进入共产主义”的口号，以及“文化大革命”时期提出“怀疑一切，批判一切”的口号，都有其历史根源和社会根源。（同上，第15、23页）

为什么中国的决策行为如此易于与激进主义联系在一起？简捷而言，可以从经济方面和历史方面分析其原因。首先，20世纪中后期的中国仍是一个小农户占人口四分之三左右的发展中国家，许多政府工作人员特别是县乡级工作人员都不同程度地存在着与农村小生产有千丝万缕密切联系的背景。在中华人民共和国成立以前，中国处在以这些汪洋大海般的小农经济为基础，缺乏大规模工业化生产的经济社会状态，远落后于工业化经济已然充分发展的欧美发达国家。一个小农经济占主导地位的国度，存在着更易于产生小资产阶级狂热性的社会土壤。改革开放前的30年，中国经济虽然有了较大发展，但社会经济基础并未发生根本性变化。第二，从历史上看，自鸦片战争以来到1949年的一个多世纪里，由于政府的腐败无能和西方列强的入侵，中国日愈深陷落后、贫穷和屡战屡败的屈辱境地。在这种情况下，无论是社会的上层知识分子还是普通民众，都迫切希望尽快改变现状，以增强国力，改善国家的地位，同时促进经济社会发展，改善人民生活。中国所拥有的悠远历史文明的辉煌使国人具有为改变国家命运而奋斗的信心和力量，而现实的贫困落后又使人易于激进行事急躁冒进。因此，激进主义的思维方式和激进情绪在很长一段时间内持续增长。考察激进主义在当代中国的表现，不仅要看到人民公社运动、“大跃进”运动和“文化大革命”运动等为何能够发动的原因，更重要的是要看到这些激进运动为何会被中国许多政府工作人员（虽然不是全部）以及大量普通民众所接受、执行和支持，甚至是十分狂热地支持。这样做的可能性和条件，正是中国激进主义得以产生和发展的广泛而深厚的社会基础。因此，考虑到这样的背景，强调渐进主义决策方法在当代中国决策实践中的运用，无疑具有特别重要的意义。

显然，渐进主义作为一种重要而有效的决策方法，在中国的实践中尤为具有适用性，特别是在改革开放以来的新形势下。作为一个发展中的大国，在面临诸多不确定因素的情况下推进现代化进程，采用渐进主义作为政策制定的主要指导原则是合理和必要的。这有利于使中国的决策者克服在政策制定中的激进主义倾向，提升政府决策的可靠性与可行性。

3.2.3 关于混合扫描理论

混合扫描模式有三个基本特点：（1）考察一项政策的决策过程，既要观察和分析政策问题的一般情况，又要观察和分析政策问题的关键部分的特殊情况。（2）必须区分基本决策和渐进性决策。（3）强调基本决策为渐进式决策提供基本方向和背景条件。因此，它有助于决策者对整个决策局势进行全面审视，而这样做有助于考量研判那些基于长期性考虑的备选方案，并使基本决策得以制定。然后，在基本决策的指导下，在必要的方面进行渐进式决策。

总体上看，这种模式适合中国的实践。中国在20世纪80年代以前是一个实行计划经济的国家，自20世纪70年代末实行改革开放以来，中国逐步向市场经济体制转变。但是，中央政府在中国经济和社会发展中仍然发挥着相当重要的作用，通过制定指导性计划，而不是像过去那样通过指令性计划，来确定经济发展的总体方向。例如，中国政府现在继续制定五年计划，甚至像过去一样制定一些时段更长的规划。在考虑到全国和各省的具体情况，即现有条件和可能性的基础上形成的这些计划是国家的基本性决策。根据这些计划，政府各部和各省可以制定自己的具体发展计划。

例如，把制定长远发展规划作为根本决策的一个重要案例，就是1995年9月中共十四届五中全会通过的《中共中央关于制定国民经济和社会发展“九五”计划和2010年远景目标的建议》。

浏览一下这个提案的一些主要内容，就可以发现它和混合扫描决策方式的要素有一些类似的特点。本提案由六个部分组成（*Beijing Review*, vol. 38, No.46, 1995, pp.12–6）：

- 中国国民经济和社会发展的重要时期
- 主要目标和指导方针
- 经济任务和总体布局
- 改革开放计划
- 社会发展的主要任务和基本政策
- 团结一致实现既定目标

从这些各部分的标题可以看到，这个建议是总揽全局，考虑中国当前和近期的经济社会状况而拟定的。这正是为中国经济社会发展的长期战略目标所作的一个基本扫描。

提案确定的主要目标需要在如下两个不同的时间内实现：

> 到2000年，国民生产总值比1980年翻两番，基本消除贫困；人民生活达到小康水平，加快建立现代企业制度，社会主义市场经济结构基本形成。

然后，到 2010 年，提案确定的主要目标是：

> 国民生产总值比 2000 年翻一番，人民的小康生活更加宽裕，建立比较完善的社会主义市场经济体制。

无须说，这些目标是以那些最重要的方面为重点，对不同经济和社会领域与不同地区状况的全面审视而制定。这意味着，提案的制定来自大量具体的考察研究。因此，拟订这一建议的过程实际上体现了对混合扫描模式的应用。换言之，运用混合扫描决策方式，有利于此类性质政策的制定。

这份文件还提出在未来 15 年内必须执行的经济和社会发展的九大原则，包括：保持国民经济持续、快速、健康发展；积极促进经济增长方式的转变，把提高经济效益作为经济活动的中心任务；一手抓科教兴国，一手抓经济与科技、教育相结合；把发展农业作为振兴国民经济的首要任务，等等。这些原则为主要目标的实现提供基本的方法和方向。

总之，这些主要目标和措施是中国国家的根本决策，是对中国现状和客观条件的综合审视和评估的结果。它们为渐进式决策确立基本方向，提供背景条件，即为今后若干年内制定改革开放进程的具体决策提供了依据（提出各领域的关键性重要目标，并制定基本政策）。如上文所指出，这一过程可以被视为一种混合扫描方式：首先使决策者能够对全局态势有一个总体把握；然后，依据这样的全局性考察对长期经济社会发展的备选方案进行审查，并作出根本性的决定；最后，以这些根本性的决定指导国家不同层面的具体的渐进式政策的制定，从而使这些政策的制定不会偏离未来发展的既定方向和总方针。

通过以上论述，我们看到，混合扫描决策模式对解释中国经济社会领域的宏观决策实践有相当程度的适用性和有效性。因为，依据中国的国情，采取这样的模式，国家的核心领导层能够保持对指导国家经济社会发展的重要话语权，各省及其下级政府也能够发挥类似的作用。

3.2.4 关于最优化方法

如前所析，德洛的最优化方法的主要部分和独特优势是超理性元素，包括运用判断、创造性发明和头脑风暴等。

用这些理念来审视中国的决策实践，可以看到其在很多决策情境的适用性。1996 年 9 月 1 日，连接中国南北的最重要铁路干线之一的京九铁路竣工通车。这条铁路北起北京，南抵香港九龙，全长 2536 公里，穿越 9 省市，其建成是中国现代化建设的一项伟大成就。审视实施这一超级工程的决策进程，能使我们看到最优化方式对中国决策实践的解释力。

修建京九铁路是中华民族的百年梦想。辛亥革命的主要领导人孙中山先生在其重要著作《建国方略》中，曾设想在九江（江西省的一个城市）建一座桥，“使之成为贯通南北铁路的中心之一”。1958 年，官方曾提出建设“小京九”（北京至江西九江）铁路的设想。1991 年 4 月，“大京九”（北京至香港九龙）铁路的修建计划最终被列入中国的“八五”计划。从 1958 年至此已历 33 年，为什么中国决策者在迟滞很长一段时间之后，又急切作出修建这条铁路的最后决定呢？对此需要作进一步探讨。中国改革开放大潮兴起后，铁路运输成为保障国民经济持续、快速、健康发展的关键之一。然而，贯通中国南北的京广线和京沪线两条铁路干线，只能满足货运需要的 40%，客运也严重超载（Yan Bing, 1995, p.1）。如果建成京九铁路，“不仅可以大大改善中国的铁路布局，大大缓解沟通南北的铁路运输紧张局面，而且可以帮助河南、安徽、江西中部的一些贫困地区逐步摆脱贫困，走向富裕。更重要的是，大京九铁路的修建有利于促进和维护香港的稳定和繁荣，有利于促进国家的统一”。（People's

Daily overseas edition, 17 Nov. 1995, p.1)。

按照中国中央政府 1991 年原来的安排，大京九工程计划将于 1997 年中国恢复对香港行使主权时完工。然而，1992 年秋，中共中央和国务院审时度势，作出了集中力量用三年时间建成铁路的决定。从那时起，20 万建设者参加了这项伟大工程的建设，并最终使之提前完成。

这一案例分析表明，显然修建京九铁路（大京九）最终决策的做出和最终确定其竣工期限是基于如下紧迫原因。（1）解决连接南北的铁路运输不能满足国家经济发展需要的严峻问题；（2）加强内地与香港、北京与香港的联系，以利于保持和维护香港稳定，促进祖国统一；（3）帮助中部的贫困地区消除贫困。在这些原因中，第二个原因尤其紧迫和重要。对这些因素的考量和依据这些考虑决定大京九工程决策及其进展的方式，表现出一种最优化思维模式，或直言之——超级理性模式。它表明，在涉及关键问题的决策过程中，当资源（时间、数据、知识等）有限时，引入超级理性模型，通常能够获得更好的决策结果。

最优决策模型的另一个特征是元决策——决定如何进行决策，也是政治家和学者们都很有兴趣进行深入讨论的问题。运用这一方法，更是有利于改进中国的政府决策，因为中国需要努力克服过去在国家管理决策中存在较多的非科学、非理性因素的弊端，从而采取更好的决策方式。

3.3 结论

本章考察研究者为改善决策而创建的各种决策模式，并分别讨论其中若干模式总体上对于中国政府决策实践的适用性。如在导论部分所指出，在此基础上，将再选取其中的四种模式（理性主义模式、渐进主义模式、权变主义模式和最优化模式）来进行本研究的主要分析工作——审视论析建立中国经济特区的决策过程。

根据本章的分析，选择理性主义和渐进主义决策模式作为分析工具应不难理解，二者都具有重要的理论意义和实践意义。一方面，这两种模式是决策研究中最重要的模式，是探索改进决策过程的研究模式连续统中的两端。因此，在分析中引入这两种模式，可以在很大程度上从两种模式互补的比对中观察实践。而另一方面，用这两种模式来考察中国的实践尤为重要。如前文所指出，中国传统决策模式的主要缺陷是以教条主义、整体主义和激进主义等为其特征，这就更增加了以理性主义和渐进主义方式介入的必要性。人们知道，自 20 世纪 70 年代末中国改革开放兴起之后，中国的决策方式已经发生了很多变化。因此，很有必要考察这两种决策方式在这一时期中国决策实践中究竟产生了何种影响，以及在多大程度上这样的影响有了增量的变化。需要指出，这两种模式虽然在理论上看似矛盾，但实际上它们的关系并非完全互相排斥，而是相辅相成，在探索决策方法连续统的两端以不同方式突出对决策思维模式的选择。因此，强调二者在中国实践中的应用非但不矛盾，而且大有助益。

最优化方法是试图在理性主义和渐进主义方式之间寻找一条折中的道路，以求综合二者的优点，避免其偏失。改革开放时期的中国，经济社会都在发生巨大变化，需要不断制定新的政策以应对许多紧迫而关键的问题。与混合扫描方法相比，最优化方法对解读改革开放时期中国的决策实践更有针对性，更有解释力。因此，最优化方法也被选取来检视建立经济特区的决策过程。

权变方式揭示观察和研判各种决策模式适用性的不同方式，并强调决策方法的适用性取决于它们在多大程度上与决策问题的特定情境（包括问题实质、问题复杂性、利益协调关系等）相符。因此，应用权变方式来审视呈现多种决策方式的经济特区政策制定过程很有助益。故而，这种方式也将用于本研究的分析工作。垃圾桶模型是一种在有组织的无政府状态且存疑较多的背景下处理决策问题的尝试，显然并不适合应用于观察和解读改革开放时期中国的政策制定，特别是创立经济特区的政策过程实践。

以上述所选取的四种决策模式对中国建立经济特区的决策过程进行观察分析，应有助于达到如下两个目的：一是进一步检验这些模式在中国决策实践中的适用性；二是深入探讨改革开放时期中国政府决策行为的发展变化、原因及其特点。

第二部分

中国经济特区建立决策进程

第 4 章　中国经济特区建立发展进程的总体回顾

在探讨建立和发展经济特区具体决策过程之前，应了解中国为什么需要经济特区、中国经济特区的主要特征和政策、中国经济特区的主要发展历程及其成效等问题。对相关背景的分析有助于我们深化和拓展研究。

在一个国家建立经济特区不是中国的创举，在一个社会主义国家建立经济特区也不是中国的创造。中国为什么要建立经济特区？这产生于对其重要性的认知。经济特区对一国经济发展具有重要的促进作用，建立经济特区已成为世界上大多数国家普遍采取的重要措施。中国从那些已然建立和运行的各种经济特区的成功经验中得到很多启示。

在讨论中国的经济特区时，首先要明确经济特区的含义。"经济特区"一词可以从两个方面来解释。广义而言，它是指在一个国家或地区内专门划出的，由政府给予特殊政策来进行经济活动的区域，包括自由港、自由贸易区、出口加工区、保税区、科技工业园等。狭义而言，它仅指那些获得某些特殊政策的综合性经济区，如目前中国的经济特区。我们在提到世界各国的经济特区时用的是广义，在讨论中国经济特区时用的是狭义。

4.1 中国经济特区的主要特点和政策

4.1.1 主要特点和政策

本书所研究的中国特区的全称是“中国经济特区”，其中的关键词是“经济”。这意味着，这样的特区既不是政治特区，也不像主权回归中国的香港和澳门，以及将来实现统一的台湾那样，是特别行政区。各经济特区仍然直接受当地直辖市政府（如浦东）、省政府（如深圳、汕头、厦门等）或中央政府（如海南）管辖。另一方面，它也不像其他国家的那些出口加工区，而是以工为主，工商结合，带动其他行业发展的综合经济特区。同时也应该看到，中国的经济特区也不是实行特殊社会经济制度的特区，而是实行特殊经济政策和特殊经济管理体制的特区。

同其他国家一样，外商投资经济特区必须遵守中国的宪法和法律。企业的投资方向、规模、地点等，须经中国政府有关部门批准。根据中国国务院经济特区办公室的相关文件（国务院特区办公室，1988, p.730），在中国经济特区实施的主要政策可以概括为如下六方面。

首先，经济特区的经济发展主要依靠外资。特区经济体制是要构建在依循社会主义方向的总条件下，以中外合资、中外合作、外资独资企业为主的多种经济成分并存的格局。

第二，特区的经济活动在国家计划经济的宏观指导下，主要由市场需求调节。①

第三，大力发展外向型经济；特区产品的销售必须以国际市场为主。

① 此原则是在20世纪80年代制定的，当时中国仍然强调坚持计划经济的重要性。然而，20世纪90年代初，形势发生了变化，国家领导人开始呼吁发展中国的市场经济，肯定市场需求的调节应发挥主导作用，国家调控居第二位。这种经济改革的新思路得到中共中央和中国国务院正式文件的确认。

第四，特区政府在中央政府的指导下，为外国投资者提供特殊的政策、优惠待遇和便利。例如，三资企业——外资企业、中外合作企业和外资独资企业都只缴纳 15% 的企业所得税。额外的地方所得税可由特区政府扣除或减免。具体来说，从事工业、农业、交通运输等生产性行业的外商投资企业，更是可享受“两免三减”的特殊优惠待遇。此即，这些生产性企业所得税前两年免征，第三年至第五年按 15% 的税率减半征收。5 年后，只要该企业当年出口产品的价值超过该企业产品总值的 70%，该企业就只按 10% 的税率征收企业所得税（Zhao, G., 1992, p.21）。经济特区企业和高新技术、知识密集型的先进企业生产的产品出口，可以减按 10% 的税率征收企业所得税。此外，外国投资者将其利润汇往国外时免征汇款税。通常，出口商品免交工商税。

这种税收优惠力度与非特区的税收优惠相比，可以看得更清楚。根据《中华人民共和国中外合资经营企业所得税法》第三条的规定，合营企业的所得税税率为 30%。此外，还应征收所得税 10% 的地方所得税（中国对外经济法，1984 年，第 36 页）。根据《中华人民共和国关于外商投资企业所得税法》第三条，对外资独资企业超过规定可征税收入所得额的，按累进税率征收所得税。应纳税从 20% 到 40% 不等。同时，根据同一法律第 4 条，征收应纳税所得额 10% 的当地税（同上，pp.64–5）。

第五，简化外国投资者出入境手续，为其从事商务活动提供便利。海南经济特区实行外国人即到即办入境签证制度。

第六，国家给予经济特区相当大的经济决策自主权。例如，经济特区比一般的省、自治区拥有更大的建设项目审批权；基本建设指标可以在中央政府控制的固定投资总额之外安排［The SEZ’s Office of China’s State Council（国务院特区办公室）, 1988, p.730］。

国家还对经济特区在土地利用开发政策、金融政策、进出口政策等方面给予优惠。这些优惠政策和便利条件，都是旨在为外商投资创造更好的环境。

4.1.2 经济特区与中国改革开放战略的关系

厘清这样的关系，有助于我们理解经济特区在中国现代化进程中的意义。改革与开放是20世纪70年代末以来中国现代化发展前行的两轮与两翼，而开放亦是改革的重要表征，因此建立和发展外向型经济特区是中国改革开放战略的重要组成部分。本质而言，中国的改革就是要改变那些不适应生产力发展的生产关系和上层建筑，改变不符合实际的管理方式，乃至思维方式与行为方式。这是一场广泛而深刻的革命。实行对外开放政策，表明中国改变了某些教条主义的观念，不再仅仅把世界划分为社会主义与资本主义、剥削者与被剥削者两大阵营，而是用经济的观点把世界划分为发达国家、发展中国家与欠发达国家几个部分，并以此来制定政治、经济发展战略和相关政策。中国认为，和平与发展是当今世界的两大主题。中国等发展中国家应该而且必须利用发达国家的先进技术和资本加快自己的经济发展。正如邓小平所指出，"社会主义要赢得对资本主义的优势，就必须大胆地学习和吸收人类社会创造的一切文明成果，学习和吸收当今世界各国包括资本主义发达国家一切先进的、反映现代社会化生产规律的管理模式和经营技术"（Deng Xiaoping, 1993b, p.373）。

中国建立经济特区的主要目标之一，是将其作为推进对外开放战略的试验田、窗口和桥梁。随着对外开放战略的实施，从20世纪70年代末开始，中国就大力鼓励和吸引发达国家参与中国的经济建设。通过这样做，中国想要表明"他们之所以这样做，不是愿意被被剥削，而是自信他们能够在其社会主义边界内管控外国资本主义，为国家谋取利益"（Kleinberg, 1990, p.2）。实施开放战略的内容是多方面的。其中主要包括：扩大和增加对外贸易；引进外资；派遣青年学者和专业人员出国留学；

扩大和增加中国与其他国家在文化、科学、教育等方面的交流；让更多外国人到中国旅游；通过国家控制的大众传媒让中国人民更多地了解外部世界；建立经济特区和经济技术开发区，以增加中国现代化建设的外部参与。

总之，实行对外开放政策，就是要开放一切可能的渠道，连接中国与外部世界，获取信息、技术和资本，参与国际竞争，从而加快中国的经济社会发展。

从上文分析可知，经济特区与对外开放战略的关系清晰地体现在：首先，经济特区是改革开放战略的重要组成部分，涉及上述几个关键方面，如吸收外资和技术、扩大对外贸易、扩大对外交流与合作等。其次，经济特区是实施改革开放战略的前沿阵地，是中国许多重大改革开放项目的试验基地。许多重要的政策首先在那里实施试验，在积累经验之后，再扩大和推广到全国其他地区。

4.1.3 经济特区与沿海经济发展战略之间的关系

明确经济特区与沿海经济发展战略的关系，是进一步明确经济特区的价值和意义的关键，也是本文选择经济特区作为探索改革时期中国政策制定模式的主要案例的意义所在。

沿海经济发展战略，是中共十三大后于 1986 年正式提出，1988 年 2 月 6 日由中共中央政治局第四次全体会议正式确认的。中国经济增长与发展战略的核心理念是发展外向型经济，强调中国必须抓住当前国际经济结构调整的机遇，积极参与国际经济竞争；关键是要把沿海地区推向国际市场，充分利用沿海地区在技术、人才、经济基础等方面的优势，发展外向型经济；随着沿海经济的发展，积累资金和技术，推动中国中部和西部的经济发展，最终促进整个国民经济的快速发展（Quan, Q. 1992, pp.1–2）。

沿海经济发展战略的构成包括四个层次：

- 经济特区（SEZs）；
- 经济和技术开发区（ETDZs）；
- 沿海开放城市（COCs）
- 沿海经济发展区（CEDAs）。

经济特区是中国沿海经济发展战略的起点、探路者和试验场。中国沿海经济发展战略自 1979 年启动以来，不断得到拓展并取得令人瞩目的成效。

从 1984 年至 1992 年 3 月，中国先后在大连、秦皇岛、天津、烟台、青岛、连云港、南通、宁波、福州、温州、广州、湛江、海南和上海等地设立 16 个经济技术开发区。上海有三个。

经济技术开发区与经济特区有一些明显的区别。首先，经济特区是相对独立的行政区域，而经济技术开发区是在各自市级（含直辖市）政府领导下实行一些优惠政策的园区。第二，所有的经济特区现在都是综合特区，而经济技术开发区则侧重于新技术和工业生产的发展。第三，经济特区对利用外资的企业，包括生产性企业和非生产性企业，一律按 15% 的税率征收企业所得税；然而，开发区只对生产性企业提供优惠待遇。四是随着经济特区的建成和运行，大部分消费品可以享受税收减免；而市场上的进口消费品和原材料则如同经济技术开发区一样，按照《中华人民共和国进出口商品税则》的规定征税（Xie, B. 1991, pp.37−8）。

对 14 个沿海港口城市实行对外开放（简称沿海开放城市），是 1984 年 4 月中共中央书记处和国务院在北京召开会议作出的决定。这一方案的提出，是对中国改革开放特别是经济特区建设实践的总结，旨在进一步加快中国改革开放和经济发展的进程。

这 14 个沿海开放城市包括中国沿海沿线所有重要港口城市，自北向南依次是：大连、秦皇岛、天津、烟台、青岛、连云港、南通、上海、宁波、温州、福州、广州、湛江和北海。这 14 个沿海城市的人口虽然不到全国的 8%，但在国民经济中占有重要地位：工业产值占全国的 23%，出口占全国的 40%，生产效率比全国平均水平高 60%（Chang, H. 1992, p.17）。

设立沿海开放城市的目的，是为了充分发挥这些沿海城市所拥有的经济发展程度较高、专业人才资源较丰富、工业基础和交通条件较好的优势，进一步积极吸收和利用国外资金和先进技术，加速科技进步和经济发展；在更广阔的背景下进一步拓展国际市场，实现由外向型经济向内外向经济结合转变；在技术、人才、资金、物资和商品等方面与内地进行经济合作，从而带动全国经济发展。

沿海经济开发区是中共中央、国务院根据国务院总理的建议，于 1985 年 2 月批准建立的［The SEZ's Office of China's State Council（国务院经济特区办公室），1988, p.731］。这一重大创新是基于总结经济特区和沿海开放城市经验所提出，这些经验对促进中国经济和科技发展发挥了重要作用。

与经济特区和沿海开放城市相比，一个沿海经济开发区通常覆盖一个大的区域，而不是一个城市或一个小区域。第一批沿海经济开发区是长江三角洲、珠江三角洲和闽南厦门、漳州、泉州三地的三角地区。1988 年 3 月，又增加了辽宁半岛和山东半岛两个沿海经济开发区。全国沿海经济开发区覆盖 288 个市县，总面积 32 万平方公里，人口 1.6 亿。沿海经济开发区的设置宗旨和政策与沿海开放城市有某些相似之处，但由于前者拥有更为广阔的腹地作为其发展的有利条件，因而在调整农业结构、建立健康的与国内外市场往来的贸易体系、建设拥有高度现代文明的富裕发达的农村和城市等方面能有更大作为的空间。

由经济特区、经济技术开发区、沿海开放城市和经济技术开发区四个层次组成的经济开发区体系已基本形成。这一宏伟战略的实施，使中国形成从黄海最北岸到南海最西岸，覆盖沿海各省区和沿海港口城市的相当广阔的沿海开放地带。包括所有经济特区、经济技术开发区和沿海开放城市在内的这条宽阔的沿海经济开发地带吸引无数国内外投资者，被称为“黄金海岸”。

从以上分析可知，在沿海经济发展战略结构中，经济特区是最高层次的外向型经济，经济技术开发区是第二层次的外向型经济，沿海开发城市是第三层次外向型经济，沿海经济开发区是第四层次外向型经济。显然，从中国沿海经济发展战略的形成过程中可以得出一个结论：经济特区是中国沿海经济发展战略形成的触发器、开拓者和推动力，正是经济特区的发展和成功，启发和促进了中国沿海经济发展战略的形成。这正是本书在众多与改革开放相关的论题中选择经济特区作为决策分析对象进行深入研究的重要原因之一。

那么，中国是如何获得上述认知并决定建立经济特区的呢？从根本上说，是通过贯彻改革开放政策来推动的。中国经济特区就是中国施行改革开放战略直接的而且是最重要的丰硕成果之一。这里需要指出的是，虽然改革和开放常常同时被强调，但实际上它们并非完全是并列等同的概念，改革开放这个词组是偏正结构，因为打破闭关锁国状态，实行对外开放融入世界的战略是中国改革的主要内容之一。因此，我们明确中国经济特区的产生是改革开放的结果，改革开放是经济特区产生的政策背景和动力，而其根本点在于改革。有了改革的决策思维，有了改革的决策，才会有开放的宏阔视野和宏大格局。

4.2 决策背景：中国迫切需要并已经启动改革开放

“文革”结束时，中国的国民经济已然濒临崩溃的边缘，国家陷入了严重的经济危机和社会危机，形势极为严峻。这种不幸的局面，是“十年动乱”的恶果。但从根本上说，它的产生有着更为深刻的历史原因和社会原因。20 世纪 70 年代末，经济特区诞生前夕，中国迫切需要进行一场改革，改革已成为中国摆脱困境走向复兴的一个必选项和与必由之路。要了解这一背景，即改革启动的必然性，可从三个方面来分析：旧的经济管理体制严重阻碍中国经济的发展；自我封闭状态严重阻碍中国融入经济全球化发展；权力过于集中的决策模式不适应现代经济社会发展运行的要求。

4.2.1 旧的经济管理体制严重阻碍中国经济社会发展

中国旧的经济管理体制主要是从苏联照搬过来的，从第一个五年计划时期开始实行。这是一种高度集中的计划经济体制，也被称为“指令性经济体制”。它在中国占据支配地位近 30 年。许多学者，例如布朗、纽伯格、沃德和谢尔克等，都曾揭示这种计划经济体制的一些关键特点：

（1）实行工业企业的国家所有制；将农业组织成大型集体农庄和国营农场。

（2）由政府计划者制定生产和供应配额、价格和工资。

（3）以政府无偿拨款形式提供资本投资；不得收取土地租金和土地使用费。

（4）旨在实现高增长率和建立重工业基础的粗放型增长战略。

（5）国家财政收入几乎全部依靠工业利润。为了增加工业生产的利润，计划者将农产品和原材料的价格定得较低，而将工业制成品的价格定得较高。其结果是形成一种工业发达、农业贫困的制度。

（6）歧视服务业，禁止私营。

（7）封闭经济，外贸计划作为国内计划的补充；对外贸易保持在低水平，以进口替代为目标；没有外国投资；中央外贸垄断；不可兑换货币；以及易货贸易的盛行（Shirk, 1993, pp.24–5）。

这种指令性经济体制有许多致命的弱点。经济学家、国家体改委副主任高尚全[①]（Gao, S. 1996, p.1）认为，这些缺陷至少有四个方面：（1）国家的过度控制剥夺了企业的自主权；（2）否定价值规律、市场规律和商品生产规律；（3）分配的平均主义；（4）国有企业所有制和经济结构单一，缺乏竞争环境。"这些制度上的缺陷合在一起，严重挫伤企业及其职工的创造性、主动性和积极性。"（同上）

这些体制的缺陷导致多方面的严重后果。一是，造成国民经济各部门发展严重不合理、不均衡。从 1949 年到 1978 年，重工业产值增长 90.6 倍，但农业只增长 2.4 倍，轻工业增长 19.8 倍（Dong, 1982, pp.5−7）。

二是，实现工业高速增长的代价过大。从 1951 年至 1980 年的 30 年间，工业固定资产投资总额年均增长 11.7%，超过工业总产值的年均增长（8.6%）（Liu, R. 1987, p.5）。赫绍微奇（Hirszowicz, 1980）认为，这

① 高尚全（1929—2021）是研究和推动中国经济改革实践的权威人物，时任国家经济体制改革委员会副主任（1985—1993），后任中国改革发展研究院院长、中国工业学会副会长，中国城市经济学会副会长等职。他也是北京大学博士生导师。

种工业增长是一种“自我消费的增长”，增长吞噬了越来越大的工业产出份额。

三是，国民经济的大部分部门，特别是工业和农业缺乏效率。由于各级政府的严格管制和平均主义盛行，地方政府发展地方经济的动力不足，企业发展生产的动力不足，工人个人、农民个人和其他行业的从业人员创造高效优质产品的动力和积极性不足。因此，整个社会的经济活动陷入非常低效率的运行。

四是，在对工业和其他经济部门的投资不断增加的同时，人民生活水平停滞不前甚至下降。从 1952 年到 1980 年，工农业总产值增长了 810%，国民收入增长了 420%，而人均个人收入只增长了 100%（Ma, H. 马洪，1982，第 6–12 页）。考虑到长期的通货膨胀因素，个人收入实际上是下降的。此外，甚至每个人可得到的粮食也不够，因为从 1953 年到 1978 年，粮食产量只增长了 55%，而人口增长了 64%（Chinese Statistical Yearbook，《中国统计年鉴》，1989、1990）。改革开放前，中国农村人口占总人口的 75%，农村贫困人口占总人口的 25%。

4.2.2 自我封闭状态使中国无法分享经济全球化之利好

自第二次世界大战结束以来，经济全球化不断发展已成为不可逆转的趋势。积极融入这一世界潮流，就意味着能够广泛参与信息、科技、商品、劳动力和资本等方面的国际交流与合作，共享这一进程带来的利好。反之，脱离这一潮流和体系就意味着与世界的疏离隔绝，就会落后于世界发展大势。不幸的是，从 20 世纪 50 年代末开始，特别是 60 年代初中苏关系破裂后，中国实际上被封闭在国际主流社会之外。造成这种自我封闭状态有如下四个主要原因。

- 由于教条主义意识形态的束缚，担心来自资本主义国家的影响。
- 高层决策者过度强调经济独立和自力更生的经济建设路向的极

“左”思想的影响。

- 冷战时期，以美国为首的一些西方国家对中国实行长期的经济封锁和禁运。
- 其他一些传统原因。其中之一是自然经济传统，另一个则是缺乏正视迅速发展和不断变化的世界的现实态度，因此也加剧了自我封闭的状态。

闭关锁国给中国带来了许多困扰。在改革开放前的近 20 年里，中国的对外关系，特别是对外贸易和国际科技交流受到很大的限制。中苏论战之后中国与苏东关系破裂，中国的国际环境更加逼仄。当时中国对外关系的重点是发展中国家，尽管中国自身处境艰难，仍向这些国家提供了大量援助。总体观之，在很长时段里中国基本上与世界脱钩，特别是脱离世界经济、科技发展的主流和主导力量。这样的局面带来的后果是灾难性的：中国被完全排除于国际竞争环境之外，而国际竞争环境是促进现代经济发展的重要条件之一；中国吸收先进科学技术、先进管理技术和国外资金来助力本国经济建设科与科技发展的渠道受到很大限制，甚至在很大程度上被关闭；获取最新科技和经济信息都变得很困难。中国作为一个发展中国家，在改革开放前的很长一段时间里，由此经历了许多艰难困顿。

4.2.3 旧的决策模式不适应现代经济社会发展要求

在改革开放前居于支配地位的旧决策模式，其特点是政府权力过度集中，甚至是很大程度上的个人集权。实践证明，这种模式并不适合现代经济社会发展的管理运行。曾被寄予很大希望的“大跃进”“人民公社”和“文化大革命”的失败及其造成的灾难性后果，就是典型的例证，说明这种模式极易导向激进的、极“左”的和盲目指挥急躁冒进的错误。

因为，在这样的决策模式主导之下，政策制定不可能通过各种必要的渠道收集足够的信息，不可能广泛听取各方面的意见，包括支持、质疑和反对的意见，不可能就决策问题进行充分的论争和论证，以求得慎思明辨的判断和结论。在这种情况下，用于决策的必要的信息资源通常不充分不可靠。以这种模式进行决策，无论在政治、经济还是社会管理等其他方面都必然是易于导向理性缺失，往往导致错误的决策输出。

20 世纪 70 年代后期，中国领导人通过对中国历史特别是近现代史的经验教训和世界历史与现状的深刻总结，认识到进行全方位的大规模改革的必要性和紧迫性。启动改革的时间节点是 1978 年 12 月召开的中共十一届三中全会，此次会议“标志着邓小平作为最高领导人的崛起，作出了加快经济发展和对外开放的重大决策”（Hsu, I.C. 1995, p.841）。人们普遍认为，这次会议是继辛亥革命和 1949 年革命之后中国在 20 世纪历史上的第三个转折点（Goodman, 1994, p.90）。

十一届三中全会结束了 1976 年 10 月以来中国在“文革”结束后两年徘徊不前的局面，开始全面纠正“文化大革命”前后的“左”的错误，确定了一系列基本方针和战略。这些重大决议，都是从根本上进行改革的措施，包括：通过推翻“两个凡是”[①]，确立中国社会主义建设的新的指导思想，重新确立“实事求是，实践是检验真理的唯一标准”的正确原则；实现国家工作向以经济建设为中心的转移；确立中国经济发展的基本战略和大政方针；确立改革开放的战略和政策。

改革开放是中国现代化建设的强大动力。改革开放历史大幕的拉开，

---

① “两个凡是”即“凡是毛主席作出的决策，我们都坚决维护，凡是毛主席的指示，我们都始终不渝地遵循”。《人民日报》《红旗日报》和《解放军报》于 1977 年 2 月 7 日联合发表的题为《好好研究文献，抓住关键环节》的社论，首次提出了这样的“两个凡是”。时任中共中央委员会主席华国锋在 1977 年 3 月中央工作会议上的讲话中重申这一原则。如果不推翻这“两个凡是”，就绝对不可能启动中国的改革开放。

使中国发生了一系列的重大变化，取得了举世瞩目的经济社会发展成就。经济特区的崛起就是其中的一项重要成果。

4.3 中国经济特区发展的基本历程和主要成就

从1979年到1995年，中国经济特区的建立和发展经历三个阶段。在1979—1987年的第一阶段，形成第一批经济特区。这组经济特区包括深圳、珠海、汕头和厦门。这四个城市中，前三个在广东省，厦门在福建省。这一时期所完成的，是创立中国经济特区的基本理论、基本政策与总方针，并逐步积累经验。1979年至1985年为试验探索期，积累了一些成功的方法和政策。随着首批经济特区建设的成功，中国对外开放战略得到有效推进。一些适用于经济特区的政策已经扩大到其他沿海城市和地区。

第二阶段从1988年海南岛建省同时将全岛设置为立经济特区开始。海南是中国最大的经济特区，全岛面积33920平方公里，人口600万。海南岛是原属广东省的一个行政区。1988年4月，第七届全国人民代表大会第一次会议批准国务院关于建立海南省并作为中国的经济特区建设的建议。从此，中国的经济特区进入一个新的时期。这个新的经济特区不仅是面积最大的特区，是第一批经济特区总面积的近36倍，而且还享有一些比第一批经济特区更为特殊的政策。

第三个阶段始于20世纪90年代初。1990年7月2日，中共中央、国务院正式批准设立中国最具特色的经济特区—浦东新区。浦东新区的特色主要体现在两个方面：（1）获得了一些最为特殊的政策；（2）浦东新区以中国最重要、最先进的工业基地和经济中心上海为依托，发展很快，在短短几年内就取得了成功，对中国改革开放形势产生了重大影响。

经济特区的主要成就，一是自身经济的快速发展，二是对全国改革开放和经济发展起了极为重要的推动作用。

首先，经济特区的建立使这些城市和地区实现超常态的经济发展。在中国的经济特区中，除了浦东是一个有一定工业基础的新区，厦门经济发展程度较高外，其余的特区在设立前都处于很落后贫困的状态。例如，深圳特区成立前是宝安县管辖的一个地区，是一个严重贫困的地区。新华社记者在一份内部报道中了解到，当时的深圳，墙倒屋塌，农田荒芜，民不聊生，犹如日寇劫掠之后。1979 年以前，很多人偷渡到邻近的香港和澳门。根据档案纪录，即使在 1979 年，仍有 84600 人试图移居香港，其中有 32900 人成功。其中 85% 是年轻人。当时深圳的共青团成员总数为 8406 人，其中 5000 多人（占总数的 60%）以各种方式移居香港（Xie, B, 1991, p.528）。

另一个突出的案例是中国最大的岛屿海南省。海南省虽然自然资源丰富，但在经济特区建立前，该省绝对贫困人口至少有 100 万人（约占总人口的六分之一），人均年收入仅为 200 元。1988 年海南的财政收入不到 4 亿元，却支出 9 亿元。中央政府必须支付其差额（同上，第 529 页）。

经济特区建立后，这些城市和地区的经济发展迅速，在很短的时间内发生翻天覆地的变化。深圳、珠海、汕头已成为生机勃勃的繁华都市，在全国经济中占有重要地位；厦门取得更大发展。20 世纪 90 年代，海南成为中国最受中外投资者瞩目的焦点之一；上海新区浦东以惊人的速度发展，像一颗璀璨的明珠在上海冉冉升起。下面列举的一些主要统计数字说明这些历史性变化的基本情况。以深圳为例，即使与亚洲四小龙相比，在 80 年代深圳经济增长速度也要快得多。（见表 4.1）

表 4.1　深圳与亚洲部分国家和地区经济增长速度比较（%）

	韩国	中国台湾	中国香港	新加坡	中国深圳
1970—1985	7.6	6.5	5.7	6.1	51（1983—1986 数据）
1985—1987	11.4	11.3	12.7	5.3	20（1985—1989 数据）

资料来源：隋广军：《经济特区在中外经济合作中的作用——兼论其在华南经济区中的作用》，《暨南学报》（哲学社会科学版）1990 年第 4 期，第 8 页

比较 1991 年和 1979 年的深圳经济的发展状况（《中国年鉴》，1992:560; TES, 1992, 3, p.56），我们就可以理解为什么“深圳速度”一词在中国有极大影响力（见表 4.2）。

表 4.2　1979 年至 1991 年深圳经济发展情况

（单位：亿元人民币）

	国内生产总值	国民收入	工业总产值	出口总值
1979	1.928	1.60	0.599	0.094
1991	174.46	127.57	271.97	34.46
增加	8950 %	7870 %	45300 %	36400 %

从 1979 年到 1993 年，深圳共引进来自 40 多个国家和地区的 13489 个外资项目。协议利用外资 1483 亿美元，实际利用外资 598 亿美元；外商直接投资的企业达 10326 家（Ni Tu, 1994a, p.5）。十多年来，深圳一直保持着经济发展的高速度，甚至早在 1984 年，经济特区成立不过五年的时候，就被称为“一夜城”，意即仿佛一夜之间，深圳就从一个贫穷小镇变幻成一个繁华大都市。

优惠的政策和便利的条件，迅速吸引越来越多的外商来特区投资兴业。1980 年至 1990 年，首批经济特区引进的外国直接投资占同期中国吸收外资总额的四分之一。四个经济特区的工业总产值达到 2830 亿元，比

建立经济特区前增长22倍。外贸出口已占全国出口总额的十分之一（Liu, L.，1995, p.17）。

海南的发展也吸引了世界的关注。1991 年，全省建立经济特区仅 4 年，海南的国民生产总值就达到 1090 亿元，相当于 1987 年的 146.7%。全省财政收入 886 亿元，比 1987 年增长 43.2%。到 1991 年底，全省共有外商投资企业（包括合资、合作、独资）1874 家。外商投资总额为 67.4 美元。同时，投资环境有了很大改善。一个现代化的交通和通讯网已经建成（Chinese Yearbook,《中国年鉴》，1992, p.500；Zhao, G. et al., p.17）。

浦东新区由于地处中国最重要的工业中心上海，地理位置优越，经济发展尤为突出。世界银行的统计数据和国际经济学界的权威人士都确认，进入 90 年代以来，全球投资的焦点在中国，中国投资的重点在上海，上海投资的中心在浦东新区（People's Daily Oversea edition,《人民日报》海外版，1996 年 5 月 8 日，第 2 页）。

自 1990 年 4 月中国政府确定浦东为开发开放新区以来，至 1996 年已有来自 55 个国家和地区的公司、企业来此投资兴业，投资项目达 3748 个。协议利用外资 98.5 亿美元。其中投资在一千万美元以上的大项目有 274 个，协议引进外资 68 亿美元，占新区引进外资总额的 69.04%。在世界最著名的 500 家跨国公司中，已有 55 家在浦东投资 80 多个项目（同上）。

浦东外资独资兴办的企业增长很快。1992 年，这些企业仅为 52 家；然而，到 1995 年底，这一数字增加到 1218，占外资企业总数的三分之一（同上）。在 3748 个外商投资项目之外，还有 4000 多家企业吸收国家部委和各省市的内资。1995 年，浦东新区国内生产总值达 4100 亿元，比 1994 年增长 120 亿元，是 1990 年浦东开发初期的 6.83 倍（Outlook,《瞭望》，1996 年第 17 期，第 8 页）。

中国经济特区的建立与成功发展，从以下几个方面有力地推动了中国改革开放进程。首先，它们打开了一扇向世界展示中国的窗户，创造了一个开放的环境，让外国人更多地了解中国，同时也让中国人更多地了解世界。中华人民共和国成立后，由于前述原因，经历了近30年的闭关锁国。到“文革”结束时，世界和中国都彼此陌生了。中国港、澳、台地区人民甚至在不同程度上对中国大陆存有戒心。1980年，外国人、华侨、港澳台同胞经罗湖到深圳旅游的人数不足1500人（Shenzhen SEZs Yearbook，《深圳特区年鉴》，1985，第605页）；中国最美丽的海滨城市之一厦门，也只接待了1600名游客（Xiamen Statistical Yearbook of Econoics linked with Foreign Countries，《厦门市对外经济统计年鉴》，1989，第100页）。经济特区的建立和快速发展，为回应增进中国与世界相互了解的迫切需要提供了条件。从1985年到1988年，前往第一批经济特区（4个城市）旅游的外国游客达664万人次（Shenzhen Statistical Bureau, 深圳统计局，1987:151–3；1988, p.100）。外国人通过在经济特区参观、观察、考察和比较，极大地扩大和深化了他们对中国改革开放政策与现状的了解。外商在经济特区投资，创办了越来越多的各类企业，也为特区人和国内民众了解世界经济形势与行业先进技术和现代管理方式，以及国际贸易规则提供了机会。所有这些都加速了中国的开放，迅速增加了外国投资者对中国经济建设的参与。这是经济特区作为中国开放战略的“窗口”的作用。

第二，经济特区在吸收外资、引进先进技术和科学管理经验、扩大出口、开展国际经济合作与交流、逐步建立起适应外向型经济要求的经济运行机制等方面的积极努力卓有成效，是成功的探索，为促进中国改革开放、确立和完善对外开放模式、形成沿海经济发展战略作出了重要贡献。这是经济特区作为中国改革开放战略的“试验田”所起的作用。

第三，经济特区“外引内联，横向联合”的经济发展模式，为内地许多城市和地区走向国际市场提供有益的启示和推动。这是经济特区所起到的连接中国内地与国外的“桥梁”作用。

第四，经济特区在进行经济管理体制改革的许多方面走在全国其他城市和地区的前面，为推动全国经济管理体制改革的发展提供了许多重要经验。这是经济特区作为中国改革开放大潮的“探路者”的作用。

第五，同样是很重要的一条，经济特区的兴起促进中国统一的进程。经济特区的建立和发展，在中国港、澳、台地区产生强烈反响。中国经济特区允许资本主义存在和发展的事实，使这些地区的人民进一步了解中国的政治和经济政策。海外流传一句话“台湾看香港，香港看深圳”，可见外界认为深圳是中国政策的晴雨表（Liang, X，梁湘，1985，54 页）。20 世纪 80 年代曾有香港报章评论说，深圳的形象已成为让香港企业家心中对中国有信心的最新信号，因为深圳容许发展资本主义企业，香港的前途无需忧虑（同上，第 54-5 页）。现在，香港主权已经顺利回归中国，追溯 20 世纪 80 年代的历史，经济特区的重要意义之一即在于，可以清楚地理解为中国树立了对港台政策的成功示范例。

所有这些事实证明，在中国沿海地区所创建的一系列经济特区，已成为中国经济改革和对外开放的前沿阵地，并且已经取得十分突出的成效。这样的成果表明，中国制定和实施特区战略和相关政策的决策正确并产生了积极的效用。因此，中国改革开放时期的政府决策非常值得深入研究。通过以分析相关决策理论在中国之适用性的方式考察中国创建经济特区的决策进程，探讨改革开放时期中国政府决策模式和决策行为的发展变化、效度及其原因，具有重要意义。

第 5 章　建立首批经济特区的决策

从第 4 章的论述我们知道，只有在改革开放之后，在中国大陆境内建立经济特区才成为可能。中国把创建经济特区作为广泛吸收主要来自资本主义国家的技术和资本的“窗口”“试验田”和“桥梁”，这在过去会理所当然地被认为是一个严重的政治错误，是绝对不可能想象的事情。直到特区创建之后，仍然有不少人担心这样做不仅不利于国家的经济发展，而且还会把中国导向错误的道路。

由于特殊的地理位置，广东成为中国经济特区的主要基地，在六个经济特区中有四个（海南建省前是广东省的一个行政区）都是在广东设立的。广东能成为中国创建经济特区的突破口，除了其毗邻港澳的地理位置的原因，也还有历史的因缘。这主要与广东在 20 世纪 50 年代曾错失发展良机，而在改革开放后又更多更直接地感受到境外国外发展的压力，更迫切希望奋起追赶的背景有关。回顾 20 世纪 50 年代的教训，有助于加深对中国第一批经济特区建立的决策背景的理解。

5.1 拒绝黄金发展机会：20 世纪 50 年代的重大教训

这一令人扼腕的事件发生在20世纪50年代。改革开放后回首此事，广东省许多主管经济和外贸的负责人，或地方政府的主要领导者，都感到非常惋惜，意识到他们当年曾痛失一个利用外资促进经济发展的宝贵机会（Ni Tu, 1994 B, pp.8–9）。50年代中期，由于亚非许多国家发生急剧的政治变化，相关地区的一些企业家和投资者，包括很多海外华人，急于在短时间内把资本从他们居住国转移到被视为金融避风港的香港。于是，数千亿美元的巨额游资从印尼、泰国、马来西亚等国家和地区涌入香港银行。这些闲置资金急需寻找新的投融资渠道。不过，要在短期内做到这点，并不容易，因为香港毕竟是一个弹丸之地，当时的金融市场还很小。于是香港的银行纷纷调低储蓄利率，乃至最后存户还要倒贴利息给银行。在这种情况下，香港银行界为了解决这一问题，推出利率极低的贷款项目。这一时期，香港的大小企业家纷纷大开口袋，大量吸纳这样的低息贷款，用于建厂、开店和房地产开发。结果是他们财运滚滚，获得了源源不断的丰厚利润。

就在此时，1956年夏，中共中央主席毛泽东来到广东省省会广州视察工作。作为视察内容之一，毛泽东请中共中南局和广东省领导来汇报港澳有关工作。这些领导包括陶铸、林黎明、姚章凤和黄世铭等。香港、澳门皆与广州相毗邻。黄世铭在报告香港经济情况时说，大量游资流入香港，香港企业家充分利用这些资金开展业务获利甚丰。他建议香港的14家中资银行也要利用这个机会，大量吸收国际资本，一方面扩大业务，更重要的是把这些资金以投资或储蓄的形式支持内地建设。毛泽东听到这样的信息一再点头。他认为黄的建议很好，并说我们可以利用这些闲置资金。这样充裕的资金不用就可惜了。办轻工业的资金，可以贷款，也可以投资，两三年就可以赚回来。然后，毛泽东强调说，找到这样的机会不容易。你们的意见很好，我要把它带回北京讨论（同上，第8页）。

遗憾的是，一个月又一个月过去了，北京没有任何回复。1957年3月，黄世铭到北京向中共中央办公厅汇报工作时，问起这件事的结果。令他吃惊的是，答复是一个彻底的拒绝。具体的答复是，中央决策层研究过这个要求，有些领导认为接受外国贷款就是向他们借钱，会给我们社会主义国家带来不好的名声，也对我们国家的制度有伤害。结果是，香港的企业家们充分利用这个千载难逢的机会发展经营，创造了骄人的经济成就。香港的很多小银行也充分利用这个机会，全力拓展业务，得以迅速发展。一些英资或侨资的金融集团也有类似的故事。然而，与此同时，在香港的那14家中国银行却眼巴巴地看着这些资金从它们的门前流淌而过（同上）。

审视过去的失误，广东省、香港中资企业以及其他有关方面的领导者更加清楚地意识到在当今世界中国经济应当如何运作发展。所以，当改革开放大潮刚刚兴起，他们就提出从广东向世界打开大门的大胆设想。

5.2 设立首批经济特区的决策过程

这一决策过程可分为三个阶段：提出建议；深化和完善方案；做出建立经济特区决策，使之合法化和执行决策。

5.2.1 第一阶段：提出建议

提出在中国建立经济特区的设想是一个渐进的过程，其背景是中国的经济改革起步伊始。这是各方面共同努力的结果。

中共十一届三中全会以前，中共广东省委对如何促进广东经济发展有了一些新的认识。这些想法来自三个方面的思考。(1)认真研究亚洲四小龙(新加坡、韩国、香港、台湾)经济起飞的成功经验和其他国家的经验。(2)认知广东与其他省份相比的特殊优势。广东毗邻港澳，有大量的广东籍人士或他们的亲属生活在海外。广东省的华侨有820万人。这比任何其他省份都要多得多。此外，中国香港和澳门的居民大部分也是广东人，总之，较之其他省市，广东同国外境外的联系最密切、最广泛和最便利。(3)总结历史经验教训。一个新的设想是，利用广东较好的条件，借鉴国外的经验，在广东建立一些大型的外向型生产或外贸基地。1979年1月23日，中共广东省委在三中全会"以改革为中心，加快经济建设"的战略思想的鼓舞下，为了在宝安、珠海两县建立出口基地，决定将宝安、珠海两县升格为省辖市。仅一个月后，国务院就批准了这一请求(Wang, Z.，1995, p.7)。

就在广东省委省政府思考如何发展外向型经济的同时，其他的一些人也在考虑类似的问题。例如直属中国交通运输部的香港中国轮船招商公司(简称招商局)的常务副董事长袁庚，他也有了一个新想法。招商局是当时在香港唯一具有相当经济实力的中资企业。袁庚想在深圳宝安镇蛇口建一个工业区。最初，他认为这样做有三方面的利好。首先，蛇口是深圳南端的一个半岛，在这里建设码头是适宜的。第二，从海路来说，蛇口是离香港最近的地方，所以这一地区可以用上香港的电力。第三，在深圳西丽湖附近建设一批企业，既可方便利用水源，又可吸纳内地劳动力。宝安是袁庚的家乡，20世纪30年代他离开那里参加革命。70年代末，他回来视察时，家乡的贫困使他感到非常震惊。袁庚回到香港，巧遇刚刚结束在西德考察之行的交通部副部长叶飞。袁庚与叶飞讨论了他的想法，并得到叶飞的全力支持(Jiang, W. 1981, p.4；Chen, T. et al., 1986, pp.88-91)。于是，叶飞立即从香港赶赴广州，约见广东省主要领导，专门商讨香港招商局在深圳蛇口设立工业区的问题。

交通运输部和广东省的想法一拍即合。时任中共广东省委第一书记的习仲勋和第二书记的杨尚昆，是这个创议的坚定倡导者。所以后来他们被认为是中国经济特区的早期支持者（Chan, T. et al., 1986, p.88），而习仲勋被称为“中国经济特区的创始人之一”（Chinese Economic Yearbook，《中国经济年鉴》，1986，第 18 页）。交通运输部和广东省都认为，广东区位好，条件好，在中国改革开放的大形势下，应该利用这些优势尽快开放。于是，1979 年 1 月 6 日，双方联合向国务院提交报告，正式提出在蛇口建立工业区的要求。在这份报告中，他们陈述这样做的好处：“它不仅可以利用国内相对廉价的土地和劳动力，而且还便于吸收国外的资金、先进技术和原材料。把双方的优势结合起来，对实现中国交通、航运的现代化，对促进宝安县和广东省的工业建设，都将起到巨大的推动作用”。（Ni Tu, 1994c, p.10）

此时，国务院派往香港和澳门的经济考察团，也提出了在广东宝安和珠海建立工业区以扩大出口的想法。在这个小组于 1979 年 6 月底提交的调查报告中，其中一项主要建议，就是将毗邻港澳的宝安和珠海划为出口导向型基地。建设这些园区的目标是经过三至五年的努力，建成高水平的外向型生产基地，和为港澳游客提供有吸引力的观光区（同上，1994b, p.9）。

上述事实表明，1979 年上半年，三组中国高级别干部都在考虑在广东省建立出口导向型工业园区。他们分别是：由国务院派出赴港澳考察的经济调查组、交通运输部及其直属单位招商局驻港机构与中共广东省委。在这一背景下，尽快打开国门，大力发展外向型经济的想法，不仅是中央领导人的决心，而且也成为省部级和地方领导的共识与具体行动。

5.2.2 第二阶段：深化和最后确定计划

广东省和交通运输部的联合报告受到中央领导的高度重视。当时主持中央日常工作的中共中央副主席、国务院副总理李先念，与主管经济外贸的国务院副总理谷牧认真研究了报告，并立即决定邀请交通运输部部长彭德清和香港中国轮船招商局副董事长袁庚进行当面讨论。

就在此次会议召开之前的1979年1月，当时的中共广东省委第一书记、省长习仲勋到北京向中央汇报工作时，就明确要求中央给予广东更多的自主权，并允许广东参照亚洲"四小龙"的成功经验，在广东试办出口加工区。广东的大胆设想得到中央多位领导的支持。

1979年1月31日，李先念副主席在中南海主持重要会议，讨论广东省和交通运输部的联署报告，谷牧、彭德清和袁庚等人参加了会议（Ni Tu, 1994c）。此时，作为主管国家经济的主要领导人，李先念所想的不是仅仅划出一小块区域，搞一个工业区或出口加工园区，而是要想办法，找地方，以突破口带动整个沿海地区的改革开放。因此，当袁庚介绍完他们的计划，并只是要求拨给他们一小块建设用地时，李先念明确地肯定建设这一区域的必要性，并进一步强调这样做的重要意义。他指出，要把香港和内地的优势结合起来，充分利用外资。必须这样做的不仅仅是广东，福建、上海等地也应考虑同样的问题。李先念表态同意将宝安县蛇口半岛全部交给招商局建设工业区。这使袁庚很是吃惊，因为他本来只想要一小块两平方公里的土地。李先念说，要为这一地区制定一些特殊政策，必须同国家海关、财政部、国家银行等有关部门商量。最后，李先念在联合报告上写下了自己的意见："原则上批准。请谷牧同志再会同有关部门开会商量，然后照此决议执行。"（同上，第11页）

仅过了一天，即2月2日，谷牧即根据李先念的指示，主持召开专门会议，为将要成立的工业区制定基本政策。参加这次会议的有袁庚和国家计委、国家建委、外贸部、财政部、交通部和人民银行的主要负责人。谷牧首先陈述本次会议的目的和中央领导的有关指示。他强调，根据邓小平同志的意见，广东、福建两省应该实行更加开放的政策。谷牧指出，为了发展蛇口工业区，需要给予一些特殊政策，即给予它像香港一样的特殊地位，比如进出口自由。

接着，袁庚提出他所思考的若干主要问题，包括提出这一设想的背景、条件和可能性。他首先总结香港招商局107年的历史，分析招商局百年发展历程的经验和教训，以及近期进一步发展的可行性。他特别谈到中国在20世纪50年代中期痛失利用香港的国际游资进行经济建设的大好机遇的严重教训。

关于招商局为何不在香港建立出口基地的问题，袁庚说明其中3个主要原因（同上，第12页）：（1）地价太贵。在香港中环，一平方英尺的售价即高达15000港元，仅次于东京的银湖。即使是郊区的工业用地，一平方英尺也至少要500港元。（2）银行贷款利率过高。（3）劳动力成本过高。因此，如果通过这样的途径来完成中央确定的扩大外贸、增加外汇收入的财政目标，面临着较大的困难。袁庚说，通过对香港经济情况的认真研究，并向上级汇报，经与中共广东省委讨论，最后达成一致意见，即应当充分利用广东毗邻香港地区的土地和劳动力，利用香港和外国的资金、技术、蓝图、数据、专利和成套设备来建设外向型工业园区。这样做既取香港之长，又避内地之短，同时避免在香港办企业的弊端。袁庚强调，这些都是任何一个香港金融集团都无法获得的优势。①

最后，袁庚具体介绍出口基地的5个方面的构想。（1）土地和企业的所有权以及行政管理权应属于国家。（2）广东省委任行政人员负责特区的运作。（3）用香港的管理模式管理园区内的企业；（4）通过香港出口园区内企业的产品，以偿还外债和外商投资。（5）这个工业园区的建设，不动用国家财政部和国家银行的一元钱，只要求减免税收10—15年，此后从工业区所得的利润全部归国家所有。关于第一阶段将建立的企业

① 后来，随着中国对外开放进程的发展，香港本地商人开始到内地投资，他们同样得到以较低的价格获得土地和劳动力的有利条件。

类型，袁庚列举了 6 种左右，都与通航有关。

在袁庚介绍后，其他与会人员根据各自的工作领域给出意见。他们基本同意袁庚的建议和方案，并进一步研究新区应制定的具体政策。这次讨论的主要观点集中在以下几个方面（同上）。

- 蛇口工业区将参考香港征收所得税的方法。
- 该区的大部分产品应该出口，以偿还所欠外资的债务；国家将不提供任何资金。
- 如果该区的产品在内地销售，将视同进口，必须征收进口税。
- 咨询国外的一些自由贸易区，以制定适用于该区的法律。
- 该区的管理必须遵循经济规律，减少国家对经济活动的干预。

总之，这次会议确定了建设蛇口外向型工业区的基本原则。谷牧最后强调，邓小平认为不仅宝安、珠海可以这样做，广东、福建的其他县市也可以这样做。这显然表明，中央政府允许香港招商局在蛇口建立工业区，不仅是为了解决招商局的问题，也是为了让招商局先行一步，为后来的大规模行动积累经验。在这次会议上，谷牧三次提到邓小平的意见，表明邓小平对这一问题十分重视。

5.2.3 第三阶段：经济特区战略的确定、合法化与实施

1979 年 4 月，中共广东省委第一书记习仲勋和第二书记杨尚昆到北京参加中央工作会议时，习仲勋被要求直接向邓小平和其他中央领导人汇报他们的计划。习仲勋的报告再次聚焦于要求中央允许广东在深圳、珠海和汕头划出一些区域作为“合作贸易区”，主要依靠吸收香港、澳门和外国投资，发展外向型经济。习仲勋强调，这些地区的生产将根据国际市场的需求来运作，并将进行单独管理。

邓小平支持习仲勋的想法。在讨论这些特区的确切名称时，邓小平

提出“特区”的建议。邓小平说：“我们可以划出几块区域，叫特区。陕甘宁边区过去就是特区。[①] 中央政府没有钱，所以你们要依靠自己，必须杀出一条血路作为突破口！”（Ni Tu, 1994c, p.14 页）邓小平的最后一句话，充分表明中央这样做的决心和意义。

中央工作会议后不久，5 月中旬，谷牧就受命率工作组到广东、福建两省进行兴办经济特区的可行性调查，并帮助这两省拟定促进开放、实行特殊政策和灵活措施的请示报告。同年 7 月 15 日，中共中央、国务院正式批准广东、福建的两个报告，并下发各省、各部委。这就是众所周知的中央 50 号文件，标志着中国经济特区的崛起。这一重要文件明确宣示，中央对广东、福建两省发展外向型经济实行特殊政策和灵活措施，赋予地方更多的自主权，使其能够充分发挥优势，把握国际有利形势；然后再向前走一步，为取得显著的经济发展而努力。至于设立工业区，文件批准“先在深圳、珠海试行，取得经验后，再考虑在汕头、厦门推广”（Wang, Z.，1995, p.8）。

于是，蛇口工业区于 1979 年 7 月正式动工兴建。从 1979 年初到当年夏初，建立经济特区的思想不断得到发展。这一思想来自不同方面，经历了一个重要的深化过程。1980 年 3 月，在启动蛇口开发区建设 9 个月后，谷牧再次被派往广州主持讨论创办经济特区问题的会议。参加这次会议的有来自广东、福建两省的领导和学者。5 月，中共中央、国务院批准此次会议的纪要。这份文件中的一个重要决议是，新工业区的名称被正式确定为“经济特区”，而不是原来决定的“出口特区”。

1980 年 8 月 26 日，中国第五届全国人大常委会第十五次会议正式批

---

① 边区，一般是指数省交界的边缘区域。特指抗日战争时期中共领导的陕甘宁边区和晋察冀边区等。这些区域原是中共革命政权建立的根据地，七七事变后根据中共与国民党的协议改为边区，建制上成为国民政府的直辖行政区。边区政权实行民主选举。

准国务院制定的《广东经济特区条例》，并宣布中国在深圳、珠海、汕头和厦门设立经济特区［The SEZs Office of China's State Council（国务院特区办公室），1988，第 730 页］。从此，中国经济特区的建立具备了国家法律赋予的合法性。

由于大方向和政策已经确定，中国经济特区的建设加快了步伐。1980 年 10 月，珠海经济特区开始筹建。1981 年 5 月至 6 月，国务院在广东、福建两省召开经济特区工作会议，检查总结经济特区的创建工作，研究进一步贯彻中央指示的措施。7 月，中共中央、国务院批准这次会议的纪要，提出办经济特区要进一步解放思想，采取特殊政策和灵活措施。此外，这份文件还具体规定了四个经济特区（包括成立不久的厦门和汕头经济特区）的发展方向（Wang, R.1995, p.944）。这一文件为制定经济特区的一系列特殊政策和措施奠定了基础。1981 年 10 月，厦门经济特区开始建设。同年 11 月，汕头经济特区开工建设，这标志着首批经济特区建设全面启动。

中国经济特区的规模在启动建设后扩大了好几倍。深圳经济特区面积 327.5 平方公里，占全市总面积的 16.21%。经济特区和非经济特区之间有一条长 84.6 公里的行政线。原来珠海经济特区的面积只有 6.81 平方公里，1983 年 6 月，经济特区面积扩大到 15.56 平方公里；最后，在 1988 年 4 月，国务院批准将珠海经济特区的面积扩大到 121 平方公里，这实际上覆盖了整个城市。厦门经济特区建设之初只有 2.5 平方公里；1984 年，中央决定将其扩大到整个厦门岛（包括鼓浪屿），面积 131 平方公里。1989 年 5 月，又划出台商投资特区，包括整个厦门经济特区和杏林、海昌两个地区。杏林和海昌的面积为 126.64 平方公里（Chinese Yearbook，《中国年鉴》，1992 年，第 560–564 页）。

第 6 章 建立中国最大经济特区
——海南特区的决策过程

较之中国的其他经济特区，海南经济特区有五大特点：其一，它是中国最大的经济特区，其面积是第一批四个经济特区总面积的 65 倍；其二，海南全域在被设立为经济特区的同时，也获得省级行政区的建制，而不再是昔日广东省辖的一个行政区；其三，海南全省即是一个经济特区，而不像其他特区那样只是一个城市或城市的一部分是经济特区；其四，它是一个巨大的地域广袤的岛屿；其五，在 20 世纪 80 年代初改革开放前，海南岛虽然资源十分丰富，但其经济社会的发展一直处于比较落后的状态。海南经济特区的建立与发展经历许多坎坷，其间甚至曾遭遇巨大挫折，震惊海内外。

6.1 建立海南经济特区历程概述

海南岛设省级建制并建立覆盖全省的经济特区，这对于中国加快对外开放和经济发展具有非同寻常的战略意义。要认知这样的意义，必须首先了解海南岛的基本情况，包括它的地理位置、自然资源与生态环境，以及其他相关资讯。

6.1.1 海南岛的若干基本特征

海南是一个美丽的岛屿，它像一颗璀璨的明珠镶嵌在南海。其特点可以概括为如下四个方面。

一个理想的位置和广阔的地域 海南岛位于南海和北部湾之间，隔琼州海峡与雷州半岛相望，地理位置优越，幅员辽阔。海南岛属热带、亚热带地区，年平均气温在22—26℃之间。雨量充沛，年降雨量约2000毫米。这些条件对农业都非常有利。作为中国第二大岛，海南的面积为3.4万平方公里，仅略小于台湾的3.6万平方公里。海南岛海域面积200多万平方公里，具有良好的国际海运条件，长达1500公里的海岸线上分布着60多个设施较完善的港口，与中国香港、中国台湾、日本和其他东南亚国家和地区的交通十分便利，具有成为亚太地区一个重要航运中心的很大可能性（Yang, X.1988, p.14）。

资源丰富的宝岛 海南岛丰富的资源包括矿产、热带植物和海产品。它的矿产资源有50多种。这些矿产储量十分丰富，如，铁矿储量达3.16亿吨；钛资源1860万吨；铝土矿2228万吨；石灰25亿吨；石英岩5000万吨；褐煤1.7亿吨。其能源资源也受到人们所重视：油页岩28亿吨；石油储量约10亿吨，天然气储量在2000亿立方米以上；水电资源潜力估计为65万千瓦，而目前仅开发12.8万千瓦（Chao, Y. 1987, pp.7−8）。

海南的热带经济作物资源以橡胶树最为丰富，年产量超过13万吨，约占中国总产量的一半。胡椒、咖啡也是海南的重要产品。甘蔗、茶叶、腰果、剑麻、菠萝、荔枝、芒果、香蕉、柠檬和柑橘等也有相当规模的生产。

海南的主要海产品有石斑鱼、鲅鱼、带鱼、鲍鱼、金枪鱼、龙虾、海龟、海参、海马和琼脂等，年捕获量约 10 万吨。海南岛周围水域水深为 100—200 米，据专家估算，年捕鱼量有可能超过 20 万吨（Chinese Yearbook，《中国年鉴》，1992，第 499 页；Yang, X.1988, p.15）。

一个美妙的旅游胜地 海南的旅游潜力是其最重要的资源之一。海南的海滩一流，特别是沙湾。大东海水浴场闻名遐迩，亚龙湾绵延 7 公里的壮丽海岸线上有许多白色沙滩，景色十分迷人，周边海水的年平均温度为 20℃，这些条件表明，这是世界上最好的海滩之一。1986 年，国务院总理建议，将观光事业列为海南经济的主要产业之一，使其成为海南经济发展的主要动力（Chinese Yearbook，《中国年鉴》，1992 年，第 499 页；Yang, X. 同上，第 16 页）。

一个发展落后的偏远地区 海南虽然拥有非常好的自然环境和丰富的资源，但其历史上大部分时间都处于贫困状态。由于远离中国腹地，这里自古被称为“天涯海角”，长期以来都是流放犯人的地方。即使在中华人民共和国成立后，它也只是一个国防前哨，并未被视为经济发展的重要基地。20 世纪 80 年代以前，海南农村人口占总人口的 80%。1978 年，农村居民年人均收入只有 56 元人民币，相当于 33.3 美元（Chao, Y. 1987, p.8）。20 世纪 60 年代以来，海南岛周边的新加坡、日本以及中国香港、中国台湾等国家或地区经济发展迅速，更使海南成为亚太地区最落后、最不发达的地区。海南的这种令人遗憾的贫困落后状况与其优越的自然环境和丰富的自然资源形成鲜明的反差。

6.1.2 海南建省与海南建立经济特区的关系

海南的贫困确实是与其宝岛之美誉不相称。造成这种状况的主要原因之一，在于其在旧的行政体制和管理结构中的位置，使其发展和建设远未得到足够的重视。作为一个地域广袤的岛屿，海南是一个相对独立的地理单元和经济区域，但在原来的中国行政体系中只是广东省的一个行政区。根据海南的特点，它本来应该有一定的自治权，根据自身的实际情况来处理自己的事情，但海南从来没有获得过这种权力。而另一方面，由于海南行政地位较低，地理位置偏远，又存在着由中央各部直接控制的庞大的农矿系统，这也使得海南难以得到广东省的足够指导和支持。换言之，海南既未得到中央政府的直接领导并受益于中央的资源，也无法得到广东省的充分考虑和帮助，实际上处于一种中央和省级政府皆未能为之作通盘规划并予以全力扶助的窘境。事实上，广东省也没有足够的力量和资源从根本上解决海南发展的问题。总之，长期以来，海南的行政地位与其发展要求不相适应。因此，给予海南独立的省级建制地位就成为促进海南经济发展的一个重要前提，也是海南建立经济特区的重要前提。这一问题比较复杂，下文将再予进一步讨论。

6.1.3 海南建立经济特区的曲折道路

由于一些非常特殊的背景和环境，海南经济特区的建立经历了一个极为曲折的过程，其间曾先后出现了三次机遇：

第一次机缘，是从 1980—1983 年，海南成为准经济特区；

第二次机缘，出现在 1983—1987 年，海南成为一个没有正式经济特区身份的经济特区；

第三次机缘，是从 1988 年起，海南终于获得省级行政建制，并同时成为一个真正的经济特区。

回溯这一曲折进程，可以看到，海南实现建立经济特区最终目标的决策之路坎坷而延宕。在这个复杂多变的过程中，各种因素都产生了影响。

6.2 第一波开放浪潮——海南定为准经济特区

将海南定位为经济特区和将其行政级别提升为省级建制的想法并非突然出现，而是以渐进的方式产生。对外开放作为海南发展的总方针，则是在 1980 年中国进行经济体制改革和第一批经济特区建设过程中提出来的。

根据国务院领导的指示，1980 年 6 月 30 日—7 月 11 日，中央有关部门在北京召开了海南岛开发座谈会。这次会议进一步肯定发展海南经济的意义，探讨发展海南的途径和政策（Zhong, Y. 1989, pp.150−151）。与会人员充分讨论海南的现状及其原因，最后达成评估意见。会议指出，共和国建立后的 30 年，海南经济虽然取得一定成绩，但发展太慢，整体经济条件太差，人民生活水平很低，地方政府后备财力很少，发展生产的能力十分有限。出现这种情况，主要是还没能制定出适宜的海南发展战略和政策。然而，海南发展潜力巨大，只要认真吸取历史经验教训，调整好发展方向和发展战略，海南的建设就能有一个较快的发展。

7 月 8 日，国务院总理在座谈会上明确表示，广东已经确定了一些特殊政策，希望省领导考虑给予海南一定的外贸自主权，允许海南热带作物产品直接出口，并将部分外汇收入分配给海南。这一指示实际上为海南制定政策指明了方向，即赋予其更多的自主权，赋予其更宽松的政策，使海南能够充分发挥其积极主动性，加快经济发展。此次座谈会后两周，国务院于 7 月 24 日批转《海南问题座谈会纪要》，这就是中央政府关于海南发展的第一个重要文件—国务院［1980］202 号文件。文件强调："海南目前的任务是大力促进经济发展，主要靠落实有关政策和放宽政策两个方面。在这些政策中，第一项就是，进出口业以出口香港为主要对象；给予海南更大的自治权；海南的对外经济活动可以参照深圳、珠海的做法，赋予海南对外经济活动更大的权力；增加的外贸外汇收入和其他外汇收入，海南可以保留更多的部分，以利于海南的进一步发展。”（Zhong, Y. 1989, p.151）

202 号文件是第一个提出关于海南对外开放、发展外向型经济的文件，由此拉开了海南对外开放的序幕。随着中央政府关于海南对外经济活动的原则可以参照第一批经济特区的做法这一特殊政策的确定，海南实际上已取得“准经济特区”的地位。

遗憾的是，国务院 202 号文件所推动的海南第一波开放浪潮，并没有产生预期的突出成效。海南大开放的局面并没有真正出现。从 1980 年到 1982 年的 3 年间，外商直接投资协议只签订了 23 个，协议引进资金 5502 万美元，实际利用外资仅 195 万美元。1980 年，海南出口总值为 1829 美元，1982 年达到 2027 万美元。年平均增长率仅为 5.3%。1980 年至 1982 年共接待游客 2.18 万人次，创造的旅游外汇仅为 82 万美元（同上，第 151–152 页）。这些事实说明，海南开放初期，对外经济活动规模很小，发展速度很慢，总体成果远不能令人满意。

实际上，海南的第一次开放潮是失败的。那么，是什么原因导致了这一波挫折呢？ 1982 年 12 月 13 日，时任副总理的谷牧致信国务院总理，认为国务院 202 号文件是正确的。但由于有关方面对该文件存在不同看法，文件中的一些主要涉及对外经济活动的重要规定实际上并未得到落实（Zhong，Y. 同上，第 164 页）。应该说，谷牧的分析还是比较中肯的。

进一步探究这一阶段的挫折，可以发现更多的原因。一是当时中央高层还没有充分认识到开发海南的紧迫性，没有把开发开放海南置于中央的重要议事日程。其次，由于当时中国正处于国民经济调整的特殊时期，国家无法投入足够的资金来支持海南。第三，由于中国对外开放的格局才刚刚形成，第一批经济特区还处于起步阶段，发展开放型经济的许多路径还在探索和调整之中，没有成熟的经验可供海南发展借鉴。在海南这样广阔的地域上，以开放战略进行大规模建设，是一件不容易的事。第四，海南改革开放的浪潮兴起初始虽然势头很大，但发展外向型经济所需要的制度法规建设却严重滞后，这是影响其发展的重要制约。第五，由于海南长期处于封闭状态，在海南改革开放序幕拉开之时，其自身准备还远未做好。一是，无论是领导层面还是各级干部积极投身发展开放型经济的思想观念还未激活，缺乏开展新时期工作的主动性和创造性。二是，人力资源准备不充分。干部素质问题，特别是领导班子的选拔问题还没有真正解决。三是，海南的基础设施毕竟太差，无法形成有利于吸收外资的平台。长期以来，海南忽视基础设施的建设，投资环境差距太大。1952—1980 年，国家对海南的投资仅为 433.8 亿元，其中用于改善交通运输条件的仅为 25 亿元，占总投资的 5.8%。正如副总理谷牧所指出，海南基础设施太差；港口、道路和通信条件都很落后，大多数考虑在海南投资的华侨和外国商人都被那里的情况吓退（参见 Zhong, Y. 1989, p.152）。

尽管海南对外开放的第一次浪潮未能获得预期成效，但它的意义依然重大。因为，它无疑是海南发展的一个重要的历史转折点。这是海南长期闭关自锁之后第一次对外开放，因而这一挫折也记录了一个新时代的重要开端。

6.3 第二波开放浪潮：一个没有经济特区建制的经济特区

1982 年末，虽然海南首次开放浪潮受挫，但中国对外开放的总体形势还是好的。第一批经济特区已经成功启动。此时，中国高层开始对海南发展予以更多关注。

1982 年 10 月，国务院总理在一份报告上批示，明确肯定“海南不设特区，但在对外经济合作方面可以给予更多的自主权。……海南与大陆隔海相望，因此在海南实行的政策可以更宽松。”根据他的指示，有关部门进行了一系列调查和研究（同上，第153-4页）。11月，国务院副总理王震邀请广东省领导和农林部有关负责人，到北京进一步商讨海南发展问题。1983年1月，国务院总理来到海南，专门召开海南发展座谈会。同年2月，中共中央总书记在春节期间到海南考察工作。这些活动表明，海南开发的紧迫性已引起中央领导人的高度重视，他们正在努力寻求海南开放的新途径。在这样的背景下，1983年2月底至3月初，谷牧副总理召集国务院有关部门负责人，对这一问题进行系统深入的研究。3月18日，国务院召开常务会议，形成了《关于加快海南发展建设的讨论纪要》。两周后，中共中央和国务院联合批转《纪要》，这就是中央［1983］11号文件——海南对外开放的第二个里程碑。在这个文件中，海南的发展和建设问题被认为是在国家的政治和经济战略中具有高度重要性。加快海南的发展建设，不仅有利于支援国家的现代化建设，有利于加强民族团结，而且有利于巩固中国的南海国防，促进台湾回归祖国，完成祖国统一大业。

这个文件把海南的发展战略明确定位为“以开放促内联发展”。赋予海南对外经济合作更大的自主权，在8个方面实行更宽松的政策，使海南成为一个“不是特区的特区”。这些特殊政策包括同意海南可以保留相当多的外汇，用来进口紧缺消费品，包括国家控制进口的17类商品。

关于对海南发展的主要要求，文件规定了一些明确的细则。（1）海南的开发建设必须立足于岛内资源优势，充分挖掘内部潜力，寻求更优的经济结构。（2）积极稳妥地利用外资，引进先进技术，发展进出口贸易和旅游业，以对外开放带动国内发展。（3）对通常属于国家控制进口的商品，实行严格的政策审批；进口货物只能在海南行政区域内使用和销售；不允许向该区域以外的地方出售。

为了更好地落实11号文件，中央要求海南制定发展总体规划。为此，海南邀请来自全国30多个单位的60多位专家，用科学的方法研究谋划海南的发展方案。1984年9月初，他们的研究成果《海南经济社会发展纲要（1986—2000）》出台。纲要提出，到1985年底，工业总产值要比现在翻一番；到1990年，实现工农业总产值再翻一番的目标；到2000年，海南国民生产总值将达到1875亿美元，在生产发展、科技进步和人民生活水平三个方面赶上台湾20世纪80年代的水准。

在中央11号文件和海南发展纲要的指引下，海南加快了向新的开放目标迈进的步伐，并很快取得一些明显的成绩。在1983—1986年的四年中，签署了大约265项外国直接投资项目，通过协议引进19.9亿美元，是1980—1982年总金额的4倍。1983年出口总值为1577万美元，1986年为3840万美元；年均增长34.5%。从1983年到1986年，工农业总产值年平均增长率达到13.6%（Chinese Yearbook,《中国年鉴》，1988）。这些卓有成效的发展表明，这一时期海南对外开放和经济建设的规模和速度相当可观。

可以肯定的是，当时海南开放的大形势相当不错，正在很有希望地一步一步接近预期目标。然而，就在这个时候，1985年7月，海南“汽车事件”被揭露出来。包括中共广东省委委员、中共海南行政区党委书记兼行政区公署主任雷宇在内的一些海南领导干部都卷入了这一在当时被称为“惊天大案”的事件中。这些领导和干部在1984年1月1日—1985年3月5日期间，在岛外黑市高价购买了价值5.7亿美元的外汇，用于进口大量汽车和其他电子消费品。其中包括8.9万辆汽车（90%以上是轿车和小型巴士），其中7.9万辆已经运抵海南；280万台电视机，已到货34.7万台；25.2万台视频播放器，已到货13.4万台；12.2万辆摩托车，其中4.5万辆已运抵海南。在所有这些进口货物中，有一万多辆汽车和大部分其他货物被高价转卖到内地27个省。在此期间，海南其他各级干部和部门也积极参与其中。

这在当时，被认为是一起中国改革开放以来最严重的非法贩运丑闻。事件曝光，震惊国内外。“汽车事件”被认为严重违反11号文件和国家有关外汇管理规定，与国家计划和国内市场相抵触，破坏国家信誉，败坏社会风气。这一事件的严重性还在于，它为国内的保守派提供了一个批评责难改革开放政策的机会。他们反对改革开放，认为改革开放会给中国社会带来资本主义的思想意识和文化，导致官场腐败社会腐败和经济乱象丛生。这一事件的出现，被他们视为证明其先见之明正确性的一个铁证。丑闻曝光后，对这一事件负主要责任的领导被撤职，已经给予海南的一些优惠政策被收回，海南负债十多亿元。更重要的是，这一重大事件在海南民众中引起思想混乱。海南的经济发展再次陷入停滞状态，出现严重的萧条，外商来海南投资的热情大减。1986年引进外资项目只有24个，协议外资总额只有777万美元，只相当于1984年的6.48%和1985年的13.5%。1986年，海南工农业总产值仅增长8.9%，而1983年至1985年年均增长13.6%。

这些严重后果表明，海南的第二波开放已然退入低潮。海南的改革开放之路再次蒙上了一层浓重的阴影。

6.4 第三次开放浪潮：海南成为中国的一个新建省和最大经济特区

在海南的改革开放跌入低潮时，中共中央、国务院领导依然给予大力的帮助和支持。1985年10月30—至11月6日，距汽车事件曝光仅3个月后，国务院副总理谷牧即前往海南视察。他重申，中共中央11号文件和国务院202号文件的原则没有改变；海南以开放促发展的大方向和大政方针没有改变。他强调，海南要总结经验教训，认清形势，以迈上新台阶。1986年新年，中共中央总书记视察海南并对海南发展作重要指示。后来，国务院总理等中央领导也亲临海南考察，具体研究海南遇到的问题。他们召开一系列座谈会，就海南如何贯彻落实已经制定的长期发展战略进行深入讨论，鼓励海南干部群众再接再厉，推进海南的改革开放和经济发展，为开创海南美好未来而努力奋斗。

与此同时，从中央到地方，从学术界、经济界到政界的专家学者，方方面面都在思考海南的出路。海南两次受挫的教训引起了人们的关注。为什么推进海南的开放历程这样不易？为什么在给予海南更宽松的政策和更多的自治权的时候，却很容易出现偏失？随着对这些严肃问题的重新思考，一个新的观点逐渐成为共识。第一，必须明确海南的发展方向，确立海南的特殊政策地位，以利于发展海南经济。第二，从海南的现状和历史来看，原有的行政管理体制已不适应海南的行政管理和经济发展。因此，结论就是：应给予海南作为一个新的独立的省级行政建制的地位，并将海南正式定位为经济特区。

6.4.1 一个新的战略步骤——海南建省并将整个海南岛设置为经济特区

海南设省并不是一个突然出现的新想法。这个建议早在1887年就已有人首次提出。25年后，即1912年，中国辛亥革命的主要领导人孙中山先生再次提出这个建议。海南为何要有省级行政建制，独立设省？孙中山给出如下五个理由。（1）它对加强国防十分重要。（2）有利于开发海南丰富的自然资源。（3）可以从非常落后的基础上推动岛内的文化发展。（4）有利于本国移民。（5）便于管理，因为海南与广东在风俗、传统甚至语言等方面都有很大的不同。因此，孙中山认为，如果海南能获得省级建制，对海南和国家都有利（Zhong, Y. 1989, p.170）。这些理由不仅在当时看来是正确的，而且现在看来依然如此。遗憾的是，孙中山的建议从未被提上国家议事日程。

在共和国建立后的第一个三十年，这个问题再也没有被提出过。20世纪80年代初，随着海南对外开放的发展，海南行政地位不适当的问题日益突出，最终引起了国家的注意。1984年5月31日，第六届全国人民代表大会第二次会议讨论通过国务院关于成立海南行政区人民政府的议案，确定设立海南行政区人民代表大会和人民政府，为国家一级地方政权机关。汽车事件发生后，根据国务院指示，国家计委同意海南在国家计划体制内单列计划账户，与中央政府直接领导的省、自治区、直辖市享有同等地位①，赋予海南行政区政府与省级政府同等的经济管理权限。

经过多方面的努力，1987年8月，国务院正式提出了撤销海南行政区、设立海南省的建议。这份提案认为，海南建省有利于简化行政管理，提高工作效率，减少中间环节，给予地方更多的权力；有利于海南实行更宽松、更灵活的政策；也有利于全国对海南的支持。总之，将使海南通过发挥自身优势，得到更快发展。

1988年4月13日，第七届全国人民代表大会第一次会议通过国务院的建议，正式决定撤销海南行政区，设立海南省，并在全省范围内设立经济特区（Economic Daily,《经济日报》，1988年4月14日，第1版）。

海南的对外开放走过了8年历程，其间历经波折，方向也发生了变化，现在终于获批在全岛建立经济特区和省级行政建制的地位。这表明，中央政府终于对海南经济发展方向与路径有了清晰定位并充分认识到优化海南行政管理效率的重要性和紧迫性。

随着海南建省和经济特区地位的确定，海南获得了更为特殊的政策。这些政策的主要原则包括：允许海南进行尝试建立“小政府、大社会”体制的政治体制改革；允许海南进行不以发展公有制经济为主的经济体

---

① 所有中央部委都只制定国家省级以上行政区域的资源配置和预算编制计划，其中包括省、自治区和直辖市。但一些特别重要的城市也享受特殊待遇，中央政府予以单列计划和预算。

制改革（Qu, Z. 1989, p.4）。此外，在1983年初提出的“以开放促发展”的海南发展基本方针的基础上，增加“以改革促开放”的内容（Zhong, Y. 1989, p.158）。这意味着，为适应海南第三轮对外开放新形势的要求，中央政府正式提出彻底改革不适应社会生产力发展的生产关系和上层建筑，把海南建设成为具有其新特点的特区和新省的目标。

海南领导人在规划海南经济发展的新方案时，提出了促进海南发展的重点工程——洋浦开发计划，但由于此事争议很大，决策过程迁延时月，耗费了很多时间。

6.4.2 海南经济特区的重大项目：洋浦计划

既然总的方向和政策已经确定，下一步就应当考虑海南如何为其作为一个新的经济特区和新设省的经济发展创造适当条件。初始之时，海南省提出三个备选方案：第一种方案，是建立面向国际市场的保税区，使海南省成为一个特殊的保税区；第二种方案，是选择几个地方作为发展的突破口，打破现有的政策限制，使这些地方作为“龙首”，推动海南全省的经济发展；第三种方案，是保持现有稳定局面，既不能让经济发展停滞也不必急于求得繁荣。海南决策者最终选择第二种方案，决定以洋浦作为试验目标（Beijing Review, No.41/1992, p.29）。

1988年9月洋浦开发方案提出，是海南对外开放的重要标志。然而，没有预料到的是，该计划后来遭遇严重挫折，由此产生的诸多问题引发全国性的激烈争议，使海南岛风云再起，再次成为国内外关注的焦点。

洋浦半岛位于海南省西北部儋县（今儋州市）境内，面积150平方公里，具有建设经济开发区的优越条件。洋浦三面环海，海岸线长达110公里，是一个天然良港。它的港口有理想的深度和宽度，并且无泥沙淤积。据测算，洋浦区可建万吨级以上船舶泊位26个。专家们指出，这一地区位于亚洲太平洋经济和国际航道中心，有可能发展成为一个主要的国际海运集散中心（People's Daily, 14, March 1992, p.1）。

此外，洋浦附近地区也有丰富的资源，天然气和石油储量丰富，还有其他重要的矿产资源，可以提供能源和制造建筑材料。此外，洋浦地势平坦，土质适中，基岩层较厚，具有建设城市和工厂的理想条件（Beijing Review, No.41/1992, p.29.）。

包括海南省新一届主要领导人和外商在内的有识之士，都对洋浦的发展前景充满了憧憬。但是，洋浦的开发建设首先需要大量的资金投入，这是一个新建省和新建特区面临的主要问题和巨大压力。

然而，海南的领导人不再愿意等待。省委书记许士杰与同事一起谋划，确定了一条破解难题的路径，即把洋浦的土地整块地租给外商，由外商来承担洋浦的开发，以此解决开发的资金问题。他们试图尝试以这种让外商承包土地整体开发的试验，来带动整个海南的发展。经过多次谈判，海南与熊谷组（香港）有限公司（以下简称 KGHK 有限公司）签订了开发利用洋浦 30 平方公里土地的合同。海南方将土地出租，负责行政和执法，而另一方则拥有全部的开发管理权，并享受“自由港”政策，就像在一些国家实行的政策那样。洋浦的开发，最初是由 KGHK 有限公司独家拥有开发权，后来由以 KGHK 有限公司为首的七家香港、台湾和大陆的公司共同参与开发（Beijing Review, 42/1991, p.29；41/1992, p.29; Jiang, 1996, p.2）。人们相信，洋浦的成功开发将成为这个拥有 660 万人口，以农业为主，人口稀少的岛屿经济增长的火车头（Cheng, E.1992, p.65）。

洋浦项目方出台立即引起媒体和社会的广泛关注。一些对改革开放持保守态度的人，从一开始就对此项目深怀疑虑。一些强烈的批评迅即出现，并且很快就引起连锁反应，导致一系列猝不及防的疾风骤雨接踵而来。

6.4.3 “洋浦风波”爆发

“洋浦模式”开发方案提出几个月后，于1989年初公布，当即引起了很大争议。1989年1月18日，以原深圳大学校长张维为团长的一个全国政协委员视察团，直接到洋浦进行实地调查。得知这一消息，海南省委书记许士杰立即指令洋浦开发区筹备组办公室副主任黎焕都，乘专车紧急赶赴洋浦，向政协视察团汇报洋浦发展规划。黎焕都被要求尽一切可能赶上该视察团以便向他们解释计划的细节。许士杰需要如此急切地这样做，有其原委。这个全国政协科教文卫委员会派出的小型视察团，到达海南省会海口后，就直接受到海南省下属机构的接待。但因机缘不巧，海南省的主要领导当时都不在海口，中共海南省委书记许士杰和省长梁湘（原深圳市市长）都没有机会见到他们。因此，海南领导者失去了一个直接向视察团介绍他们洋浦计划，使他们能够从决策者的角度全面了解这个问题的机会。许士杰很担心，如果考察团不能清楚地了解该方案产生的背景，提出该方案目的和要旨，肯定会引起误解和指责。因为，洋浦计划不仅对海南，而且对中国来说，都是一个全新的很有争议方案。

果不其然，当黎焕都于1月19日拂晓赶到洋浦时，全国政协视察团已结束了他们的视察，并听取了有关情况汇报。黎焕都向张维说，他是许书记特地派来向考察团汇报工作的，但张维说汇报已经听过了。遗憾的是，黎焕都没有坚持再做一次报告，张维也没有再询问任何问题。此时，时间刚好是早上七点半，视察团一行匆匆离开洋浦。

同样是在当天，即1989年1月19日，有另外有一件事情被海南领导人认为更重要。张维一行离开洋浦仅一个半小时，田纪云副总理就在许士杰等海南省主要领导、熊谷组（香港）有限公司副董事长兼总经理于元平的陪同下，来到洋浦考察。田副总理当即把这个开发区的名称确定为“洋浦经济开发区”。结束考察时，许士杰知道开发方案得到了国务院的明确支持，笑了。然而，他忘记了张委员视察的事，更没有料到张委员的视察会引爆极具冲击力和杀伤力的“洋浦风波”。这一天，在祥和的气氛中，海南省与熊谷组（香港）有限公司签署开发洋浦的协议（Zhang, J. 1996, pp.36–7）。

两个月后，“洋浦风波”骤然爆发。3 月 25 日，全国政协七届四次会议举行最后一次大会发言。洋浦视察团团长张维委员作最后发言。他在报告洋浦调查的情况后，突然发难，强烈批评海南的洋浦发展计划。他从清朝割让香港开始说起，然后指出，我们连这个国耻都还没有湔雪，现在海南又要把洋浦 32 平方公里，相当于半个香港的土地，以 9000 万元人民币的超低价租给外国人，这个价格低得不能再低了。张维强调，更不可接受的是，这家外国商业公司来自日本，是 44 年前侵略中国的同一个国家。张维愤然怒斥道：海南的做法不啻引狼入室，开门揖盗!（Zhang, J. 同上，p.37）。张维短短几千字的讲话，不时被热烈的掌声打断。据一家报纸报道，这是政协七届四次会议上获得掌声最多的一次发言（同上）。

毫无疑问，张维的讲话及其反响使海南领导感到极大悲愤。当正在参加政协会议的海南省委副书记姚文绪第一时间打电话给许士杰告知这一消息时，许士杰大为震惊。他预料到洋浦方案会引起争议，但没有料到竟然会被指责为“出卖主权”和“丧权辱国”！

许士杰还没来得及迎接这个对他来说无疑是沉重打击的挑战，“洋浦风波”就演变成一场七级大地震，境内外舆情汹汹。3 月 26 日，即张维讲话的第二天，上海《解放日报》发表一篇题为《以张维为首的五位委员联名发言，批评海南以极低的价格长期租借大片土地》的“北京特稿”。全国上下迅即被这个报道所震惊，它就像一个巨大的炸弹突然爆炸，产生了强烈的冲击波。一百多位政协委员联名上书国务院，要求停止批准海南开发洋浦的报告。

境内外一些报纸以显著位置报道了这一消息，掀起了“洋浦风波”

的轩然大波。中国香港《大公报》的报道标题是："事关中国主权，张维反对日商承包洋浦开发"。中国香港《明报》则报道："五政协委员强烈反对洋浦租借日本，因其将造成租界重现，成为新国耻。"《洛杉矶国际日报》报道说，推进经济改革不可忘维护国家尊严，海南以出卖主权换取金钱行为，是"卖国"行为。4 月 22 日，上海大学生举行示威游行。他们的标语牌上写着："还我海南！打倒叛徒！"他们在街道游行时不断高呼口号以示强烈抗议。5 月 22 日，在陕西省会西安，学生们也举行示威游行。他们的口号甚至包括："愤怒声讨海南卖国行径！"（Zhang, J. pp.37−8）。

这些强烈反应犹如火上浇油，使事件更加混沌复杂，给海南乃至全国的改革开放形势蒙上阴影。洋浦租赁可能的失败让海南人感到非常不安。许多从大陆来到海南的打拼者，包括技术人员、研究人员和大学毕业生等，都准备离开海南岛（Xie, 1991 年，p.552）。关于"洋浦模式"的激烈论争，成为导致海南发展再次决策滞后的主要原因之一。为化解这一不期而至的荡地大波，相关各方都付出了极大努力。

6.4.4 挽救洋浦计划的努力

洋浦风波爆发后，当许士杰看到报纸上的相关报道即拍案而起，表示一定要反击。许士杰绝对无法忍受这样的严苛责难。他十八岁离开学校投身革命，参加过抗日战争和解放战争，当过游击队的政委。他冒着生命危险投笔从戎，就是为了驱逐侵略者，打倒反动派，捍卫中国领土和主权完整，建立新中国。而现在，当他在尽力加快海南经济发展时，却被指责为出卖中国主权。此时，任何语言都无法形容他心情的复杂与困惑，无法表达他的难过与悲愤！

3 月 26 日晚，许士杰决定去见国家副主席王震。他让秘书用大字打印了一份关于海南发展的背景和原因的报告。就在"洋浦风波"爆发的前几天，王震在许士杰的陪同下，为洋浦开发一事约见了熊谷组（香港）有限公司总经理于元平。许士杰还记得王震当时是如何表态全力支持洋浦项目的。当于元平说，“王主席，我已经做好了这个项目的一切准备工作，一旦北京批复下来我就开工”，王回答说：“那好吧！我保证……”因此，在这紧急关头，许士杰急于求见王震，寻求他的支持，并想通过王震转告国家主席杨尚昆和邓小平。

晚上10点左右，许士杰等人到王震下榻的宾馆时，王震正好外出，许士杰就留下了这份报告。不久，许士杰在他的报告上得到了王震的书面批示。批示说，洋浦30平方公里的土地由熊谷组（香港）有限公司承包开发是完全可行的。因此，我建议党中央、国务院予以批准（Zhang, J.1996, p.39）。同时，许士杰的另一份报告已呈送国家主席杨尚昆，杨尚昆答应转交邓小平。

4月6日，也就是“洋浦风波”发生后的第十天，中共中央专门召开解决洋浦问题的工作会议。在这次会议上，许士杰终于有机会当着中央和一些省市领导人的面，全面阐释自己的观点。他详细解释了海南省委将洋浦出租给外国公司的初衷和理由，并批评媒体报道失实，不顾后果。同时，他列举了世界上许多关于土地问题的处理并不与国家主权相联系的事例。

许士杰的报告持续约半个小时。接着，田纪云副总理发表讲话。田纪云认为，洋浦项目的模式符合修改后的《宪法》和国务院赋予海南的政策，即出租土地及土地开发权70年符合法律规定。不能给海南扣上“卖国”的帽子（同上，第40页）。

中共上海市委领导（江泽民，时任上海市委书记）认为，海南的计划没有错，上海也会开发浦东。天津市委书记李瑞环表示，海南的模式是有益的，天津也想有偿出让土地，让外国人来开发。因为我们自己没有钱进行开发；如果我们的国家能把资金分配给我们，那就好了

（同上）。

听到这些支持意见，许士杰和其同事如释重负。会议结束后，许士杰与海南省委副书记姚文绪并未立即返回海南，而是前往深圳，会见应邀从香港专程来的熊谷组（香港）有限公司总经理于元平先生。“洋浦风波”发生后，于先生不知是应当逆流而上，还是抽身而出，在这卷入诸多是非的漩涡中，进退维谷。此时，许世杰告知他几位中央领导对洋浦风波的明确态度，并特别嘱咐于“在这种情况下千万不要动摇”。许士杰的话使于元平感到安心（同上，40 页）。

于元平先生时年六十九岁，也是全国政协委员。虽然他的总公司是日本公司，但他的熊谷组（香港）有限公司是设在香港的分公司。在过去的二十多年里，在他的领导下，熊谷组（香港）有限公司在香港完成了许多出色的工程。于元平先生之所以如此热衷于在洋浦开发一块土地，是因为他对中国的改革开放充满信心，对中国政府充满信心。因此，他很高兴能在有生之年完成一项有益于中国发展的重要工程。

另一条消息更让许和海南人兴奋不已。1989 年 4 月 28 日，也就是中央关于洋浦问题的工作会议召开后的第 22 天，中南海的热线电话转来了邓小平同志关于洋浦开发问题的批示。邓小平说：

> 经过调查研究，我认为海南省委的决策是正确的。当前机遇难得，计划不宜推迟。但是，对党内外持不同意见的人，也要讲清楚。手续应尽快完成（Lin, L. 1997, p.9; Zhang, J. 1996, p.40）。

这个批示，表明了邓小平支持海南洋浦项目的鲜明态度。洋浦风波爆发后，海南领导人受到“出卖主权”“丧权辱国”的指责，陷入困境。现在，邓小平同志对洋浦问题作出明确表态，在海南开发发展的关键时期，给予了有力的支持。

当时在香港的于元平了解到邓的看法后，明确表示，邓的一句“耽误不好”，符合他的想法。他希望国务院尽快批复海南的报告，并强调说，只要有了国务院的“红头文件”，洋浦开发的起步工程就马上可以鸣炮开工。他保证项目当年开工，三年后投产。

从 1989 年下半年开始，来自全国人大、全国政协的多个考察团到海南视察。他们在具体了解洋浦的情况后，都表示支持海南引进外资开发洋浦大片土地的计（Beijing Review, No.41/1992, p.29）。

遗憾的是，邓小平的指示和有关方面对洋浦项目的好评，并没有使洋浦工程迅速获得批准，而是又经历了一个漫长的过程。一位研究者指出（Xie, B.1991, pp.554–5），1989 年 7 月，中国国务院曾批准将洋浦租借给熊谷组（香港）有限公司，但由于其他原因，租约中止。但是，这一消息在当时和以后的任何官方媒体和出版物上都没有出现过。所有这些有关的官方消息来源都说，洋浦项目是在 1992 年 3 月批准的，或者熊谷组（香港）有限公司投资开发洋浦经济技术开发区的项目意向书是在 1991 年 9 月签署的（见 People’s Daily, 19, 1990/5, p.1; BR, 41/1992; Zhang, J.1996; Lin, L.1997, p.9）。

探究这一疑团，自然会提出如下问题：如果洋浦项目在 1989 年 7 月已获得批准，为何不能公布这个消息？如果当时是因为政治气候而不方便报道，为何在这件事发生很久之后，仍不能在任何官方刊物上提及，而仍然是强调在 1992 年年初才正式批准？似乎现在都无法厘清这个问题。事实已经向我们表明，这一政策事件确实涉及尖锐的矛盾冲突，而这些矛盾冲突发生在高层的政策制定者中。洋浦项目在 1989 年 7 月事实上已经获得国务院批准，但直到 1992 年才得以公开确认，而当时和后来都无人提及 1989 年 7 月的批准，这事情本身扑朔迷离，更从另一方面表明在解决这一问题的过程还另有隐情。

在解决洋浦争端的过程中，1989 年底又出现了另一事端。9 月 14 日，上任仅一年的海南首任省长梁湘被免职，由原海南省委副书记、原电子工业部副部长刘剑锋接任。这更增加了洋浦项目及海南相关问题决策的复杂性。

这一时期，一些中央主要高层领导仍在不同场合对洋浦计划表示支持。例如，中共中央总书记江泽民在海南视察时的讲话明确表达支持的立场。1990 年 5 月 12—17 日，江泽民在许士杰陪同下到海南考察。在谈到洋浦经济开发区的建设时。江泽民表示，中共中央、国务院支持洋浦的整体开发。引进外国资金开发土地是纯商业性的，不能与损害中国主权联系在一起（People's Daily, 19, 1990/5, p.1）。

江泽民对洋浦问题的表态，与一年前邓小平的批示是一致的。然而，又过了一年零四个月，海南省才最终与熊谷组（香港）有限公司代表签署"熊谷组（香港）有限公司投资开发 30 平方公里的 YEDZ 项目意向书"。遗憾的是，在此半年前，1991 年 9 月 16 日，推动洋浦项目的改革勇士、中共海南省委书记许士杰已因胃癌去世。

1992 年初，邓小平以 88 岁高龄前往南方视察。他在视察过程中发表的一系列重要讲话极大地推动了中国的改革开放，终于使洋浦开发重新提上国家的议事日程。1992 年 3 月 9 日，李鹏总理主持召开会议，正式批准建立洋浦经济开发区，利用外资进行开发经营。

这一情况表明，虽然邓小平已经退休，但他在那些中国最重要的决策问题上仍然发挥着关键作用，拥有最终决定权。但在另一方面，也可以看到，有些时候，邓小平的主张并不能马上被中央接纳贯彻，变成政策。譬如，尽管邓小平在 1989 年 4 月就对海南洋浦项目表示全力支持，但洋浦项目获得国家的正式批准却等待了 3 年时间！

作为海南对外开放第三波浪潮重点工程的洋浦开发项目，虽然经历许多波折，但最终还是得以启动。这是海南自设立经济特区以来引进外资规模最大的项目。根据国务院的规划，海南经济特区将建成以高新技术产业为主，第三产业适度发展的外向型工业区。海南特区将实行严格的管理体制，实行适当的保税区政策，为外商投资提供良好的环境，促进进出口贸易的便利化。海关总署、省政府和其他行政机关将在该区设立办事处，实行统一有效的行政管理和监督（Beijing Review, No.13/1992, p.30）。

经国务院正式批准后，洋浦开发区的工程建设全面展开。到 1995 年底，开发区累计投入各类资金 420 亿元。洋浦海关的闭关早就做好了准备。洋浦经济技术开发区由一条隔离式彩色铁丝网围成，长 11.4 公里（因该区域三面环海）。电站、通讯、高等级公路等基础设施基本建成。许多供商业或住宅使用的巨大建筑物正在建造之中。有的已经建好，如 38 层、138 米高的洋浦商厦，还有 28 层高的公寓楼。

国家和海南省也采取了一些重大的具体措施来支持洋浦开发区的建设。例如，国家投资 78 亿元建设洋浦港二期工程，包括 3 个万吨级深水泊位；经国家计委批准，海南省投资 220 亿元的海口至洋浦的高速公路已开工建设。

当时，洋浦经济技术开发区成立时国务院给予的优惠政策已基本实施，使这个经济开发区成为一个集经济特区和自由关税区于一身的特殊区域。如今，开发洋浦已经不仅仅是关系到承包商生意盈亏的问题，而是体现中国对外开放政策的一个具体标志；对洋浦的承诺，不仅是海南省或中央政府的承诺，也是 12 亿中国人民和中华人民共和国的庄严承诺。

第 7 章　浦东新区建立决策过程

浦东，即上海黄浦江之东岸。1990 年 4 月 18 日，李鹏总理正式宣布上海浦东新区的开发计划。两年后，在 1992 年 4 月召开的第七届全国人民代表大会第五次会议上，李鹏总理在《政府工作报告》中又进一步指出，浦东开发已确定为今后十年中国发展和对外开放战略的重点之一。

对于浦东开发问题，邓小平曾在 1992 年初作过自我批评。他说，现在我们回顾过去十年，我的一个重大错误就是在建立第一批四个经济特区时没有选择上海。否则，现在长江三角洲地区，整个长江流域，甚至整个国家的改革开放形势都会完全不同（Deng Xiaoping, 邓小平，1993 年，第 376 页）。为什么中国领导人如此重视浦东的开发和对外开放？这缘于浦东和上海在许多方面的独特条件和地位。

7.1 浦东的优势

浦东新区的宏伟计划是开发一个毗邻原有市区的一块三角地区，它大致以黄浦江东岸、长江入海口西南岸和川杨河北岸为界。这个区域就像一个等腰三角形：顶角是黄浦江与长江的汇合处；左底角为黄浦江与川杨河的汇合处；右底角为川杨河与长江口的汇合处。该地区的大部分区域与上海市中心的距离为15公里左右。浦东新区占地350平方公里，人口110万（1989年数据）。它的面积与和现有的上海市区一样大。后来，新区扩大到522平方公里（You, Yuwen. 1995, p.11）。浦东濒临黄浦江和长江口，周围航道水深十多米，便于发展内河和海上运输。同时，整个区域占地数百平方公里，具有发展制造业和第三产业的纵深腹地和巨大潜力。

除了良好的地理条件，更重要的是，浦东的优势还在于它是上海市的一部分。上海能够直接从多方面支持浦东的发展，这样的条件是中国其他省市所不能比拟的。“浦东”这个地名，在中文里的意思就是黄浦江的东面，因为“浦”指的是黄浦江，“东”是指东面。浦西，是上海的中心，指的是黄浦江以西的地区。因此，浦东是上海的重要组成部分，与现在的上海市区紧密相连。由于如下两个原因，这个开发区被称为“浦东新区”，而不是经济特区或经济技术开发区。首先，由于浦西是上海的老城区，浦东应该被称为新区。其次，也是最重要的，正如后文所讨论的，浦东被认为是中国最特殊的经济特区和经济技术开发区，因为给予浦东的优惠政策在力度上是最强的。因此，仅仅将其命名为经济特区已经不能完全恰当地表明其特征覆盖其内涵。比较而言，使用“新区”的名称更恰当，更易于为人接受。

上海是世界上最大的国际都市之一。它在19世纪末20世纪初迅速发展，这在很大程度上归功于欧洲人的参与。黄浦江西岸地处上海的中心区域，即是遐迩闻名的上海外滩。这里有许多风格各异的宏伟建筑，历来有“万国建筑博物馆”之美誉。这些建筑大多建造于20世纪二三十年代，是主要国际银行的分行（You, Y. 1995, p.10）。20世纪30年代初，上海已成为世界闻名的大都市和亚洲最大的金融贸易中心。由于上海的迅速发展和繁荣，它被誉为“东方巴黎”和“冒险家的乐园”（Binns, T. 1991, p.362）。

中华人民共和国成立后，上海作为中国最大的城市，继续发挥着中国经济中心的作用。在改革前的几十年中，其工业、科技和商业一直领先全国。上海以占全国 1% 的人口和 0.1% 的面积，创造了全国 10% 的财政收入，因此成为中国中央财政体系的支柱。上海是世界十大港口之一，年货物吞吐量为 1.47 亿吨，占全国的三分之一以上。它的工业生产价值占全国的 15%。出口总额占全国的 14% 以上。上海还是中国科技文化教育的重要基地之一，有 50 所大学、1600 多个研究所，中国科学院院士占全国总数 12.5% 以上（Chinese Yearbook，《中国年鉴》，1992 年，第 477 页）。

与被称为“东方之珠”的中国香港相比，上海的繁荣兴盛领先后者半个多世纪。20 世纪 30 年代，香港远远落后于上海，很少有人想去那里。即使在 20 世纪 60 年代初，香港仍然不如上海，只是在随后的 10—15 年间，香港才开始迅猛发展，经济飞跃。但香港经济主要是以转口贸易、金融业和各种房地产业为主，上海在工业、科技、文化和教育等方面的优势并没有丧失。

由于上海在中国经济构成和经济发展中举足轻重的地位，一些有远见卓识的人把开发浦东的战略视为“弓箭模式”。他们把中国的海岸线比作一张弓，把长江比作一支箭，而位于海岸线中心和长江入海口的上海则是这支箭的箭头，这支箭的末端则是中国西南部最大的城市重庆。上海一旦腾飞，将带动中国沿海地区和长江流域的发展，对中国整体经济增长产生难以估量的影响（Jing Bian, 1990, p.24）。

事实上，开发浦东是上海和中国人民几代人的希望。孙中山先生在他的著作《建国方略》中就提出了开发浦东、建设大港的设想。同样，中华民国政府在 20 世纪 40 年代起草的一份建设大上海的计划中，也包括了开发浦东的设想（Dai, G.1990, p.16）。遗憾的是，由于种种原因，所有这些努力最终都成为纸上谈兵。

1949 年以后，浦东逐步建立了相当规模的工农业基础。1990 年前，区内已有工业企业 1930 多家，从业人员 38 万人，年工业总产值约占上海市的 10%（同上）。但以其所拥有的种种优势来看，与上海中心区域浦西相比，其发展还远未达到应有的程度。

浦东这片土地，被世界上最著名的城市规划师和建筑师视为“20 世纪世界大都市建设的最后一块宝地”（Ni Tianzheng, 1992, p.140）。随着中国改革开放进程的深化和经济建设全面快速发展，开发浦东的重要性和迫切性逐渐被上海市和中国政府的领导人所认知。因此，浦东开发最终被确定为 1990 年代中国加速推进改革开放进程的一项重要战略。

7.2 建立浦东新区决策过程

7.2.1 浦东开发：缘起及其发展

浦东开发开放的构想酝酿已久。如第 4 章所述，中国对外开放的战略是“由南向北，由东向西”分阶段推进的。因此，从广东、福建设立经济特区，到开放包括若干经济技术开发区在内的 14 个沿海城市，再到 5 个沿海经济开发区，中国的沿海经济发展战略逐渐确立。20 世纪 80 年代中期，当珠江三角洲、闽南沿海和东南沿海地区的改革开放取得显著成果后，上海作为沿海 14 个对外开放城市之一，开始走上发展之路。但在当时，上海不仅在经济发展速度和经济活力方面落后于中国香港、新加坡、韩国和中国台湾这“四小龙”，也落后于中国东南沿海的许多城市和地区。20 世纪 30 年代，上海曾是远东最大经济、金融和贸易中心城市的地位，现在已显得有些黯然失色。从 1986 年开始，上海浦西地区开始重新起步发展，先后设立了闵行、虹桥、漕河泾三个经济技术开发区。由于上海在区位优势、经济基础优势和科技优势等方面的强项，上海三大经济技术开发区的设置立即引起了国内外投资者的极大兴趣。在很短的时间内，这些开发区成功地吸引了许多投资项目，积累了巨大的资金，从而带来了经济的繁荣。

截至 1990 年 9 月，已有美国、日本、德国、澳大利亚、加拿大、新加坡、泰国、瑞士和意大利 9 个国家与中国香港、台湾地区的 61 家外商投资企业签约落户闵行经济技术开发区。其中 41 个已开始运作。到 1990 年 3 月底，面积仅 2.13 平方公里的保税区已累计利用外资 2.21 亿美元。在这些外资企业中，84% 以上是出口型或装备先进的企业。1989 年，生产性企业创汇 4908 万美元。几年来，开发区的外汇净收入在 14 个沿海经济开发区中一直居于首位（Beijing Review, No.36/1990, p.29）。

虹桥是中国经济开发区中面积最小的一个，仅有 65.2 公顷，但在 20 世纪 80 年代后期创造了吸引外资（6.2 亿美元）的最好成绩（Wenhui Daily,《文汇报》，1990 年 5 月 3 日，第 1 版）。

漕河泾经济技术开发区的发展同样令人瞩目。这里聚集了微电子、航天航空、光纤通信、生物工程、计算机和新材料等一批高新技术企业。区内有 60 多家中外企业入驻建设。1989 年，开发区工业总产值达 18.4 亿元人民币，出口创汇 4393.3 万美元。一个蓬勃发展的高科技产业群正在那里形成（同上）。

这三个经济技术开发区的建设发展成果丰硕，显示了上海在新时期创造经济快速增长的巨大潜力。然而，这些经济技术开发区面积太小，总面积只有 8 平方公里，无法为这样一个作为中国最大工业中心的大都市启动更大的经济发展战略。为了促进上海对外开放的进一步发展，尽快恢复大上海昔日的煌煌声誉，需要开辟一个更大的开发区。那么，哪里是合适的地方？上海的人口密度之大世人皆知：在上海 6340 平方公里的土地上，大约有1300万居民居住；人均土地面积仅为48平方米，是全国平均水平的三分之一。此外，在人口更为稠密的占地141平方公里的城市中心区，有超过4500家企业的20000多个工业生产点（Cheng Y. 1996, p.13）。认知这样的情况，上海开发浦东地区的意愿和构想逐渐形成，并且日愈迫切。

20世纪80年代初期，人们曾对上海的发展战略提出各种不同的方案。有的建议向宝山县（今上海市宝山区）方向发展，有的考虑把工业区延伸到金山县（今上海市金山区），有的认为开发浦东是最理想的方案。在对各种方案反复审视比较之后，上海领导层最终达成了东进发展，越过黄浦江，全面开发浦东的一致意见。浦东开发被确定为上海新的经济增长点，并以此为起点推动上海振兴。

1984年，上海市政府在上报国务院的《上海经济发展战略报告纲要》中，提出了创造条件开发浦东新区的建议。国务院的批复，肯定了报告的建议（Xie Jinghu, et al. 1996, p.6）。但在当时，浦东开发的最初方案还只是上海地方层面的经济发展战略。换言之，这还只是地方政府的计划，并没有像邓小平在1990年初指出的那样，被视为国家经济发展战略。

从1986年开始，开发浦东的构想逐渐深化。国务院在对上海市《关于上海市总体规划方案的报告》的批复中强调："当前，要重点抓好浦东地区的建设和改造，发展金融、贸易、科技、高等教育和商业服务设施，建设居住新区，使浦东成为现代化的新区。"（同上）这一指示虽然再次确认浦东开发的必要性，但浦东仍未被视为国家发展项目。

为贯彻国务院的上述两项指示，上海市政府于1987年6月正式成立了由国内外专家组成的浦东新区开发联合咨询小组。这个小组进行了一年的可行性研究，制定了浦东建设的总体思路。许多专家积极提出自己很好的建议和对策。例如，美籍华裔教授林同炎，一位享有国际声誉的著名桥梁专家，是国外最早、最积极主张浦东开发的人。他多次到浦东考察调研。他强调指出，当今许多大都市都是横跨一条河的两岸发展起来的，如伦敦在泰晤士河上，巴黎在塞纳河上。浦东就像曼哈顿一样，位于纽约河畔。他断言，在当今世界著名的大都市中，浦东是唯一可以开发的一块宝地。为此，他先后七次提出“开发浦东，建设现代化大上海”的建议。他提出的向投资者批租土地筹集资金、进行基础设施建设必须制定总体规划等重要思想，对浦东的开发具有重要价值（Ni Tianzheng, ibid. p.140）。

1988 年 5 月，上海市政府召开了一次大型国际会议，讨论浦东新区如何发展的问题，一百多位专家学者应邀参加会议。时任上海市委书记的江泽民、市长朱镕基出席会议并发表重要讲话。江泽民指出，上海是世界著名的大城市，早在 20 世纪 30 年代就已成为亚洲最大的国际金融和贸易中心。1949 年以来，政府十分重视上海的经济发展，特别是工业的发展，但由于种种原因，没有来得及进行有效的城市改革和建设。因此，上海作为中国和远东经济中心的功能及其枢纽地位有所降低。从现在起，这种情况不应该继续下去（Xie Jinghu, et al. 同上）

这次国际会议后，浦东开发的前期研究迅速展开。到 1990 年初，在邓小平的直接推动下，浦东开发终于上升为国家级经济发展战略。

7.2.2 从地方发展计划到国家重点发展战略

1990 年初，邓小平在上海度过了春节。虽然他已经退休，但他考虑更多的还是如何加快中国的改革开放进程。他说，看到原有的五个经济特区发生的巨大变化和取得的惊人成就，看到经济特区带动了东南沿海地区迅速发展，他有一个遗憾，那就是 10 年前没有把上海列入第一批经济特区的候选名单。他认为，在加快上海和全国经济发展方面，已经浪费了太多的时间。2 月 18 日，邓小平在新锦江饭店顶层旋转大厅向上海市领导发表讲话，阐释 10 年前上海没有入选首批经济特区的原因。他说，当年我们之所以确定这四个经济特区，主要是考虑到相关城市的地理条件。深圳毗邻香港，珠海靠近澳门，汕头有很多潮州人（潮州是汕头的一部分）以华侨的身份在东南亚各国做生意，厦门也有很多人在世界各地做生意。然而，我们没有认识到上海的人才优势。上海人智慧，素质好。他肯定地说，如果当时把上海设置为经济特区，现在的情况就完全不同了。虽然上海被列为14个沿海开放城市之一，但那只是一般性待遇。如果浦东开发起来，像若干年前的深圳那样，那就太好了……（Xie Jinghu, et al. 同上）。

其实，上海在80年代初之所以没有被设定为一个试验性的经济特区，走在中国开放试验的前列，也许还有另一个重要而敏感的因素。那就是，由于上海作为中国工业中心和国家财政支柱的重要地位，选择上海作为经济特区的试点将意味着要承担巨大的风险。如果它作为经济特区试点出了问题，中国经济将会受到很大影响。

然而，事实已经证明，中国经济特区的创立发展并没有导致令人失望的结果，而是取得了令世人瞩目的非凡业绩。因此，邓小平认为，现在是将这些成功经验应用于上海的时候了。他认为，依托上海现有浦西工业区的人才、技术和管理优势，浦东开发将是促进上海复兴和长江流域乃至全国经济加速发展的关键一步，意义深远。因此，邓小平委托当时的上海市市长、市委书记朱镕基尽最大努力推动上海的发展（同上，第5页）。在邓小平的高度重视和大力支持下，经过从中央到地方有关方面的一系列卓有成效的工作，浦东开发作为国家的经济发展战略很快形成。

当邓小平从上海回到北京时，他向中共中央的一些主要领导人谈了他的想法。他说，虽然他已从中央领导一线退下来，但有些事情他还想提一提，其中之一就是上海浦东的开发。他特别强调，上海是我们的一张王牌。继续抓好上海的发展肯定是一个关键措施，这是促进全国经济发展的捷径。

由于邓小平的权威性和他的这一构想的重要性，他的建议受到中共中央、国务院的高度重视。受中央委托，新任国务委员、国家计委主任邹家华立即前往上海浦东地区进行实地调研，并向中央作了汇报。

几天之后，在中央的指导和支持下，中共上海市委和政府向中央呈送了《关于开发开放浦东的请示》的正式报告。此后不久，3 月 28 日至 4 月 8 日，受中共中央和国务院委托，副总理姚依林率领中央政府有关部委领导再次赴上海，对浦东开发的可行性进行为期 10 天的考察调研。在此基础上，形成《关于开发上海浦东新区若干问题的报告纲要》这一重要文件。

这件大事在紧锣密鼓的行动中以超常快节奏推进。两天之后的 4 月 10 日，李鹏总理主持召开国务院常务会议，听取姚依林副总理的汇报。仅过两天，江泽民总书记即主持召开政治局会议，研究并原则通过国务院提出的浦东开发方案。

又过了两天，即 4 月 14 日，李鹏总理在上海进行工作考察。接着，4 月 18 日，他在上海大众汽车公司成立五周年庆祝大会上发表讲话，宣布中共中央、国务院正式批准上海市关于加快浦东开发的意见，同意给予浦东与经济技术开发区相同的政策和经济特区的部分政策。他特别强调："这是我国深化改革、扩大开放的又一重大战略部署，无论对上海，还是对全国，都是一件具有重要战略意义的事情。"（People's Daily，《人民日报》，1990 年 4 月 19 日，第 1 版；Xie, J.et al. 同上，p.5）他表示，中央将对浦东的发展给予必要的支持，也要求全国其他地区给予浦东积极的支持。

李鹏说，我们欢迎各国企业家、港澳同胞、台湾同胞和海外侨胞来浦东投资开发，我们将为他们提供优惠的合作条件和优质投资环境。这一讲话很快通过媒体传遍全世界。

两年后，即 1992 年 4 月，李鹏总理在第七届全国人民代表大会第五次会议上所作的《政府工作报告》中，进一步强调浦东开发的重要性。

这一报告确定“上海浦东新区是今后十年中国开发开放的重点……通过开发开放上海浦东，带动长江三角洲地区和整个长江流域的经济发展，逐步使上海成为远东国际经济、金融和贸易中心之一”。

1992年10月，中共中央总书记江泽民在中共十四届四中全会的《政治报告》中提出：“中国将以上海浦东开发为龙头，进一步开放长江沿岸城市，使上海成为国际经济、金融和贸易中心之一，以此带动整个长江三角洲地区新的跨越。”（Xie, J. et al, 1996, p.6）

中国领导人的明确宣示，标志着浦东项目迎来新的重要转机。此即，浦东开发启动两年后，最终被确定为中国在20世纪90年代的重点经济发展战略。

7.2.3 对浦东新区开发的持续指导与推动

在浦东宣告开发之后，邓小平等中央领导人和中共中央政治局的所有常委、全国人大常委会和全国政协的主要领导、国务院总理、副总理等，都给予高度重视。他们紧抓不放，不断予以指导和督促落实。他们每年都到浦东视察、调研，与上海市领导共同研究解决开发规划实施过程中出现的问题。

1991年初，在浦东开发启动仅一年后，李鹏总理就率有关部委主要领导到浦东实地考察。在听取汇报和研究后，李鹏提出四点意见。首先，浦东开发开放是一项长期的工程，要按照总体规划，分步实施。“八五”期间的主要任务是完成基础设施建设，创造良好的投资环境，为“九五”计划和二十一世纪的发展打下坚实的基础。第二，开发浦东必须充分利用上海的现有优势，包括经济、技术条件和发达的市场经济体制。第三，浦东开发一开始就要处理好第三产业与第二产业的关系。第四，采用招标的方式进行规划，并邀请国内外顶尖的设计大师进行设计。

1991年10月，中共中央政治局常委李瑞环到浦东视察。他勉励广大干部群众加快改革开放事业的发展，为开发浦东，重振上海这一具有重大战略意义的工程尽最大努力。

更使人备受鼓舞的是，1992 年 1 月中旬至 2 月下旬，上海是邓小平视察南方过程中的重要一站。在上海期间，邓小平对上海新任市委书记吴邦国和新任市长黄菊勉励说，90 年代是你们上海最后的机会，你们不能错过这次机会。

从 1992 年初到 1995 年初的短短三年内，中国国家领导人先后十次视察浦东和上海，指导、督促和帮助推进浦东开发工作。在这些视察中，有四次特别重要。一次是 1993 年 5 月初江泽民的视察。当时，由于中国在经济领域实行一些宏观调控政策，国内外一些人担心浦东开发开放的政策会改变。境外媒体也有不少猜测。对此，江泽民郑重宣布：中央关于开发开放浦东的方针坚定不移，不会改变。中央对上海未来的发展寄予厚望。另外三次是江泽民、李鹏、朱镕基分别于 1995 年初进行的视察。根据浦东的新情况，经过多次考察和研究，中央政府同意浦东在“九五”期间实行基础设施建设与功能开发并举的战略，并出台一系列新政策，加快功能开发。这些新政策在国内外引起巨大反响。

如上所列，自浦东开发项目启动以来，多位中央领导经常到浦东和上海进行考察和工作指导。这在建国以来从未有过。可以说，这种频繁的考察有其特殊意蕴：（1）不断向世界表明，中国开发浦东的决心坚定不移，以增强投资者特别是外国投资者的信心，并吸引更多的新投资者；（2）向地方政府表明中央对这一项目的重视，激励他们尽最大努力；（3）不断解决项目实施过程中出现的问题，确保浦东开发能够平稳快速发展。

7.2.4 新区规划：浦东决策的重点

规划是一种特殊类型的决策。浦东新区开发伊始，就十分重视建设规划。被称为中国改革开放“总设计师”的邓小平，对浦东开发建设多次作过重要指示，强调浦东开发建设必须坚持对外开放的方向和高起点；其总体功能应能满足作为国际经济、金融、贸易和高科技产业中心的要求；城市建设要达到世界一流的具有多功能现代化设施的理想新区的目标。邓小平认为，如果起点较高，浦东可以超越发展较早的经济特区（Xie, J. 1996, p.4）。显然，邓小平意见的核心是坚持浦东开发的高起点、高标准。其依据是：（1）上海有其特殊优势。（2）上海在中国和国际上的重要地位和影响；（3）其他经济特区十多年规划发展的经验可供借鉴。

毫无疑问，要达到上述高起点、高标准的目标，规划工作必须达到高水准。可以肯定的是，浦东开发的规划已经显示并将继续向世界展示，这是一个卓越的典范。

与世界其他大都市的发展历程相比，浦东在规划上最明显的优势是，从一开始就能一次性地对浦东地区进行整体规划，从而可以系统地、科学地、高标准地全面规划浦东的开发建设。认知这一点，浦东的规划者们更加珍惜浦东所拥有的条件，树立了浦东规划要走在世界前列的目标。这一目标在他们的工作中得到了具体实施。他们制定浦东新区1990—2010年的远景规划，确定三个阶段的总体目标。第一阶段（1990—1995年），是加快基础设施建设和重点地区的发展；第二阶段（1996—2000年），是建成全国一流的市政基础设施，使浦东成为全国最大的商贸活动中心，建成对外开放程度较高的金融贸易区、综合保税区、出口加工区和城郊型现代农业；同时，建成配套齐全，生活服务条件能完全满足需求的高品质住宅小区。第三阶段（2001—2010年），是基本形成世界一流、外向型、多功能的现代化新区。

为了获得最好的设计，确保浦东的开发建设在世界大都市中处于领先地位，浦东当地政府广发英雄帖，邀请世界上最优秀的设计师参与规划工作，共襄盛举。位于未来金融贸易中心的浦东中心地带陆家嘴核心区的规划设计，是浦东规划设计的一个集中外专家智慧的典型案例。陆家嘴中心区位于浦西外滩对岸的中心地带，占地仅 1.7 平方公里。为做好这个区域的规划，浦东当地政府邀请了来自美国、法国、英国、意大利和日本的一批专家参与这项工作。和浦东的决策者一样，这些规划设计者也高度认识到陆家嘴中心区的优势。正如国外一位设计师所说："它是本世纪世界大都市大规模建设中的唯一的一块宝地。因此，它需要最出彩的设计。其规划设计的意义和影响将远远超出浦东、上海和中国。"（Zhang, S. 1996, p.2）在进行设计的时候，所有专家都对自己的专业水准和设计才华自信满满。当他们完成各自计划的陈述后，都无暇等到他人的评论就已离开。尽管如此，当中外专家经过 3 轮 17 次的研究、比较、修改和筛选，最终形成博采众长的完善方案时，参与设计者都完全被这样的综合方案所吸引和征服。这个方案体现了每位设计师的优长所在，同时具有浓郁的中国特色。根据该方案，区内将出现 88 栋功能不同，风格迥异的巨型建筑，形成国内与国外、中国与西方、历史传统与未来趋势完美结合的特色。该方案在总体布局上充分考虑生态环境因素，体现经济发展功能与社会生活功能的统一，并使二者的进一步发展有充裕的空间。

世界著名的英国设计大师罗杰斯·G. 理查德站在制作精美的浦东规划沙盘前久久没有离去，他感叹道："21 世纪的建筑设计教科书中将第一次出现一个全新的中国概念。"（Zhang, S. 1996, p.2）

以最高标准来规划这片弹丸之地，浦东当地政府可谓不惜重金。他们为此花费 4 亿法国法郎。

坚持"合理有序开发"是浦东规划的重要原则。规划高度重视第二产业与第三产业的融合。第三产业的发达程度，是衡量一个城市、一个国家发展水平的重要标尺之一。与发达国家相比，当时上海的情况不容乐观。1985 年，日本和美国的第三产业分别占国民生产总值的 49% 和 51%。而在中国经济最发达的上海，这一比例仅为 29%。较之东京和纽约 70% 的占比，上海的第三产业严重滞后（Dai, G. 1990, p.19）。意识到这样的现实，浦东规划者们十分重视对不同区域功能结构的设计，以确保浦东经济布局从一开始就有一个理想的结构和良好的布局。

作为第一阶段方案的实施，浦东已经界分和规划了四个区，并已在建设中。这四个区域各有其特殊的功能和主要的发展目标，它们作为一个整体是浦东的重要组成部分，为确定的浦东总体目标服务。

陆家嘴，是浦东的心脏地带，占地 16 平方公里。这一区块集中大部分第三产业，包括金融、贸易、信息、服务、科技、教育和文化等行业。其规划构想是建立一个金融贸易中心，借此改变上海的经济结构，恢复其作为东方最大金融中心的独特地位。

金桥区，面积 19 平方公里，被设计成一个出口加工区。除了容纳数百家工厂外，约 3.1 平方公里的土地将用于建造豪华住宅、公寓、办公楼、酒店、市场和娱乐中心。此外，该区还将建设保税仓库，以保证其对外贸易能力，吸引更多外资。

外高桥保税区是第三个重点功能区，占地 10 平方公里。这个自由贸易区将是一个综合开发区，既进行自由贸易，又进行出口加工。最终目标是建成一个完全自由的港口。该地区将由一条隔离带与邻近地区界分。

第四个核心区为张江高科技园区，面积 3.5 平方公里。主要致力于高新技术产业的发展。计划通过教育、科研、开发、生产、销售一体化的方式，打造中国最大的高新技术开发区。

在浦东新区的规划中，已经明确各区域的功能定位。这样，就可以确保这个雄心勃勃的开发项目从初始之时就尽可能完美地推进。

浦东在建设规划中，不仅考虑经济发展的需要，而且充分考虑到有利于社会全面发展，有利于为居民提供最好的文化和生活环境。基于这样的认知，生态环境保护在规划中被置于非常重要的地位。毋庸多说，浦东的土地非常宝贵，但作为预留空地的比例必须是一个硬指标，以人均 20 平方米为目标。覆盖林木、草地与花圃的绿化面积占浦东新区总面积的35%。此外，还计划沿海岸线修建一条占地38平方公里的林带。在浦东的中心区，将建成一个占地160公顷的中央公园。

在浦东的规划中，文化、教育、卫生、体育等方面的设施都予以充分考虑。东方音乐厅、大型体育场、天文台和自然博物馆等一批标志性建筑将落户浦东新区。同时，将建设一流水平的大学、学院、学校和一流的科技园区。

自1990年4月浦东新区建设启动以来，至1995年外资投入以平均每天1.5个项目、560万美元的速度源源不断地涌入浦东。这样的速度已经保持了5年多。为了筛选出符合新区发展需要的优质投资项目，浦东决策层坚持高标准的审查原则。这样的理念源于他们的“宝地意识”，他们清醒地认识到浦东土地的巨大价值。基于这样的认识，他们秉持一个坚定不移的标准，就是认真审核每一项投资计划，不论由谁引进或投资额多大，都决不接受“夕阳产业”或会产生污染的项目。例如，一位台商提出要投资一个传统纺织业的项目，虽然投资金额高达3500万美元，但却被婉拒了。

由于坚持高标准选择投资项目，浦东引进的优质外资有以下三个特点（Xie J. et al. 1995, p.5）。（1）这些投资项目规模大。平均每个项目涉及的资金近400万美元，居中国经贸开发区之首；1000万美元以上的外商投资项目有202个，占外商投资总额的7成，其中44家世界著名跨国公司投资了60个项目。（2）投资方案的产业结构优良。到1995年年中，投资于金融、商业、贸易等第三产业的项目有1370个，成为浦东开发的重点。第三产业投资总额是第二产业的2.22倍。（3）投资项目的科技含量高。国家鼓励发展的11个高新技术领域中，有9个已落户浦东，并基本形成产业群，有力地促进了上海产业结构的调整和优化。

贯彻城乡一体化的原则，是中国建立经济特区和经济技术开发区过程中的一个重大创新。在浦东新区520平方公里的范围内，有33个乡镇

（县与村之间的行政级别）。为了配合浦东的总体发展规划和各区的具体规划，这些乡镇都按照城乡一体化的原则进行了相应的发展规划。在此过程中，采用了三种方法（Xie, J.et al.1995, p.6）。

- 调整乡镇企业结构，与新区建设相衔接，既保证新区确定的总体规划得以实施，同时促进乡镇企业发展。
- 改造现有农业，把粗放经营转变为集约经营，满足浦东新的农业需求。例如，蔬菜生产基地堰桥乡，尽管菜地面积从1990年的800公顷减少到1995年的133公顷，减少了83.3%，但种植方法的改进使农业总收入从1990年的72亿元增加到220亿元（同上）。
- 同时，通过周密的可行性研究，制定农业转型规划，使浦东农业发展摆脱传统种植业的旧模式，向观光、旅游、绿色生态和创汇农业等更广阔的发展方向转型。通过这些举措，使农民更快地致富，使浦东农村成为一个国际大都市的有机组成部分。
- 加强农民教育，提高农民素质。1995年，浦东新区有近26万农民参加成人教育，其中有12万人因土地被征用而急需完成由农民向城市居民的转变。1994年，浦东有1.4万人参加上海市计算机应用能力考试，其中7成获得证书。到20世纪末，浦东约有20万农民完成成人教育并取得合格证书（同上）。

在浦东，规划一经确定，就被赋予法律效力。浦东开发总体布局规划是由人大常委会审议通过的，凡因浦东开发总体规划而产生的区属规划，均需经各级政府批准。为落实已确定的规划，浦东当地政府采取三项措施：建立规划展示馆，让全体市民学习规划，增强规划意识；建立举报制度，鼓励人们向政府相关部门举报违反规划的行为；成立一个特别小组，检查和处理那些违反既定规划者。通过这些严格措施的实施，浦东的开发建设一直能够快速有序地进行。

浦东新区作为20世纪90年代国家重点建设的新区，国家出台了一系列新的强有力的政策，为浦东新区的顺利快速发展提供了强有力的保障。同时，上海市和浦东新区也制定相应政策，以确保国家政策能够有效实施。

7.3 浦东新区的新政策

制定政策是决策过程的第一个和直接的结果。正确的方针政策的制定是领导成功的关键。浦东开发计划是在中国经济特区和经济技术开发区十多年发展的基础上制定和启动的，可以借鉴其他地方的成功经验，使新区制定的政策更加系统和全面，更有针对性。因此，浦东新区的政策引导更为具体，更有力度和效度。

7.3.1 浦东政策的来源和类型

浦东开发的政策来自三个方面：（1）中共中央和国务院给予的政策；（二）国家有关部委制定的政策；（3）上海市和浦东新区制定的政策。

检视这些政策，可以看到其中包含如下三大主要功能。

- 扩大上海市政府的权限。一是在较大范围内赋予地方政府更多的投资项目审批自主权；二是允许地方政府在新区财政收入中享有一定比例的优惠，并给予专项财政支持。
- 为投资者提供三个优惠条件：税收减免；方便外商投资企业办理有关手续；创造和改善基础设施，以提供更好的投资环境。

- 明确规定地方政府的行政工作方法和工作程序，以提升新区的工作效率和质量。

7.3.2 主要政策及其特点

下文具体分析浦东新区的各项主要政策，探究其特点。截至 1995 年底，中央和地方政府为浦东制定的最重要的政策有：1990 年 4 月 30 日公布的《关于浦东的十项优惠政策》；1990 年 9 月 10 日公布的 9 部法律法规；1992 年 3 月 10 日增加的 10 项优惠政策；以及其他一些关于工作方法和工作程序的规定。

1990 年 4 月 30 日，上海市政府召开记者招待会，市长朱镕基公布中共中央、国务院批准给予浦东新区的 10 项优惠政策和措施。(People's Daily,《人民日报》, 1990 年 5 月 2 日，第 1 版）这些政策的内容，除其他经济特区和经济技术开发区已有的一般性规定外，还包括一些新的规定，如税收减免的办法和条件、免征工商统一税、鼓励投资基础设施建设等，共分五个方面。

- 允许外商在浦东新区内经营第三产业。对现行规定禁止或限制外商到外地经营的金融业、零售业等行业，经批准可在浦东新区试点经营。
- 允许外商在上海及浦东新区设立外资银行。
- 在浦东保税区内，允许外贸机构经营转口贸易；
- 明确土地使用权有偿转让的政策，鼓励外商承包开发成片毗连土地。
- 浦东新区可留存新区新产生的财政收入，用于新区的进一步发展（同上）。

仅仅几个月之后，1990年9月10日，上海市政府在记者招待会上公布《浦东新区开发开放九条规定》（Beijng Review, No.39/1990，September, p.19）。

这9项规定是4月公布的10项优惠政策措施的具体落实。其中，经国务院批准并由国务院有关部门发布的有3项。它们是：

- 《上海外资金融机构和中外合资金融机构管理办法》（中国人民银行发布）；
- 《上海浦东新区鼓励外商投资减免企业所得税和工商统一税条例》（财政部发布）；
- 《中华人民共和国海关对进出上海外高桥保税区的货物、运输工具和个人物品的监管办法》（海关总署出版）（Ge Wu, 1990, pp.12–5）。

上海市人民政府发布的其他6项规章条例，是在征求国务院有关部门意见后制定的。各相关部门都予以上海有力的指导和支持。这六项条例包括：

- 《上海市鼓励外商在浦东新区投资条例》；
- 《上海外高桥保税区管理办法》；
- 《上海浦东新区土地管理规定》；
- 《上海浦东新区建设管理暂行办法》；
- 《上海浦东新区外商投资企业审批办法》；
- 《上海浦东新区产业与投资指南》（同上）。

在制定这些政策法规的过程中，中共中央和国务院都给予高度重视。

中共中央总书记江泽民和总理李鹏都直接过问（Beijing Review, 39/1990, p.19）。由于充分认知此项工作的重要性和紧迫性，相关工作得以高效推进。在浦东新区开发计划宣告启动后，经过短短4个月的起草工作，就于8月正式完成，并在一个月后译成英文和日文，于1990年9月10日在上海举行的中外记者招待会上公布于世。

一年半之后，1992年3月10日，时任上海市长黄菊向国内外记者发布一条重要消息：为进一步支持浦东新区的开放和发展，中央政府同意给予上海10项新政策，这些政策的力度优惠甚至高于给予深圳的同类型政策（Beijing Review, No.12/1992, pp.6–7）。这10项政策中，包括扩大上海投资项目审批权的五项，增加上海融资支持浦东发展的五项。

前五项政策分别是：

- 授权上海审批外高桥保税区内外资转口贸易企业；
- 授权上海审批设在浦东新区的国有大中型企业的进出口经营权；
- 扩大上海在新区内设立非工业项目的审批权；
- 赋予浦东新区2亿元人民币以下工业项目审批权；
- 允许上海发行用于浦东开发的股票和债券，允许国内其他地区的股票在上海交易。

另外五项筹资政策，为前五项之配套，其要点如下：

- 允许上海每年发行5亿元人民币的企业债券；
- 除上海已经获得的每年1亿美元的贷款外，中央政府每年还将给予上海2亿美元的低息贷款；
- 允许上海证券交易所在原发行额度基础上增加发行1亿元人民币股票；

- 上海每年可向外商发行 1 亿美元的 B 股；
- 在已给上海拨款 2 亿元人民币的基础上，1992 年再追加拨付 1 亿元（People's Daily,《人民日报》1992 年 3 月 11 日，第 1 版）。

上文以较大篇幅列举与浦东新区相关的重大政策的主要内容，这对于全面理解这些政策是必要的。这些事实清楚地表明：（1）中国中央政府对浦东新区特别重视并予以特别优惠的政策；（2）浦东新区的所有政策都是在很短时间内制定；这些政策中有许多是新的，没有在其他经济特区和经济技术开发区执行过；有些政策与其他经济特区和经济技术开发区的政策类似，但力度更强；（3）中央和地方政府对制定和执行这些政策法规表现出强烈的紧迫感。

必须强调指出，那些特别赋予浦东的新政策意义重大。例如，中央政府为浦东的基础设施建设提供财政拨款和银行贷款额度。这与现行的经济特区政策不同。毫无例外，中国其他所有的经济特区和经济开放区都只是获得了促进地方资本积累的政策优惠，而不是中央政府的直接拨款。正如邓小平在 1979 年 4 月对广东省领导人所说的，"中央没有钱，你们要靠自己的努力"。因此，对浦东的特殊待遇显示中央政府全力确保浦东成功发展的决心，因为它不愿意让浦东的基础设施建设受制于外国投资的不确定性，或地方政府从新的渠道吸纳国内资金能力的局限性（Chan, T.M.H. 1991，pp.11-3）。

除了制定与经济活动直接相关的政策外，各级政府还制定了一些关于工作方法和工作质量要求的政策，最特别的是明确规定外商投资项目的审批期限。有关条例规定，相关职能部门自收到有关文件之日起，必须 20 日内完成项目建议书，30 日内完成可行性研究报告、合同和章程，7 日内完成批准证书签发，15 日内完成核发营业执照（Ge Wu, ibid. p.15）。这些规定为上海市和浦东新区政府有关部门提升工作效率和工作质量提供了明确的保障，从而使浦东乃至上海形成了一个良好的投资环境，促进了浦东新区开发的蓬勃发展。

7.4 浦东的繁荣

从上面的分析，不难得出一个结论：与中国其他经济特区和经济技术开发区相比，浦东新区在如下三个方面都处于领先地位，即：综合开发开放条件最好；所获得的优惠政策力度最大；发展起点最高。因此，这也就产生了它的第四个“最”：发展速度最快。

浦东新区的蓬勃发展是一个举世瞩目的奇迹。它的基础设施建设的巨大成就，使投资环境发生了根本性的变化。到 1995 年 4 月，浦东新区成立五周年之际，浦东的基础设施建设投资已超过 25 亿元人民币，一个包括道路、桥梁、码头、机场、通信设施、水电气供应和各种不同功能的大型建筑群以及配套服务的优质居住区的崭新浦东已初具规模。就在 1990 年，浦东还被上海主城区居民视为乡村，而现在它正成为一个现代化的都市区。上海过去有民谚说“宁要浦西一张床，不要浦东一套房”，现在这种说法已经永远成为历史（You, Y. ibid. p.12）。

由于浦东在许多方面的良好条件，它对外国和国内的投资者都有很大的吸引力。早在浦东开发之初，就有不少有远见的外商来到浦东考察，探求投资机缘。1990 年 4 月浦东计划公布后，短短 5 个月内，已有近 1500 批有投资兴趣的外商，逾 4000 人之众到访浦东。一百多项第二、三产业的投资计划正在考虑中（Huang, J. 1990, p.10）。

从 1990 年到 1995 年，外资流入浦东的数额迅速增加（见表 7.1）。合同外资总额已达 90.94 亿美元（Xie, J. & Zhang, C. 1996, p.2）。

表 7.1　浦东新区外商投资快速增长（1990—1995 年）

单位：百万美元

年份	1990	1991	1992	1993	1994	1995
投资	34	101	1353	1757	2593	3265

在所引进的外资中，外商投资项目总数为 3748 个，其中包括 33 个银行分行和 87 个金融公司机构（Xingtao Daily，《星岛日报》，1995 年 5 月 4 日，第 8 版）。在这些外商投资项目中，独资项目有 1218，占总数的三分之一。特别引人注目的是，浦东引进外资项目的总量，投资项目的层次，投资资金的总量，都居于全国领先地位。以浦东金桥出口加工区为例，区内外资项目 200 多个，平均投资额达 1300 万美元，是全国平均水平的 10 倍（Xie, J. & Zhang, C. 1996a, pp.7–8）。在浦东的第一个五年内，外资潮以平均每天 560 万美元、1.5 个项目的速度涌入浦东（You, Y. ibid. pp.10–11）。

此外，浦东新区还吸收了大量的内资。至 1995 年底，开发区已有 4000 多家由国家部委和其他省市投资的企业（Xie & Zhang, 1996a, p.8）。

由于基础设施建设的快速推进，国内外投资项目的大量落户，浦东新区的生产产值迅速增长。众所周知，投资者在其企业开始运营后，其资本便会迅速增加，并获得丰厚回报。浦东的事实表明，它确实是能够获得良好回报的理想的投资之地。在 3700 多家外资企业中，1995 年投产的有 2320；其中，90% 以上在投产一年后即可盈利；1995 年，这些企业实现销售收入 564 亿元，创利 4.1 亿元（Xie & Zhang, ibid.）。在金桥出口加工区投资 5500 美元的上海日立电器有限公司建成投产，不到一年就实现营业收入 3 亿元。这位日本投资者说，“日立从未在海外分公司有过如此高的效率”（You, Y. ibid. p.12）。1990 年，浦东新区的国内生产总值只有 60 亿元，到 1995 年已增长到 410 亿元，是 1990 年的 6.83 倍。

五年时间，在人类的历史长河中转瞬即逝。但浦东新区在这五年中发生了翻天覆地的变化，创造了史诗般的辉煌业绩。浦东的发展引起了全世界的高度关注。包括 200 多位国际政要和经济界要人在内的 4000 多批外宾专程来浦东考察。浦东的成就使他们相信，浦东是当今世界上最具投资潜力的地方。

第三部分

中国经济特区建立的决策分析

第 8 章　关于政策是如何制定若干理论之适用性研究

本书第 4—7 章概述中国经济特区创建与发展的主要决策过程，包括其决策背景、决策进程、特区现状与主要成果。第三部分的第 8 和第 9 章将选取若干在前文已作讨论的决策理论和模型，从不同视角对这些决策过程进行分析和解读，探讨这些理论和模型对中国实践的适用性，以及改革开放时期中国决策过程的主要变化及其特点。第 10 章则是基于进一步的综合性分析，导出本研究的结论。

8.1 研究方法

在本研究理论探讨部分所讨论的内容，包括两组理论和模型。第一组是关于政策如何制定的理论，指向相关的国家理论和模型。第二组是关于政策应当如何制定的理论和模型，建构这些理论和模型旨在寻求改善决策过程的路径。从本章起开始的三章切入现实的理论分析由三个层面构成。本章选取多元理论、精英理论和制度主义方法三种关于政策是如何制定的理论来解读建立经济特区的决策过程。第 9 章选择四种探讨如何改进决策路径的理论和模型，包括理性主义、渐进主义、最优方法和权变方法，对建立经济特区的决策过程进行分析和解读。第 10 章为结论部分。基于对不同理论和模型的基本思想所进行的综合论析，对建立经济特区进程中三个典型案例的决策过程和决策行为进行比较分析，进而提出本研究的主要结论。

这三章是本研究的主要分析部分，在讨论所选取理论和模型对中国决策实践的适用性及其原因的同时，从不同角度对以下的重要问题进行深入探究。（1）中国制定经济特区战略和相关开放政策的动机是什么？（2）各种内部和外部的不同要素如何以及在何种程度上成为影响中国改革开放时期决策过程的压力和动力？（3）哪些行为者能够参与决策，哪些人在其中起到关键作用，原因何在？（4）中国改革开放时期政府决策的主要方法是什么，如何评价这些方法的效度与适用性？

本章通过对三个特区案例的依次考察，展开对多元主义、精英主义和制度主义在特区决策实践适用性的讨论。在讨论每一个案例时，都逐一应用这三种理论都来检视论析。

8.2 建立第一批经济特区决策过程研究

这是中国经济特区创立的第一个阶段。此时，中国改革开放战略刚刚起步，其发展方向、前行方式与政策制定等许多问题需要探索。作为实施这一战略的探路者和试验田，经济特区相关政策的制定不可避免地面临着诸多不确定因素，处置好这些不确定因素的过程，既是为中国经济特区的建立发展铺路，也是为推进中国的改革开放铺路。因此，用不同的理论来审视解读这一转型时期的决策过程具有特殊意义。

8.2.1 多元主义理论的视界

人们知道，随着中国改革开放的持续推进，中国的经济运行出现明显的多元化趋势。那么，在中国在国家管理运行的决策范畴是否也出现了多元化的趋势呢？如果存在这种多元参与，它在多大程度上影响了中国经济特区的决策进程？为回答这样的问题，我们需要进入一个多元主义的视界来进行观察。

多元主义理论认为，在一个社会中，权力在利益主体之间是多元和分散的。从理论上说，权力似乎是所有人都有可能获得的；但是，实际上许多人无法开启权力可及的通道，人们对权力所获程度的不平等是不可避免的。那些掌握最重要经济权力的人通常在影响政策进程中发挥关键作用。政策结果具有不确定性，取决于具体情况的变化，这种变化有利于某些利益主体而不利于其他利益主体（Hill, M.1993, pp.32、42；Blowers, A. 1984, p.214）。为了从多元主义的界面审视中国经济特区的启动过程，下文从三方面展开讨论：多元参与对决策过程的影响；多元参与对决策过程的影响程度；以及多元主义理论在多大程度上适用于对这一决策过程的解读。

建立经济特区相关的利益主体与自下而上的决策模式 中国建立经济特区的最初构想，不是高层智囊团或几个中央领导人的创造，而是多种利益主体通过典型的自下而上的模式共同作用的产物。参与这一过程的利益主体以各自不同的动机和方式积极行动，并最终形成一股强大的协同合力作用于中央决策层，从而有力地推动了创立中国经济特区的决策出台。

这一进程涉及的利益主体包括招商局（中国轮船招商局，以下简称招商局）、广东省主政者、交通部、中央政府、中央高层领导人等（见5.2）。招商局是一家地处香港的中国国有企业。为完成给国家创汇的财政目标，它希望扩大业务，在离香港最近的深圳蛇口建立工业区。招商局认为，利用香港（电力等）和广东省（廉价劳动力、土地等）的双重优势，工业区的产品在国际市场上将具有很强的竞争力。在所有的特区建立推动者中，招商局最早提出建议。

交通部作为招商局的直接领导机构，和作为中央政府的职能部门，坚定地给予招商局全力支持。招商局能否实现既定的财务目标，交通部负有直接的责任。后者的参与和支持使招商局建议的影响力大为增强。

广东省对建立经济特区特别感兴趣。由于它毗邻香港，又与海外华侨有最为广泛密切的联系，因而它对外部世界经济迅速发展所带来的直接和沉重的压力的感知感受度远甚于中国其他省市。为了改变其落后的经济状况，解决维护社会稳定的问题，广东省采取了许多措施来加快经济发展，其重点是建立外向型经济（见 5.2.1）。这样的努力也代表了广东民众要求改善生活和致富的愿望。这就是为何广东省委省政府不断要求中央让它先行一步，比其他省份更快地发展外向型经济的原因。1979 年 1 月初，广东省提出在宝安、珠海两县建立出口工业基地的设想。后来，首批经济特区中就有三个确定在广东境内设立，进一步增强了广东省与经济特区的利益相关性。

那些中央政府各有关部门的干部对国家负有直接责任，他们的行为更多地与国家利益相关联。在经济特区规划的启动过程中，中央派出的两组考察团到国外境外考察调研，他们回来后都强烈建议尽快发展外向型经济，并提供很有说服力的理论依据和资讯材料，为后来建立经济特区的决策的出台提供了重要条件。其中，一个赴港澳考察调研的小组，还明确提出在广东设立出口加工区的建议（见 5.2）。随后，中央政府各职能部门在将建立特区的建言转换为高层决策的过程中，积极行动，做了一系列扎实的工作。

从多元主义视界观之，中央高层领导人，如邓小平、李先念（时任中共中央副主席、国务院副总理）、姚依林（时任副总理）等，在这一决策过程中的作用需要特别予以关注。这些人经历“文革”浩劫得以幸存，在改革开放时期重掌国家权力，他们对中国的情况特别清楚，对重振中共的革命事业和使国家摆脱落后困境有很强的使命感和担当精神。考虑到发展外向型经济对国家的重要性，当他们了解到来自各方面的关于建立经济特区的最初设想后，不仅立即给予全力支持，而且还具体指导和帮助解决在制定政策过程中产生的问题。当邓小平表示支持并提出使用“特区”这个名称时，他嘱咐广东省的领导要“杀出一条血路来！”对于指向一项经济活动的要求，这样的用语似乎让人感到很突兀，甚至感受到一种悲壮之情。但实质上，这正是反映了当时国家领导人的真实想法。这表明，他们既清醒地认识到当时中国经济发展落后，与发达国家和地区的差距不断拉大，知道国家经济发展困难重重，面临着来自外部和内部两方面的巨大压力，又抱着改变现状实现预期目标的迫切愿望和坚定决心。

多元主义论者特别强调不同利益群体的参与。在地方政府和企业都有促进中国外向型经济发展强烈动机的情况下，经济特区计划的启动可以通过自下而上的方式有效推进。招商局提出了自己的建议，并得到交通部的支持。广东省拟定自己的计划，同时表示愿意与交通部合作，且已积极行动。与此同时，中央派往海外的考察团也在几个月后提出在广东设立外向型经济开发区的建议。这三方在很短的时间内分别提出类似的建议，可以解释为当时他们都有启动类似计划的强烈要求。此时，可谓天时、地利、人和诸利皆备。于是，这些要求便形成了一股合力，通过协同努力，推进了中央高层的相关议程确立和决策进程。在多元主义论者看来，能够有如此多方面参与来推动一项决策议题，对于提升将出台的决策符合和代表社会意愿的程度，提升决策的合法性与可行性具有极为重要的意义。

在推动政策过程中能够实现利益趋同主体互动共振的多元主义视点，

将证实在经济特区计划的启动、深化、具体化和最终确定的系列过程中多元主体互动的重要性。在中国境内设立经济特区，关系到中国引进外资和技术、扩大外贸、土地租赁等一系列重大政策的制定，而这些问题的决策权是在执政党与政府的最高层。在政策制定过程中，不同方面不同层次的利益主体通过各自的渠道和策略相互作用，最终塑形中央高层权威性的决策输出。

利益主体的相互作用推进政策进程 作为交通部的直属企业，招商局有方便的渠道向中央表达其建议，并直接或通过交通部寻求支持（见5.2.1—5.2.3）。虽然，最初招商局提出的想法主要是为了实现自己的经营目标，但后来是交通部领导代表招商局与广东省商谈，寻求在广东建立出口加工区的可能性。1979年1月31日，在中共中央副主席、国务院常务副总理李先念和副总理谷牧召开的第一次研究会议上，交通部部长彭德清和招商局局长袁庚获得汇报机会，直接向中央决策者建言，并得到中央领导的全力支持。在这次会议上，李先念承诺将宝安县蛇口整个半岛划给招商局建设外向型经济开发区。随后，在谷牧召开的有财政、银行和外贸等有关部委的主要负责人参加的另一次会议上，进一步确定建设出口加工区的基本原则，同时袁庚又争取到具体的政策支持。依据这些事实，我们可以看到，在经济特区决策的早期阶段，招商局和交通部都有更直接的机会参与政策过程，并能有效地影响中央决策者。

广东省作为中国的一级地方政府，作为经济特区的发源地，其省级领导可以通过不同的方式参与和影响特区的政策过程。从多元主义界面能够看到广东所处的重要地位，因其拥有建立经济特区的主要资源，包括土地，资金和劳动力。为了在蛇口建立工业区，招商局和它的上级交通部需要得到广东省的同意和支持。中央在考虑这些建议的可行性时，也需要和广东商量。因此，广东省委省政府在这一决策过程中处于主动地位。当然，广东本身也有建立出口加工区的强烈愿望。它可以利用这些有利条件来实现其目标。由于中国党政领导体制机制运行的特点，广东领导人有多次机会直接同中央领导人会晤，详细说明他们的要求和建议。同时，他们还履行正式的官方程序，通过单独呈送报告和与交通部联合提交报告的方式力陈其要求的合理性和重要性。此外，还有一个重要的原因，就是广东省领导人的意见对中央有特别的影响力。那时候，习仲勋不仅既是广东省委第一书记，又是省长，而且他在“文革”前已是国务院副总理，是十年浩劫的幸存者。他的经历表明，他与中央党政系统本来就有着密切的关系和不可低估的影响。在多元主义论者看来，这无疑是一种重要的政治资源，可以用来实现广东所追求的既定目标。邓小平所言“杀出一条血路”的惊人之语和使用“特区”名称的建议，就是在他与习仲勋和中共广东省委第二书记杨尚昆讨论广东方案时所提出。

中央政府的职能部门和调查小组对中央政府直接负责。他们在国务院副总理这一层级及以上的国家领导者的率领下，积极开展建言献策、理论研究、实地考察、可行性论证和政策文件草拟等工作。显然，他们代表国家的利益，积极支持和推进经济特区计划。他们在影响建立特区进程中发挥的最重要作用是制定具体的特区政策，包括税收、金融、进出口和土地管理政策等。在这些方面，他们具有很大的实质性权力（见5.2.2）。可以说，这是在很大程度上掌控经济特区立法权资源。这些政策的制定，是代表国家利益的职能机关在平衡各方利益关系及远期目标与近期目标关系的过程中所采取的行动，它决定经济特区模式和发展运行方向的基本框架。

站在建立经济特区决策权顶层的，是国家副总理以上的中央领导人。在那个时候，他们不仅密切关注国家经济发展的要求，而且特别关注国家的政治目标，包括政权的巩固。因此，当他们发现下面提出建立出口区或工业区的设想时，就能够很敏感地对这些信息迅速做出反应，并迅即从国家的全局出发，以比较开阔的视野和长远的眼光，肯定并赞赏这些设想的价值。而且，在特区决策上，他们不是简单地接受下级的最初建议，而是及时加以指导、深化、发展与完善。例如，邓小平和李先念在决策过程中所扮演的重要角色，显示了一个特别的决策参与群体所释放的强劲和决定性的影响力。

那么，在建立经济特区的决策过程中，不同利益主体之间的关系究竟是怎样呢？多元主义界面的检视表明，参与决策进程的各方利益在不同阶段并非都处于对等地位。尽管在确定经济特区方案时基本上没有发生直接冲突，但依据各利益群体可控制的政治和经济资源，它们对决策的影响程度各不相同。广东省由于掌握建立经济特区最重要的资源（资金、土地和劳动力），在影响政策过程中占据重要地位。从一开始，中央政府就多次与招商局及其上级交通部研究这一问题。但随着事态的发展，中央政府的交涉对象逐渐转向广东当地政府。这意味着，商谈关系逐渐由中央政府对中央政府直属企业招商局，转变为中央政府对广东省。在处理这个问题上，广东地方政府的话语权至关重要。由于中央政府不会为特区的发展提供资金，这实际上意味着广东省除了安排建设出口加工区的土地和劳动力外，还需要自筹资金。因此，广东有更多的权力和权利来影响决策问题。事实上，那些关于建立经济特区的决策输出（中央的各种指导性文件）和相关政策，最后都是下达给广东省，而不是招商局或交通部。

招商局在建立经济特区的决策进程中曾发挥重要作用，特别是在这一进程的早期阶段。但后来随着政策进程的发展，创建特区宏大格局的显现和各种利益关系日渐明晰，广东省政府的突出作用实际上已遮蔽了前者。作为为经济特区制定相关经济政策的主导力量，中央政府职能部门在形成中国经济特区政策框架方面起了重要作用。

最后，有必要特别指出中央政府领导的作用及其影响。正如前文所论及，多元主义论者会把他们看作是一种特殊的行为主体或利益主体。由于国有企业在中国经济中处于主导地位，这些国家领导人实际上是作为国家经济的总经理（可以把国家视为一个超级公司）层面的领导者在运作相关事宜。如果忽略这样的事实，只是因为他们的政治地位、声望和权威而承认他们的重要性，我们就很难充分认知他们的影响力。正如人们所知，古典多元论者认为在决策过程中，那些中央层面的领导人是被动因素，就像比赛中的足球一样。实则不然。他们可以发挥积极的甚至很重要的作用，而不是一种被动的力量。在追求其理想目标的过程中，他们在受到其他人影响的同时，需要而且也能够影响他人。他们必须说服决策圈内外的人接受他们的想法，引导公众情绪和决策的走向。因此，正如我们所考察的，中央决策者在决定经济特区的方向和政策方面发挥了至关重要的作用。如果没有他们站在国家权力最高层面高瞻远瞩的直接介入，当初自下而上产生的设立工业区或出口型开发区的设想就不可能很快被认可并发展成为建立综合经济开发区——经济特区的方案。这个问题也涉及精英论的阐释，这将是下一节论析的议题。

在推动经济特区决策的过程中，各方行为主体之间存在的利益交叠关系和互动作用，形成了推动经济特区决策进程的协同合力。这些关系可以从图 8.1 中看到。

对多元论者来说，这些利益主体之间的相互作用及其对经济特区方案的提出、深化、具体化和最后确定的政策进程的不同影响表明，决策参与者能依据其经济和政治地位及权力发挥作用和影响的程度各不相同。

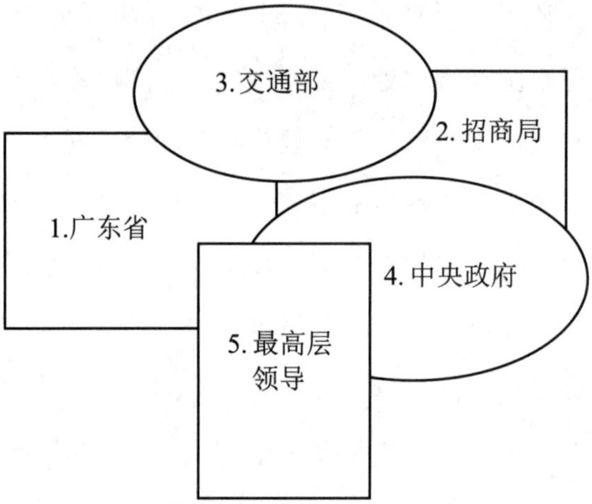

图 8.1　创立经济特区决策过程中相关行为者的利益关系及其互动

图例：

1. 广东省。旨在建立一个出口型园区，以发展外向型经济。

2. 中国轮船招商局。希望在广东蛇口建立外向型工业区，以增强其实现创汇目标的能力。

3. 交通部。支持其下属公司招商局在广东建立开发工业区的计划。

4. 中央政府。试图找到一个建立外向型经济的突破口。

5. 国家领导人。推进对外开放战略，旨在加快中国经济发展，同时达到巩固政权稳定社会的目的。

利益整合与政策演进　一个政策过程通常（但不一定总是）会发生不同群体为其实现其目标的竞争甚至冲突。从多元主义的视域看，中国经济特区的建立过程也是一个利益竞争和整合的过程。在此过程中，不同利益主体通过各种方式，从各自关切的利益出发，努力追求自己的目标，表现出不同的需求和倾向。各方利益主体之间的竞争与合作形成合力，建立经济特区的决策方案最终得以产生。

在这一过程中，虽然没有发生直接的利益冲突，但各利益主体为追求各自的目标，也在进行着博弈、谈判、讨价还价和寻求平衡。其间，各方利益不断融合，目标不断调整，方向逐渐明确，最终达成一致的目标，这个目标，不仅各方都愿意接受，而且似乎比各方原来预期的还要好（图 8.2）。

对多元论者来说，这一决策产出的结果证明相关行为主体参与推进政策进程的积极作用。招商局原来只想拿到两平方公里的小块土地来建设它所需的工业园区，最后得到了整个蛇口半岛的用地。而此事亦让交通运输部促进下属企业扩大经营的工作卓有成效政绩突出。中央政府部门在推动外向型经济发展中实现了历史性突破性。广东原先只是希望建立一两个出口加工区，但后来却获允建立一批规格更高、体量更大的经济特区，而且这些特区所能够享受的优惠政策比最初预想的要多得多。对于国家领导人来说，则是他们推进改革开放战略的努力实现良好开局，为国家发展做出了贡献。

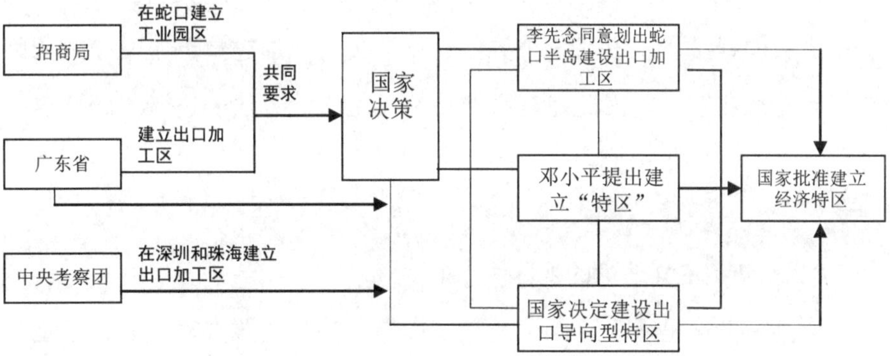

图 8.2 建立经济特区决策进程中的利益整合与决策调整过程

图例：

1. 李先念时任中共中央副主席，国务院副总理。

2. 考察团：指中央派出前往欧洲和港澳的考察团。

在考察经济特区计划启动的决策过程时，多元主义方法认为，在中国改革开放早期，出现较为广泛的多元参与的决策方式及其发展趋势，这有利于制定更好的政策。这一进程表明，在改革开放时期，有效的多元参与的政策过程需要以下三个条件。（1）由追求政策目标的直接利益主体所激发的动力。（2）进入或影响决策过程的无障碍通道。（3）决策主导者能够接受建设性意见的良好环境。此外，此进程还表明，各方参与者能够影响决策进程的程度取决于他们所拥有的资源，以及各主体之间的互动与整合效度。

然而，在分析建立经济特区的决策进程时，也不能过于笃信多元化的解释模式。多元主义的视点难以揭示由谁主导政策进程的问题，也难以探讨这些相关决策者所具有自主决策能力及其限度的问题。如果深入考察这一过程，可以看到，体现利益主体竞争与互动的，实质上主要就是那些在影响政策过程中起关键作用的政治精英，特别是关键决策者。在相当大的程度上，多元论视界的这一缺失可以通过精英主义模式的阐释得到补充和矫正。因此，有必要用精英主义的方法来进一步解读这一创建经济特区的决策进程。

8.2.2 精英主义理论的视界

精英主义理论认为，无论是在理论指导还是实践推动方面，都是政治精英在中国经济特区相关政策过程中起到主要作用。在很多情况下，前者更为重要。如果不指出这一关键，而只是关注这些精英们在推动建立特区进程中所做的具体决策工作，是不适当的。事实证明，正是思维方式的更新，新的理论原则和指导思想的确立，为创立经济特区决策方案的产生提供了坚实基础和必要条件。

本研究所论及的政治精英主要是指中国省部级及以上的领导或干部。此外，还包括中共中央委员、政协委员和居于核心层面的官方理论家等。要讨论精英在中国建立经济特区决策中的作用，首先要看到他们在建构相关的基本理论框架和总体战略方面所做的工作，这是创建中国经济特区的基础。中共十一届三中全会作为中华人民共和国历史的一个重要转折点，确立了发展中国特色社会主义经济的新的理论原则和指导思想，确定了以经济建设为中心的工作重点。这些重大理论建构和战略决策为中国的改革开放开辟道路，奠定基础。这些战略决策的确定，以邓小平为核心的中央领导集体起了决定性的作用。主要表现在：他们坚决主张和支持关于真理标准的讨论，倡导“实事求是”的原则，反对和摒弃“两个凡是”的错误观点，提出发展经济是治国理政第一要务的方针，提出科学技术是第一生产力的论断等。

这些观点、原则和理论，为中国改革开放战略的制定，为中国经济特区的创立和政策的制定提供了可能。毫无疑问，这些理论框架的确立是中国共产党和中华人民共和国历史上的一个重要里程碑。没有这一突破，以经济特区为试验田、窗口和桥梁的改革开放战略的制定和实施就无从谈起。历史已经充分肯定了精英们所做的这些开创性的工作。

在创办经济特区的决策过程中，这些精英也扮演了一系列具体的角色。创建经济特区的构想产生于改革开放时期之初。那时候，中国还处于长期高度集中的政治体制和封闭的经济体制刚开始松动的过渡时期，以邓小平为代表的一些积极有为的领导者正试图为改革开放开辟道路。在这一时期，旧传统、旧观念和旧体制仍然在很大程度上影响制约着社会的运行。因此，在决策过程中的多元参与仍然相当有限。对比经济特区发展进程的第二、第三阶段，我们可以很清楚地看到，在第一阶段，既没有包括媒体在内的社会各阶层、各方面的力量，也没有来自国外的公众力量参与和影响政策过程。因此，在这种情况下，这些政治精英所起的作用就显得比后来更加突出。

首先，从精英主义理论的界面观察，必定会特别注意到那些政治家和省部级干部所起的重要作用。我们看到，无论是设立出口加工区还是工业园区，最初的想法都不是出自民间，而是出自广东省委省政府和轮船招商局的领导和干部。这并不奇怪，这些领导干部的职责决定了他们在中国行政体系中有责任并有相应的地位来观察和思考这些问题。实际上，提出这样一个涉及许多宏观政策及国家与区域发展全局的建设性方案，不是那些普通干部可以置喙的事，更不是一般老百姓能够考虑的问题。这基本上可以看作是存在于所有国家的普遍现象。通常情况下，除了在国家处在危难中或面临重大问题的紧急关头，普通民众很难有精力和积极性去直接参与国家事务。

创建经济特区理念的深化和具体化的过程，也见证了这些精英特殊的积极作用。招商局的领导和广东省的领导都尽可能地通过各种渠道，包括正式报告、个人会晤和其他非正式渠道，向国家领导人汇报他们的想法和相关方案的重要性。一旦中央决策者意识到这些建议的重要性，“自下而上”的模式很快就转换为“自上而下”的模式来推动这一进程。中央领导会立即采取一系列措施予以回应，并实施可行性研究。根据时任中共中央副主席、国务院常务副总理李先念的指示，从 1979 年 1 月 31 日到 2 月 2 日，仅在三天时间内，中央就先后两次召开会议，听取汇报，研究拟议中的经济特区有关政策。随后，以副总理谷牧为组长的工作组赴广东和福建两省进行实地调查。通过这些及时有力的推动，创建特区的决策得以迅速高效地完善。从广东省与交通部联合提出在蛇口设立工业区的要求，到中共中央、国务院正式批准广东、福建两省关于设立经济特区的报告，仅用了半年时间。我们注意到，更特别的是，在此期间，邓小平曾特别请中共广东省委第一书记、省长习仲勋赴京当面讨论特区的有关问题。正是在这次会议上，邓小平正式提出采用“特区”名称的意见。这些事实表明，在推动特区决策的过程中，处于核心领导地位的精英起到了关键作用。如果没有他们以高瞻远瞩的开阔视野敏锐地吸纳建言，高效度筹划运作，不遗余力地积极推动，就不可能有创建经济特区决策的最终出台。

审视建立经济特区决策过程中显现的精英决策模式，可以明确地指出，决策权相对集中在中央。正由于这样的中央领导集体，而不只是个别人的直接参与，使得包括政策执行在内的特区政策过程实现较高的效度。这种在改革开放背景下的政策过程值得特别关注。

综上所述，用精英主义方法审视特区建立的决策过程，可以清晰地看到，政治精英在决策过程中处于主导地位。毫无疑问，他们有足够的能力和力量来建构一个新的理论框架，使一系列让世人瞩目的发展战略得以启动，创建经济特区决策出台就是这些理论和战略产出的成果。同时，他们能够有效地掌控具体的决策进程。正是他们强力和卓有成效的参与，才有可能最终确定建立经济特区的方案。然而，另一方面，我们也可以说，这些精英这样做也是必然的，因为他们的政治责任和所处位置要求并使他们能够这样做。这一问题涉及他们的权力和动力的来源与权力运行机制，因此，从制度主义方法的视界来进一步探讨此问题会有特别的解释力。

8.2.3 制度主义方法的视界

制度主义方法确认制度通过形成利益分配、权力分配和游戏规则对决策产生的重大影响（March and Olsen, 1989, p.162）。正如本书 2.2.6 所分析，从理论层面看，制度涉及一系列广泛的政治和社会问题。因此，在讨论建立特区相关决策过程中，我们无法对制度所涉问题作全方位探究，这样会因涉及面太宽泛而难以深入。本节的分析重点指向政治体制和权力机制对特区政策制定过程的最重要影响。

以制度主义理论审视经济特区的启动和第一批经济特区的形成过程，可以清楚地看到，正是当时中国的制度建构保障了政治精英中的各级主政者和部门负责人在决策问题上的突出地位和权力，并提供了一种集中的权力机制，以利于强化廓清思想意识争论的重要性及确定路向，从而对创建特区的决策过程产生了重要影响。

招商局的负责人袁庚在得到在蛇口设立工业区的想法后，没有像处置日常工作那样召开任何相关会议，就立即向当时恰好在香港的他的直接领导、交通部副部长叶飞汇报并交换意见。叶支持袁，并立即前往广州，会见广东省领导人，寻求合作。其后，经过专题讨论，就在很短的时间内会同广东省向中央提交了一份联合报告，请求批准在蛇口设立外向型工业园区。在这一进程中，招商局、交通部和广东省的主要领导以直接高效的方式处理他们需要共同直面的决策问题，而不是要在其所属行政机构依惯例进行按部就班旷日持久的调研论证和策划方案，走完繁文缛节的程序之后再做决策。

几个星期后，这一建议就被确定并列入中央议程。随后的几个星期，中央领导与招商局、广东省主要领导之间的互动，中央领导个人与地方政府和中央职能机构负责人之间的多方式多层面的互动不断高效进行。在此过程中，中央领导拥有决定性的话语权。这些领导人和干部，包括中央和地方的领导以及各部门机构的负责人，都处在执政党或国家领导机关、政府部门的关键位置上。由于中国实行的是执政党主导而不是政府主导，行政主导而不是立法主导的权力体制的特点，创建特区的倡导者在推进政策过程中所采取的这些方法和行动，不容易受到其他力量的挑战和阻挠。当时，在推动建立经济特区的商定方案和执行政策的实施过程中，一种“自上而下”的方式颇为引人注目。在这一过程中，副总理以上的主要领导起了主导作用，从而使这些工作能够由中央直接抓，一抓到底，实现很高的效度。

显然，当时这种权力运行机制有利于高效处理执政党和政府和认为紧迫而关键的决策问题。这是因为决策者“不必经过许多反复的讨论和协商，由一个部门推动另一个部门”（Deng Xiaoping，邓小平，1983，第75页），可以避免“决而不行”（同上）的情况。探赜经济特区的政策制定过程，制度主义的分析方法揭示，意识形态作为中国制度的主要组成部分之一，对决策方向起着至关重要的作用。这一特点表明，意识形态在中国这样的社会主义国家中具有决定性的影响，因此，某项政策的提出和采用，取决于该政策是否符合中国的指导思想和方针政策的要求。因此，毋庸置疑，正是由于中国指导思想的重大变化，才使以经济建设为中心、以改革开放为路向的一系列新政策、新纲领得以制定。中共十一届三中全会前后，包括提出“实践是检验真理的唯一标准”、反对“两个凡是”的理念和价值取向等，都表明中国的意识形态导向发生了新的变化。毫无疑问，如果不更新思想观念，如果仍然像华国锋（1976—1978年任中共中央主席）那样，强调在后毛泽东时期必须“坚决执行毛主席所制定的一切决策，坚决执行毛主席的所作的一切指示”，那么改革开放战略和特区政策的制定就无从谈起，在实践上更是绝无可能。这是因为，把执政党和国家的工作重点转移到经济建设上来，改革经济体制，广泛引进先进工业化国家的资本、技术、管理和一切能够为我所用的资源，确立创建经济特区等战略决策，在改革开放之前的时代是断然不可能被接受和认可的。

在推动创建首批经济特区的政策过程中，意识形态的冲突仍然时有发生，主要体现在以下几个方面：社会主义国家是否可以向资本主义国家学习？可否允许外商来华投资兴办合资企业或独资企业？经济特区是否会演变成1949年以前在上海、天津等地曾经出现的那种外国租界？等等，这些思想冲突矛盾不可避免地会对创建经济特区的决策产生不同程度的影响制约。不打破这些思想障碍，改革开放就无法推进。幸运的是，这些极“左”思想倾向先后被一一挫败，为特区的创建发展扫清了道路。

上述分析表明，制度分析方法对解读第一阶段建立经济特区相关决策过程的实践具有较强的适用性。政治精英的突出作用、权力运行机制和意识形态的重要影响这三个特征，对中国经济体制改革的决策模式和政策取向产生了重大影响。

8.2.4 结论

创建经济特区计划启动时，中国刚刚结束十年浩劫，那些在“文革”中被整肃但却得以幸存的一些重量级政治人物重新执掌国家权力。在这一阶段，确定国家经济发展的新战略和新政策，已被他们视为一项十分重要而紧迫的中心任务。因此，建立特区方案的酝酿和制定得益于来自他们的强劲推动力。审视这一决策进程，本节引入三种理论视点来进行解读。多元主义的方法表明，不同利益主体的积极参与形成推动这一进程的合力，经济特区的最初构想是通过一种“自下而上”的模式产生的。但是，这一阶段决策过程中的多元参与仍然是有限的，仅局限于决策层，甚至只是在较高层次的、不同方面的政治精英，包括位于较高层面的党政负责人。分析这样的情况，精英主义的方法似乎能够提供一种更合理的解释。以权力集中为主要特征的精英式决策模式，为政策过程的推进提供了较高的效率。然而，必须认识到，政治精英的特殊地位和权力源于中国的现行制度。正是这种制度安排赋予这些政治精英突出的地位，形成高度集中的权力机制和意识形态主导的原则，导引和制约这些精英在制定经济特区规划和相关政策时的行为。从这样的视域观之，制度主义方法在相当程度上适用于解读中国改革开放时期的决策实践。

8.3. 建立海南经济特区决策过程研究

海南经济特区的建立是一个非常特殊的案例。在海南单独建省之前，作为中国南端的一个偏远岛屿，在地理和政治上都处于中国相当边缘的位置。它拥有很大的地域，但行政地位却很低。正是由于这些原因，中央控制的影响比较弱。一方面似乎那里的地方的经济力量比较易于发展，而另一方面实际上又很不易成功地追求自身的利益。因此，在促进其发展的决策过程中存在着许多不确定因素。中央、广东省和海南地区三方利益的潜在冲突，与海南发展方向和海南行政地位两个关键问题的冲突，缠绕在一起。在创建特区及其发展的决策过程中，政治精英和社会力量的多元参与都达到令人瞩目的程度，并发生了较为尖锐甚至非常尖锐的显性和隐性冲突。而在此过程中，经济范畴的利益主体直接介入则相对较少。

8.3.1 多元主义的视界

综观海南经济特区的政策制定过程，可以看到，中央、广东省、海南三方行为主体的互动主导着海南的发展，而三方的利益互动与制度的影响关系更为密切，因为后者直接构建了三方之间的利益关系和权力关系。因此，在这样的背景下下，从制度主义的视角来分析这一政策过程更具解释力。

本节的分析，主要指向“洋浦风波”。这是一个典型的多元参与影响海南决策进程的案例。“洋浦风波”的爆发，将海南推到一个全国性的多元主体参与的关于洋浦项目可接受性与可行性论争的疾风骤雨中。回望这一过程可以看到，解决这一冲突的决策复杂而迟滞，其中多元主体多种因素在不同程度起了作用。

"洋浦风波"爆发于1989年初。在中国改革进一步深化、政治环境明显宽松的条件下，多元参与在更大范围、更深程度上影响中国的政策过程已成为可能。

洋浦是海南东北部一个发展条件较好的地区，在中央决定在海南设省并将整个海南岛设立经济特区不久，海南省就计划设立经济开发区以助力该省经济发展。关于洋浦项目争论的焦点是，将一大块面积31平方公里的土地租给一家外国商业公司长期开发，是否有法律依据，是否能够被国人接受？

与一直没有发生重大冲突的启动建立海南经济特区计划的决策过程相比，洋浦计划的提出遭遇强烈反对。矛盾体现在许多方面（见6.4.3）。各种力量先后积极介入这一过程，通过各种方式或明或暗地表明自己的立场以影响决策。在此过程中，危机不断爆发。待到后来这个问题最终得以解决，洋浦项目正式获批，竟然已耗费四年时间。

洋浦项目冲突所涉及的行为主体 洋浦项目决策过程中直接或间接涉及的行为主体主要有八个方面：（1）熊谷组（香港）有限公司，以下简称"熊谷公司"；（2）海南省；（3）全国政协；（4）媒体；（5）公众；（6）中央政府；（7）政治家；（8）中央层面的某些隐性持异见者。多元主义论强调，利益关系在形成人们参与和影响政策进程的动机方面具有重要性。在这些行为主体中，正如6.4所讨论的，海南省和熊谷公司是最积极的推动者。由于缺乏资金，海南省提出把洋浦经济开发区31平方公里的土地整体出租给熊谷公司，以换取他们紧缺的资金，并允许这家外国公司承包洋浦开发的方案。土地出租合同明确规定，洋浦开发区内行政权和执法权属海南省，在此前提下确定了双方的权利义务。显然，这是一项互惠互利的合作。有了这个项目，海南就可以解决急需巨额资金的大问题，否则海南开发洋浦的宏大计划就无从谈起。而熊谷公司则可以把握良机，在这块发展前景诱人的地盘上有一番作为，获取预期的可观的投资回报。由于这些原因，双方都迫切祈盼这个方案能尽快得到中央政府的批准，希望这一计划能够早日实现。

但是，在追求预期目标的过程中，上述两个主体的作用却截然不同。多元主义的视点认为，海南拥有洋浦发展的最基本资源，可以发挥比熊谷公司更重要的作用。其资源包括廉价的土地和劳动力及丰富的自然资源，这些都是进行谈判的重要筹码。然而，其弱项同样也很突出：一方面缺乏资本，另一方面作为一个初创建制的省份其政治经济基础比较薄弱。就政治基础而言，海南在权力系统人脉资源不足，这个特别的薄弱之处在处理洋浦项目事件寻求支持者的重要关头更显突出。无论如何，人脉关系是中国公共生活中一种重要的政治资源，其对政策过程的影响不可小觑。作为一家外国商业公司，熊谷公司（其总公司为日资公司）的优势在于拥有充裕的资金，可以其资金投资发展洋浦项目，亦可在得不到此项目时撤出。遗憾的是，国家领导层在洋浦项目提出伊始并没有把它作为中国的一项重大工程来抓，因而没有引起足够的重视。在这种情况下，熊谷公司不能有更多行动来影响中央决策者。此外，当人们发现将要获租洋浦土地的熊谷公司母公司的日资背景，海南的麻烦就更大了。在推进洋浦项目方面，熊谷公司可以和能够做的仅仅是，如有合适的机会催促海南或积极向中国政府陈情，表达其迫切之意愿。但这样做的作用，似乎相当有限。

中国人民政治协商会议（政协）作为国家政治协商机构，是与中共中央、国务院和全国人民代表大会（人大）并列的中国四大最高权力机构之一。这四者之中，政协通常列于最后一位。但是，由于它是由中国社会各阶层的代表人物所组成，其作用在于因其特别的代表性而能够对中国政治产生重要影响。多元主义方法把它视为中国国家政治生活中的一股活跃的、有代表性的力量。以深圳大学前校长张维为首的掀动洋浦风波的政协委员，把洋浦项目模式的开发经济区的行为视为“出卖国家主权”“背叛国家”，认为反对洋浦项目就是维护中国的国家利益。由于政协委员的政治地位和影响力，这一群体推波助澜的行为所形成的冲击力对洋浦计划的决策进程产生了重大影响。

在现代社会，特别是在一个主张多元参与国家政治生活的社会中，媒体往往是影响公众情绪的最强大力量。这里所说的媒体包括境内外媒体。通常，在新闻报道中，媒体的表现有四种态度：提供真实事实，客观评论；提供真实事实而不加评论；报道事实，对事实作不合理的评论；报道虚假事实与并表达错误评论。多元主义视角强调媒体在介入与影响政治生活方面的重要性，媒体可以在政治生活中发挥传播、沟通、建言、批评和监督的作用。在上述四种态度中，第一种旨在代表公众利益，第二种似乎是处于中立立场，第三种是混淆是非把读者引入歧途，其原因或是价值偏颇或是在为某种利益服务，而最后一种则是罔顾事实，无视道德底线，在利益驱动下极力维护其所支持者。媒体在洋浦风波中持何种态度，代表何种利益，将在下文论及。

在洋浦风波中，公众的参与也包括学生运动，这似乎也是一种利益主体。问题在于，学生运动的性质通常在相当大的程度上包含着不确定性。因此，他们的诉求是代表多数民众的利益，还是代表国家利益，抑或是某些群体的利益，要依据具体情况进行分析。

参与洋浦项目决策过程的政治家包括省部级和国家级层面的领导干部。最高层有邓小平、杨尚昆（国家主席）、王震（国家副主席）、田纪云（副总理）等，他们致力于维护国家的利益，也是洋浦项目的支持者。省级领导者主要代表人物是海南省委书记许士杰。许士杰代表海南利益，并表现为一个坚定的洋浦项目的维护者。他认为洋浦项目完全符合国家利益。

多元主义视界特别关注在中央层面上的那些持反对洋浦项目意见的人，他们也可以被称为保守势力。虽然有关的报道或资料迄今仍未能明确列出他们的姓名，但他们的存在和他们反对洋浦计划的积极行动，是无可否认的。洋浦计划在中央层面决策时受到严重阻挠的事实表明了他们的存在及其力量。可以肯定，这些人包括一些领导者和政府机构的负责人。

了解在洋浦项目事件中各利益主体的背景和地位，可知道他们各自具有何种能够影响政策过程的条件。然而，在这样的静态观察中，多元主义并不能提供明晰的诠释。因此，必须进一步分析政策过程中冲突发生和发展的态势，多元主义方法才有可能探究问题的实质。在这个过程中，我们可以看到在一个多元参与的条件下，海南和熊谷公司如何寻求可能的支持者，抵御来自各方面的巨大压力，以实现他们的预期目标。

不同利益主体的冲突　对于海南省和熊谷组而言，他们都曾预料到洋浦开发计划提出后会出现一些不同的意见，但谁也未想到反对力量竟然如此之大，批评声音竟然如此之尖锐，影响范围竟如此之广！然而，如果他们对这种情况有足够的心理准备，他们能够应对这样的挑战吗？他们的力量是否已足够强大，足以回应和化解这个难题，把决策导向符合他们意愿的方向？无疑，对这些问题的答案都是否定的。究其原因，是洋浦计划的审批权不在海南而在中央，甚至中央的一位或几位主要的高层决策者都难以做出最后的决定。从多元主义视界审视这个问题可以给出的阐释是：尽管不同的利益主体可以介入或影响洋浦项目问题，但对其产生决定性影响的主要是掌握最重要资源（政治或经济资源）的人。而且，在不同的时期，变动中的决策背景会有利于某些利益主体，而不利于另一些主体。在某些政策问题上，甚至很难用一种简单的对错标准来衡量一个特定阶段的决策行为。因为，某种政策输出只是反映了若干主体在寻求某一目标时互相作用所产生的结果。重要的并需要加以特别审视的是，这样的决策输出是否由合法多数通过合法程序作出。但是，如果对相关问题是以“黑箱”方式进行决策，就很难从这方面进行客观的评估。

一个令海南人神伤的问题发生在1989年1月。以张维为组长的全国政协视察组和以田纪云副总理为组长的国务院调研组，在同一天的不同时间分别到洋浦视察，但他们却得出截然相反的结论。政协视察组依据他们搜集到的证据，认为可以有效地从根本上否决洋浦项目的可行性；而田纪云副总理则在调研后当场对洋浦项目予以高度赞扬并表示全力支持，甚至立即将这个开发区的名称确定为“洋浦经济开发区”。二者立场各异，格局不同，使他们对同一事物的评价大相径庭。而就在这一天，海南省与熊谷公司签署开发洋浦的合作协议。

多元主义强调在决策过程中听取不同意见的重要性。两个月后，在全国政协七届四次会议上，当张维公开发难，挑战洋浦计划，发表措辞严厉的讲话谴责洋浦计划时，一百多位政协委员立即予以支持，强烈要求国务院不要批准海南的方案。随后，国内外的媒体也迅即跟进参与其中。在很短的时间内，这件事就引发了一场全国性的大讨论，海南的洋浦计划成为众矢之的。这些事实表明，在实施改革开放战略近十年之后，中国公共事务决策层之外的公众已经能够通过不同途径在一定程度上影响国家的政策过程。

为了改变这种不利的局面，海南省千方百计地寻求支持，包括直接向中央领导提交报告陈情，并在中央会议上解释自己的立场（见6.4.3）。从多元主义视界观之，在海南利益受到多方面挑战的情况下，海南省的努力是维护其利益的防御性反应。多元主义的视点同样会指出，在政策进程遇到来自各方压力时，确定问题的解决方式具有不确定性。尽管邓小平、王震（时任国家副主席）等主要领导人和一些省的领导人在中央召开处理洋浦问题的特别工作会议前后，都明确表示支持洋浦计划，但批判洋浦计划的浪潮仍是难以逆转。这些情况表明，在那个时候反对派是一股很大的力量，能够强力阻截洋浦计划的决策进程。

进一步思考洋浦计划的决策过程，人们就不难理解，为何张维在明知副总理谷牧已明确表态支持洋浦计划，可以说是代表国务院的意见的情况下，还要在政协会议上公开唱反调，严辞挑战这一计划；为何中共中央为此召开一次特别工作会议也解决不了这个问题；为何邓小平的指示竟不能使关于洋浦计划的决策朝着预定方向推进。

其实，在洋浦风波中，张维只是一个普通的全国政协委员。他敢于向他已经知道的国务院意见挑战，并不是因为他自己的地位足以撼动后者，使他能够与后者较量，而是因为他站在全国政协的立场上。作为国家的政治协商机构，人民政协具有较高的地位，不仅与国务院平级，而且有权了解和审议有关国家管理的任何事宜。因此，当一百多位政协委员联名要求国务院不要批准洋浦项目时，就给了国务院很大的压力。这是全国政协第一次出现公开反对国务院明确意向的情况，这一举动让全世界直接听到来自中国高层政治舞台的不同声音，被视为改革开放时期中国政治多元化趋势发展的一个重要标志。

聚焦于解决洋浦计划论争的中央特别工作会议，给了许士杰一个重要的解释和辩护的机会。虽然有一些国务院和省市的领导热情地支持许，这次会议的结果似乎并不利于海南。更让人诧异的是，邓小平所作的“支持洋浦计划”的批示并未导向预期的决策结果。这说明，在最高层面推进这个问题的解决尚存在不小阻力，邓小平的话并非总是可以一锤定音，也还可能受到质疑和梗阻。

此外，媒体在洋浦风波中所扮演的角色需要着力予以分析。媒体在洋浦项目事件中的表现引人注目，其迅速报道洋浦计划在政协会议上受到尖锐斥责的情况，以及此事在全国的反响，包括学生抗议的示威游行活动，在国内外引起很大震动。但是，在他们的报道中，对批评者指责洋浦项目是“出卖主权”“侮辱国家”，如同发生于一个半世纪前的割让香港的言论，未予公正评论。事实上，这两件事截然不同。洋浦计划只是把土地出租给外商开发，这块土地上主权在海南，其行政管理权和执法权仍属海南，而割让香港则丧失主权。传媒带有强烈倾向性的报道不啻火上浇油，使洋浦风波的声势及其影响急剧放大，对相关决策者包括海南省的决策者造成了很大压力。

学生推波助澜的行动，包括那些大规模的示威游行，像媒体一样，对公众起了很大的鼓动作用。他们的口号包括“还我海南！”“打倒叛徒！”等，都很容易在中国人民心中激发起爱国之情。因为，在 1949 年之前的一个多世纪中，中国曾不断遭受西方列强的侵略和欺辱。虽然学生们的表现很激进，但多元主义的视点强调，他们的行为代表了一种参与和影响洋浦计划决策过程的公众意见，从而极大地加重了对海南和中央决策者的压力。

何种力量居于解决洋浦风波的主导地位？ 洋浦风波爆发后，激烈的论争持续了三年多。在不断迟滞延宕的决策进程中，各方利益主体先后卷入其中。矛盾和冲突在不同层面交织。所有相关利益群体，包括政府内外的利益主体，不论地位高低与能量大小，都竭其所能采取行动。多元主义的观察者会发现，很难明确指出哪一种力量在洋浦风波中处于主导地位。海南的优势主要体现在两方面：一是拥有充足的地方资源，包括丰富的自然资源、土地和劳动力等；二是作为新设立的省级行政区和经济特区，有权要求中央给予更优惠的政策支持。但由于缺乏必要的政治资源，影响作用力并不强劲。更重要的是，虽然海南在洋浦项目问题上可以通过一切可能的途径为自己申诉辩护，但却没有最终的决策权。在相当长的一段时期内，身居要职的高层领导人邓、李、王、田等，似乎也无法迅速扭转风云变幻的局势。虽然他们的意见明确倾向于支持洋浦项目，但无法推出一个各方可接受的解决方案来达到他们的目标。来自不同方面的包括执政党内和政府内部的反对者的压力，竟使得最终的决定很难做出。

那些其他的反对派，包括挑起洋浦风波的一些政协委员、积极介入影响决策进程的传媒和学生，都对洋浦计划的推进都起了很大的阻碍作用。在邓小平进行旨在回击保守势力，掀动新一轮开放改革大潮的南方讲话之前，反对洋浦计划的压力始终不能排除。多元主义的视点揭示，由于在改革开放时期中国决策多元参与趋势的显著发展，洋浦项目决策受到来自不同方面的影响制约，使之成为一个复杂和困难的决策进程。在这个决策迟滞的过程中，对中央决策者而言，事态发展似已失控。反对力量的强力阻挠，使洋浦和海南都错过了那时候的最佳发展时机。洋浦风波向我们展示了一个改革开放时期多元化参与崛起并影响中国政策进程的典型例证。虽然，它给洋浦开发项目带来许多麻烦，但无论如何，它已然标志着中国政治生活中的一个显著进步。

多元主义理论的阐释为我们提供了这样一幅图景：不同利益主体能够根据各自所拥有可用资源的程度，竭力影响海南经济特区的政策过程。但是，这样的解读并没有明确透彻地指出谁在政策过程中真正起主导作用，以及为什么洋浦项目最终得以实现。进一步寻求这一问题的答案，运用精英主义理论来进行解析会大有助益。

8.3.2 精英主义的视界

精英主义的分析方法，特别强调考量省部级以上领导在影响海南经济特区政策过程中的主导作用。虽然，多元参与在较长时段中极大地影响了洋浦计划的走向，但决策权最终仍掌握在高层政治精英手中，尤其是中央层面。海南设立经济特区所涉及的问题与海南的行政地位密切相关。由于海南在政治、地理上的边缘地位，在相当长的一段时期内，海南的发展方向相当模糊。出现这种情况可以作如下解释：由于此事关涉一个幅员辽阔但却有重要军事意义的偏远岛屿，决策权高度集中。无论是该地区本身还是广东省，对此都不可能有很多发言权。除非中央能够真正意识到海南的潜在价值，充分认知海南发展的必要性和紧迫性，否则就不可能为海南发展确定一个明晰的、令各方满意的方案。在海南建省建特区的过程中，中央赋予海南的行政权力和优惠政策不仅是一点一点地增加，而且也在不断变化。由于存在着许多不确定因素，加上决策圈内外人士对这一关键问题的参与相对有限，中央决策者要对这一问题进行深入研究并获得足够信息以做出决定并非易事。因此，他们需要采取一种渐进方法来推进这一政策过程。此问题将在第 9 章作更深入的讨论。这一决策过程的迟滞，也表明精英决策模式的局限性。在某些情况下，精英决策模式缺乏足够的动机和必要的信息是不可忽视的问题。

表面看来，这一结论似乎与前文（8.2.2）所强调的精英决策模式在经济特区计划启动过程中表现出的高效率相矛盾。其实，二者并不相悖。这样的效率只有在精英决策者有强劲动机并且获得足够信息时才能显示出来。例如，以创立经济特区方案决策来说，自下而上参与推进决策进程的模式对促使中央领导下决心起到很大推动作用，从而实现一系列较高效率的自上而下的决策和执行活动。但在为海南发展决策的过程中，上述两方面显然还有较大缺失。

海南特区的设立与海南建省两件事有密切的相关性，虽然经过了漫长的决策过程，但最终还是由中央决策者给出解决方案。在这个过程中，学术界、经济界和政界各方面都有不同程度的参与。但是，正如现实表明的那样，毫无疑问，在决定这样一个在政治、行政、经济和军事诸方面都关涉重大的政策方略时，那些中央层面的政治精英所起的作用是决定性的。

精英主义论认为，在建立建设海南经济特区的决策过程中，既要肯定精英们在最后决策中的决定性作用，又要指出精英们在决策过程中所产生的推动或阻碍作用的各种影响。例如，在海南“汽车事件”中，一些人滥用中央给予的优惠政策，从事非法交易，以增加海南的财政收入。

甚至海南某些重量级人物也参与了这起震惊国内外的经济丑闻。指出这一事实是要说明，只有掌握海南关键权力者才能利用其权力和财力把大量外汇用于违法交易。这表明，从根本上影响海南特区政策进程的不是底层民众，而是核心精英阶层。海南的行为加剧中央与地方的矛盾，被认为是对中央的政策和权威的挑战。这次事件令中央对授予海南这个偏远岛屿如此大权力的必要性与可行性再次产生疑虑。在这过程中，人们看到分别代表中央和地方政府的政治精英，以他们认为必要的行动，追求和维护他们的利益。然而，海南由于各种资源匮乏等原因，屡屡出现行为偏失受挫。海南上层的行为，实际上是把自己推到一个不利位置，汽车事件发生后不久，中央就收回了一些已给予海南的重要优惠政策。从而使制定海南发展战略包括建立经济特区的决策进程更为迟滞。

现在再来看洋浦风波。进一步考察此事件始末，现有证据同样表明这些政治精英在政策过程中的重要作用。虽然多元参与对政策进程态势产生显著影响，但起决定性作用的仍然是那些高层精英。如譬如，张维的反对意见迅即引发国内外强烈关注，给相关方面带来巨大压力。

然而，这一挑战以及随后来自各方面的压力是否会改变那些支持洋浦计划的政治家的想法呢？事实上，从事件的初期到决策过程的最后阶段，无论是来自全国政协委员的非议，还是来自媒体和学生运动的广泛攻击，都未能使那些坚定支持洋浦项目的政治精英们让步。中共海南省委书记许士杰仍在不遗余力地为洋浦项目辩护，直至他死于胃癌。他去世半年后，洋浦项目得到批准。曾经与政协反对派主将张维在同一天不同时段视察洋浦却得出相反结论的国务院副总理田纪云，仍然坚持其立场，在中共中央特别工作会议上坚辞肯定洋浦计划的合法性和必要性。邓小平、王震等中央主要领导和若干其他省市的领导人也自始至终表示支持。无论决策层内外发生何种状况，他们都没有让步，没有向压力屈服。这些事实充分证明，无论是外部压力还是内部压力，都没有改变，也无法改变这些成熟政治家们的思想和意志。同样，从另一方面看，高层改革开放促进派群体赞成洋浦开发计划的意见，也不能改变某些强硬反对派的固执想法。虽然，这些反对派究竟是谁现在仍无法从可获得的资讯看到或证实，主流媒体从未指名，但他们一直强烈反对洋浦计划，并在三年多的时间里成功地阻截该项目的决策进程，其事实是没有争议的。直到1992年初，邓小平发起新一轮的改革浪潮，挫败保守势力，才最终扭转局面，使洋浦项目计划获得批准。从根本上说，这些政治精英通过或是引发事件增加阻力，或是通过寻求和确定破解之道使相关决策得以实现的不同行动，在影响或主导洋浦项目的政策过程。这样的结论应当能够成立。

在指出这些精英之间的竞争在形塑海南经济特区政策过程重要性的同时，当然不能忽视中国现有制度对这一决策进程的影响。正是这些制度，使那些政策影响者的行为方式得以生成并以他们所能发挥的作用力度影响决策过程。下文即从制度主义视界来解析这一问题。

8.3.3 制度主义的视界

改革开放前的很长时段中，海南的经济建设问题没有提到中央的议事日程上来，改革开放后也长期未能确定海南的发展方向。从制度主义的界面审视，即可解释为这是因为中国的现有体制决定相关利益和权力的分配模式及游戏规则，从而塑形相应的决策模式及其结果。

自1949年以来，特别是在冷战时期，海南从来没有被视为中国的一个重要的经济发展基地，也不是一个行政枢要之地，而只是一个国防前哨。20世纪80年代中期之前，海南的行政区划地位较低，中央对海南的发展并无直接指导，更没有把海南纳入国家发展规划，直接由国家通盘考虑统筹安排。然而，中央政府并未遗忘海南的重要资源，并从多方面介入海南的经济活动，包括重要的矿山、农场（热带植物农场，如橡胶农场）。当然，海南还有重要的军事基地。这意味着，一方面中央政府在海南有很多利益关切，不希望海南过多地受广东省的节制，但另一方面中央政府却似乎没有直接责任通盘考虑海南的经济社会的发展问题，因为这是广东省属的行政区域。因此，广东省和中央之间似乎有一种微妙的关系。后者对海南的态度颇为纠结，如果给海南更高的行政地位，似乎不便于中央政府处理其直接控制的在海南的经济利益。再者，从政治上看，海南是一个偏远岛屿，幅员广阔，如果有较高的行政地位，例如让其建制为省，则可能易于形成较强的地方力量。这是令人忧虑的事情。因此，中央长期犹豫是否改变对海南的权益定位。尽管前者明白，没有相应的较高行政地位，势必难以管理像海南这么一个地域辽阔且拥有极丰富自然资源的孤悬海外的岛屿的发展。

实际上，早在张之洞督粤时期（1884—1889），海南举人潘存就于1887年首倡海南建省。1912年，孙中山先生再次提出此论，但由于种种原因此事却长期被搁置，直到1988年才得以实现。从20世纪80年代初到1988年，中央逐步提高海南的地位，予以海南行政权力是逐步增量式的提升：从省级政府下辖的行政区地位，到一个与省级行政区同等的计划经济地位，再到独立建省。无须说，如果不能确定一个适合海南的行政区划定位，就无法为海南的发展战略做出正确决策。因此，基于对经济和政治方面若干重要问题的考量，中央政府对海南的态度一直十分谨慎且踌躇，这对关涉海南发展的政策走向有很大的影响。

对于广东省而言，海南的长期贫困是一个沉重的财政负担，但改善海南的贫困落后状况却并非易事。而另一方面，广东也无法改变原有的格局，要求与中央政府分享蛋糕直接主导海南一些重要经济活动。这两方面原因都使广东省在海南发展问题上长期难有作为。

在此期间，海南既没有中央对其经济发展的通盘策划和直接领导，也没有得到广东省政府在这方面的充分考虑和帮助。实际上，广东省并没有足够的政治权力和经济能力从根本上解决海南的发展问题。在20世纪 80 年代中期以前，海南一直令人遗憾地处于比较弱势的边缘地位。海南在关乎其自身发展方略的政策过程中的参与程度，随着在不同阶段其地位和权力的演变而变化。当其仅作为广东省辖下的一个行政区，处于比较弱势状态时，若其欲以行动影响其总体发展方向和路径的决策，基本上是不可能，也是无用的。因此，在 20 世纪 80 年代初，当海南仅从中央得到一些优惠政策，获得“准特区”地位来促进其经济发展时，海南对其自自身的发展战略的决策未能发挥任何引人关注的积极的作用。1983 年夏，中央发布 11 号文件给予海南更有力度的优惠政策，使海南成为“没有经济特区名号的经济特区”。但直到 1984 年全国人大通过《国务院关于设立海南省人民政府的议案》后，海南的地位和相应的权力才发生了重大变化。但在 1985 年 7 月，海南“汽车事件”被揭露出来。1984 至 1985 年初，海南领导者无视国家的有关规定，过于匆忙地开始用手中的权力资源来实现自己的利益追求。他们的主要违规活动是非法进口倒卖汽车和电子产品，试图以此迅速增加海南的财政收入以利于加强其基础建设，这最终导致被称为“汽车事件”的经济丑闻。这一行为被认为是对中央权威挑战，损害国家利益。这样的冲突是中央和地方政府之间的角力，其结果是中央迅即收回了一些对海南最重要的优惠政策。这是海南第一次明确地追求本地利益。遗憾的是，它被认为是使用了不适当甚至非法的方式，因而被中央政府所阻止。1988 年，中央批准在海南建省并在全省范围内设立经济特区，从此海南获得了更多谋求和维护自身利益的权力资源。

从以上的讨论可以看到，在海南建省之前，中央政府其实是不可能对海南作出很周详的考虑，因为中央政府没有对海南直接的行政管治权。而在此期间，广东和海南也都不能单方面决定这个问题。因此，30 多年来，这个对国家、广东省和海南岛本身都具有多方面重大意义的海南发展问题就一直没有得到周全审慎的考虑。不可否认，当这一矛盾变得严重时，不能贯彻到底的中央管理机制的决策效度实际上受到了很大制约。20 世纪 80 年代初，海南开始对外开放和经济建设历程，但直到 1988 年，在长达八年的时间里海南的行政区划地位和相应的发展战略问题仍迟迟得不到解决，使得海南一再错失良好的发展机遇。在这一过程中，国家给予海南的政策虽然逐年增加，但呈现出多变性。制度主义论者会把这种现象视为既定权力运行方式的持续影响，其中的建构性缺失即便被认识到也不易消除。然而，现在仍然不清楚这些关键决策者在当时是否意识到这些潜在的缺失。

此外，分散性的威权主义分析模式认为，可以明显地看到，20 世纪 70 年代末开始的改革发展强化了中国权力系统的分散性和脱节性特征，其主要原因如下。（1）在新形势下，中国领导层减少了对那些提出不同意见即使最终其观点被否决的人使用强制、整肃、批判等惩罚手段，这使得政策参与者能更有勇气为自己的意见和建议进行比较硬性的论争。（2）80 年代开始强调对重大项目的可行性研究，实际上起到鼓励各部门单位注重尽可能收集必要的资讯来支持他们所乐见其成的项目，这些项目通常需要与其他的项目进行竞争。（3）使用意识形态作为控制工具的情况普遍减少，这增加了体制的“松散”程度，人事管理的权力下放使许多行政单位获得了更多的主动权（Lieberthal & Lampton, 1992, pp.8–9）。这些变化结合在一起，减少了各级党政机构以固定方式对高层指示作出反应的惯常做法，在相当程度上加强了这样的权力分散性趋势。

决定洋浦项目的政策过程确实反映了改革开放时期中国新的政治环境带来的变化。这种新环境是中国近十年改革开放的产物。在洋浦风波中，政协赴洋浦考察团团长张维在得知一些主要高层领导对洋浦计划的倾向之后，仍敢于对洋浦项目提出强硬反对意见，无疑是受到当时已经变得比较宽松的政治环境的鼓舞。在这种情况下，张维和支持他的那些政协委员不再担心自己的行动可能带来的像以往一样的后果。后来，中央层面对“洋浦风波”也出现严重分歧，这表明在政治和意识形态的压力明显减轻的新形势下，参与高层决策者即使与国家领导人有意见分歧，也能够和敢于据理力争，而不是明哲保身随大流。到目前为止，没有证据表明那些在这个问题上坚持己见的人遭到惩罚。

改革开放时期中国政治环境的变化，也在鼓励领导干部公开直接地为他们所代表的利益主体（部门系统或地方）进行竞争。为了挽救洋浦计划，中共海南省委书记许士杰殚精竭虑，通过各种正式的非正式的渠道，采取各种可能的方式来争取中央决策层的支持。当许士杰由于过度劳累和焦虑，于1991年9月因胃癌不治而去世时，他还不知道洋浦项目是否能获得批准。从制度主义的视界可看到，虽然不断改变的制度环境有利鼓励人们追求他们所期望的利益和所偏好的政策目标，但在这样的情况下，与以往中央权力更为集中强大的情况相比，它也大大增加对某些问题进行决策的复杂性和难度。

分散性威权主义分析模式认为，在结构和程序的权威发生变化的条件下，政策过程是“迟滞的”“脱节的”和“渐进的”（Lieberthal and Oksenberg, 1988, p.24）。这样的结论似乎即是揭示了海南决策进程的主要特征。这一过程从20世纪80年中期迟滞至1988年初海南最终决定在全岛整体设立特区和建立新省，是一个典型的旷日持久、相互脱节和缓慢渐进的决策过程。这一渐进决策的特点将在下一章关于渐进主义决策模式的适用性分析中再作详细讨论。

进入改革开放时代之后，中国权力体系的分权趋势加强，在一定程度上降低了决策的效率，但却极大地促进了多元参与。因此，从这个角度来说，可以被认为是中国政治生活的一种进步。

无论是在改革开放前后，国家领导人的思想和意志通常都是影响决策进程的决定性因素。然而，这并非是绝对的。有些时候，也会遇到阻滞，他们的意见被质疑、反对乃至难以逆转。从海南的情况看，邓小平关于支持洋浦项目的指示在政策过程中在很长时间内未被遵循和执行，就是一个例证。作为改革开放时期的国家领导人，邓小平无论在治国理政或是处理执政党事务中都拥有很强的权力和权威，但是为何在“洋浦风波”爆发后，他明确表态支持洋浦项目的指示却未能改变事态的发展趋势呢？制度主义方法从以下两个方面来解读这样的情况。一是日渐宽松的政治环境使政策圈内外的人们敢于表达和坚持自己的意见；二是强调少数服从多数的“民主集中制”原则在改革开放时期不仅仍然有效，而且由于多元化趋势的发展还得到了某种程度的加强。直至邓小平在1992年初在南方视察中对保守势力进行强力反击之前，他都未能改变在洋浦项目问题上的被动局面。在改革开放时期的中国，国家领导人在决策过程中的作用非常值得研究，这将在后文进一步讨论。

虽然利用意识形态作为政策控制工具的情况已经普遍减少，特别是在非政治领域，但意识形态的考量仍然经常在很大程度上影响一些人的思想。在海南事件中，洋浦项目的可行性及合法性之争与意识形态问题紧密关联。论争的焦点是，一个社会主义国家的大片土地是否可以长期租借给来自资本主义世界的一家外资公司熊谷公司，特别是熊谷公司的母公司还是一家日本企业。43 年前，日本侵略者是中国人民的凶恶敌人。反对者强烈谴责这是“使国家蒙羞”和“出卖主权”的行为，这对支持者产生了巨大的压力。中国社会不同方面和不同层面的人们卷入了这场激烈的争论。那些因循守旧的保守势力利用这次机会，大肆攻击改革开放。所有这些，使洋浦项目在很长时间里难以定夺。审视这一事实，可以看到那个时候意识形态之争仍然可在相当大程度上影响中国的决策过程。

8.3.4 结论

海南经济特区的政策过程受到许多不确定因素的影响。海南开放之初，未能决定明确的发展目标，而是在实践中逐步探索，其间历经顿挫波折，但最终海南的发展方向和一系列特区政策得以确定。从多元主义视点看，政策过程中的不确定性，来自中央、省、地区之间关系不确定性，海南地位和发展方向的不确定性，各种利益关系和权力关系难以调适。各种力量都在影响政策进程，它们在不同时期产生影响的程度依其所能控制资源的变化而变化。精英主义的视界强调，虽然某些社会力量在影响海南事件中发挥了重要作用，但它们并非是决定性因素；归根结底，那些省级及以上的高层管理者或政治家实际上控制着决策走向。精英的突出作用体现在积极和消极两个方面。制度主义方法把这样迟滞的、离散的和渐进的海南经济特区政策过程视为中央管理体制分权化运行机制作用的结果。改革开放时期中国的新环境，以较少的政治压力和意识形态控制为特征，因而鼓励人们较大胆地表达自己的观点和追求自己的利益。这些变化虽然在一定程度上降低了决策效率，但明显地增加了社会各方各阶层对国家事务的多元参与。此外，需要指出的是，尽管意识形态在中国社会生活中的控制程度在总体上有所削弱，但在一些重要问题上，意识形态争论对政策过程的影响仍然不能忽视。

8.4 建立浦东新区决策过程研究

浦东开发是在中国已经积累一定的经济特区创立发展经验，经济特区的许多政策已经试验并趋于比较成熟的时候进行的。这是浦东开发的一个重要优势。此外，浦东开发的优势还来自上海在中国比较特殊的政治经济地位和上海市委市政府领导及干部的较高素质。在这样的条件下，浦东新区开发的政策过程理应自始至终高效推进。然而，现实似乎并非完全如此。从 1984 年到 1995 年，前五年是一个延宕迟缓的过程，后五年才是一个快速发展的过程。此外，其他一些特征也是显而易见的。为何会出现这些情况？用不同的理论模式来对此进行分析，能够加深我们对这个问题的认识。

8.4.1 多元主义的视界

多元主义的视界认为，浦东新区创建项目的产生是新形势下各种力量自下而上共同作用的结果。参与这一进程的有上海主政者、国内外专家和中央决策者。各方主体参与和推进这一决策过程的积极性在不同阶段有显著差异。这些变化在很大程度上影响了决策过程的演进。改革开放以来，上海主政者热切希望加快其经济发展和城市建设，以实现人们恢复上海在20世纪三四十年代作为世界著名大都市和亚洲最大金融贸易中心声誉的夙愿。早在1984年，上海市政府就提出开发浦东的设想。当时，上海建立了三个经济技术开发区，并取得卓有成效的发展。但是这些开发区的规模都太小，无法实现上海雄心勃勃的振兴计划。因此，上海决定开发浦东，并于1984年和1986年两次向国务院呈送关于上海发展战略的报告。在这些报告中，上海多次提出开发浦东新区的建议。但遗憾的是，在那个时候，上海自身也不很清楚浦东的发展目标究竟是什么，以及应当依据何种模式，用何种方式来规划发展浦东。无论如何，多元主义的视点高度重视这一代表地方利益要求并寻求中央支持的建言。无论这一建议能否列入中央的议事日程，能否成为国家级规划，都有助于推动国家尽早对上海发展做出决策。

然而，上海的多次报告并未能引起国务院的重视。后者认为浦东开发计划不过是个地方计划，故所作答复仅是一般的处理方式。虽然国务院的批复一再肯定浦东开发的必要性，但并不认为这是国家应给予特殊政策的项目，也不认为其具有特别的紧迫性。中央的这种态度直到1990年初邓小平介入时才有所改变。这一事实表明，虽然国务院有权决定浦东是否作为特区来发展，而且已经有六年时间来考虑这个问题，但却一直没有认识到浦东开发的特殊意义，没有给予特殊政策。可以认为，浦东拥有这样好的发展条件，国务院对浦东开发问题的不作为实际上是已经错失很好的机会，这无论是对上海或是国家都很不利。由于国务院在这一问题上掌握决定权，因此对浦东开发方案的研究长达六年却踌躇不前，它应负主要责任。

需要指出，浦东是否被确定为经济特区或准经济特区非常重要。如果能够明确这样的定位，浦东开发就会获得很多优惠政策，这将极大地有利于浦东的发展。否则，浦东就会像 1984 年至 1990 年初这段时期一样，只被视为一个普通的开发区，没有特别的发展战略和特殊的政策优惠，也就只能得到一般性的发展。由于国务院与上海主政者的互动未能产生导向创建经济特区的积极结果，最终打破这种局面的是一种更有前瞻性的强劲力量介入。

从多元主义视界考察，邓小平从 1990 年开始对浦东问题的介入，标志着中国高层决策圈内最具主动性的改革力量对浦东开发的积极干预。这个群体代表着执政党和国家的核心利益，邓小平的参与意味着浦东开发决策进程将出现重大转折。此后，浦东开发的决策速度明显加快。仅仅两个月后，经过从中央到地方一系列高效率的工作，开发浦东新区的计划就得到国家批准。这一决定的最终出台结束了长达六年的混沌迟滞的决策过程。之所以能够采取这些快节奏的行动，不仅是因为决策层已经意识到浦东问题的重要性，更重要的是，掌握着最重要的权力资源的领导群体此时拥有决定性的发言权。此外，分析者认为，对浦东项目关注度的显著提升，以及浦东开发决策效率的显著改善，还可能与中国最高领导层的重大变动有关。1989 年 6 月，原中共上海市委书记江泽民成为中共中央总书记。在江泽民担任总书记两年后，浦东新区的重要性被进一步强调，并被确定为 20 世纪 90 年代中国经济发展战略的重点工程。这表明，在这个问题上不能排除江泽民的重要影响。

8.4.2 精英主义的视界

精英主义论者会特别注意到，浦东开发决策过程无论是在其迟滞阶段还是高效推进阶段，都是由于这些政治精英的主导作用，以及其他社会精英的影响。虽然，上海政府在1984年在向中央呈送的上海总体发展战略中已提出发展浦东的建议，并在1986年又再提出这样的建议，但上海并没有为浦东开发提出一个明确的目标和蓝图。此时，上海已经设立了三个经济技术开发区，并取得了颇为丰硕的成果，但浦东的发展方向是什么，是经济技术开发区还是经济特区？上海没有向国务院提出明确的要求。同样，国务院在两次批复上海的报告中，也没有对浦东发展规划做出明确的指导和定位，只是笼统地同意上海开发浦东。这种举棋不定的局面直到1990年初邓小平的介入才得以根本改变。在这段较长的时间里，上海和国务院的领导层都有可能提出并决定一个更为积极的浦东开发计划。他们在政治上和经济上所控制的资源都可以使他们能够做到这一点。但他们却没有这样做。80年代后半期的情况是，中国已经建立五个经济特区和许多经济技术开发区，确定了一大批沿海开放城市。因此，他们在考虑浦东开发问题时，没有理由不考虑在浦东建立经济特区或类似经济特区的可能性。他们对此未作积极决策，可以解释为或许上海担心这样做的可行性，因为它需要大量资金；或是国务院担心这样做风险太大，上海对中国太重要，不到别无选择的情况下不能涉险进行这样的试验；抑或是双方都没有真正认识到开发浦东对上海和中国经济建设重大而深远的意义及其紧迫性。上海方面的模糊要求和国务院的消极决策，最终使浦东开发决策问题一拖再拖。

江泽民成为国家领导人后对浦东开发决策起了推动作用，但根本性的变化发生在1990年初邓小平介入浦东决策之后。基于对浦东项目和上海价值的重新认识，邓小平懊悔十年前没有把上海列入第一批经济特区的名单。因此，他强烈要求中央和上海市领导，抓紧加快浦东建设。在他的干预敦促下，浦东开发决策进程大大加快。有关方面仅用两个月的时间，就完成了一系列重要的研究论证工作，包括由中央派出国务委员考察组到浦东实地考察，由副总理带领专家团队前往浦东作可行性调研。在这个过程中，上海提交了要求开发浦东的第三份报告。与1984年和1986年递交的两份报告不同的是，这是一份关于浦东开发的专项报告。1990年4月中旬，浦东新区作为国家计划正式开工建设，并给予一系列优惠政策。在邓小平的积极推动下，拖延六年之久一直没有重要突破的决策过程终于落下胜利的帷幕。两年后，它被确定为20世纪90年代中国经济发展战略的重点工程。在精英主义论者看来，邓小平所发挥的这种在那个时代无可比拟的决定性作用，表明了改革开放时期核心政治精英影响中国政策进程的重要性。

既然肯定邓小平在最终确定浦东开发政策中的重大推动作用，那么，认为邓小平没有在更早时候发现浦东和上海在推动中国改革开放进程中的特殊价值是一种遗憾，也是不无道理的。鉴于邓小平的地位和权威，如果他早五年或十年支持浦东开发，这对浦东、上海和中国都是一种幸运。对此，邓小平本人也并不讳言。他承认没有这样做是自己的失误，并明确表示歉意。这些事实表明，核心精英在推进决策问题上起着至关重要的作用。但是，有时候他们为自己作出判断所获取的信息不够充分不够可靠，因而做出的决策也不一定周全正确。重新审视浦东发展问题提出初期阶段国务院和上海市政府的表现，亦可以看到类似的情况。

如前所析，技术专长和知识是精英的一种重要资源。对于浦东开发决策的推进和发展，专家们发挥了重要作用。在此之前，国内外专家学者做了大量工作，论证浦东开发的必要性和重要性，提出浦东开发的思路和办法。例如，世界桥梁专家林同炎教授的建议有很大影响力。浦东项目确定后，各方面有关专家进一步介入。譬如，为了把陆家嘴这个被确定为浦东金融中心的区域的设计做到最好，来自美国、日本、意大利、法国和英国的最优秀的设计师都被邀请来参与工作。这一事实表明，这些国际一流专家对浦东发展规划和决策的形成起了重要作用。

8.4.3 制度主义的视界

浦东开发决策过程早期与后期的效度形成鲜明对比。从制度主义的界面审视，正是中国现行的政治体制和行政机制的影响形塑浦东开发的决策过程。制度主义论者会注意到，中国的权力运行央机制极大地影响了浦东开发的决策进程。建立经济特区是一个涉及许多重大政策问题的综合方略，是中国改革开放战略的重要组成部分，需要多方面的政策工具。应该在哪里设立特区，给予每个特区的政策类型及力度如何，都由中央决定。如果中央决策层同意一项经济特区建立或发展的建议，则可迅速推进。这样的高效率在第一批经济特区的启动和浦东新区第二阶段的决策推进中都可以看到。然而，如果中央不同意一项政策建议，或不宣示明确立场，就很难改变现状，也不能期望有关地域能够获得实质性的政策。在浦东开发建议出台的第一阶段，上海并没有从国务院获得任何实质性的答复，因此失去了五年多的时间。在这种情况下，上海市并没有提出不同意见作进一步论证推进，如同海南省委书记许士杰在海南政策过程中在洋浦项目受挫后积极抗争申辩那样。这可以被解释为，在改革开放时期，上海这个中国最重要的经济大都市更多体现了传统制度化权力运行模式的运作常态。

自邓小平介入之后，浦东开发决策的推进立即取得显著成效，这是获得来自权力集中机制强大动力的体现。一俟邓小平的建议被接受，两个中央工作团队旋即赶赴浦东，分别完成了实地考察和可行性研究工作，上海也明确提出了要求开发浦东的请示报告，随后浦东开发项目被正式通过。所有这些工作，在仅仅两个月内就全部完成，充分显示当一个重要项目的方向决定后制度化中央管理机制定向运行的突出效度。此外，从制度主义视界看，浦东项目启动后，中央所提供的特别优惠政策和直接的财政资助，对促进浦东项目的发展也具有重要意义。浦东除享受其他经济特区和经济技术开发区的一般性政策外，在税收减免办法和条件、工商统一税的免征等方面，也有了一些新的优惠政策，包括允许外商兴办第三产业，从事当时禁止或限制外商异地经营的金融、零售等行业等。允许外资银行在上海浦东新区设点。此外，在浦东保税区内，还允许外贸机构从事转口贸易。在财政扶持方面，中央政府直接给予浦东财政拨款和银行贷款额度用于新区基础设施建设，这在中国的经济特区政策中也是非常特殊的。人们知道，毫无例外的是，中国其他的经济特区和对外开放园区都只是为了促进当地的资本积累而给予政策优惠，而不是中央政府给予直接补贴。因此，中央政府给予浦东的特殊待遇，对浦东的发展是一个巨大的推动。这些政策都是在1990年浦东新区被确定为国家重点建设项目后很短时间内确定下来。这不像在西方国家那样，在决定经济社会管理运行的相关政策时，通常需要很长时间在不同的决策机构之间进行论辩、谈判和讨价还价。正是这种权力高度集中的决策机制，及时为浦东提供了强有力的政策支撑，使浦东获得快速发展。

制度主义的研究方法高度重视国家领导人的作用，这个问题需要进一步讨论。众所周知，在改革开放时期，邓小平是国家主要领导者，他在浦东开发决策历程中的作用，在特区决策过程中的重大事件中的作用，以及在中国政治生活其他方面的重要作用，都与中国的政治制度和政治哲学相关联。正是中国的政治制度和中国的意识形态，塑形和突出一个核心国家领导者或一个领导核心与少数高层政治精英权威的政治生态，并强调其重要性。邓小平在影响中国决策方面的权威性，即使在他退休之后，也无可争议。

制度主义的视点认可、承认一个最高领袖的实质实际上是在很大程度上承认一种最高权力和最高权威。但是，任何人、任何精英，即使是最优秀的人物，面对纷繁复杂、变幻莫测的客观世界，其智慧和认知能力都是有限的；较之众多智者专家及其团队的认识能力和判断能力，其智慧和认知能力更是有限的。因此，在任何时候、任何国家，一个国家领导者的思想都不可能替代、取代其他各级各类精英的思想，不可能替代、取代集体领导团队的智慧，其认知能力不可能在所有领域、所有层面上都能够处于主导地位。把太多的权力集中在并仅仅寄希望于一个或少数几个精英身上极不理性，这样做势必要冒很大的风险。中国的历史，特别是改革开放之前三十年的历史，充分证明了这一点。所幸的是，在改革开放时期的中国政策制定过程中，包括浦东开发进程和其他经济特区计划，邓小平的多数决策基本上是正确的。如果不是这样，那就很十分危险，因为在大多数情况下，他的权力是决定性的。

8.4.4 结论

浦东新区的决策过程是一个变化的过程。在这一过程中，各种因素对决策进程的影响有很大差异，形成了两个截然不同的时期。决策早期阶段的特点是迟滞而缺乏活力与建树，而后期阶段则是进入决策高速公路。多元主义分析认为，浦东新区的建设是多方面、多层次的国内外多种力量共同参与互动的结果。这一过程的参与者或积极或消极地影响政策进程，其影响的方式、程度及结果因他们各自能够控制的资源不同而各异。正如前期国务院的反应平淡迟误这一进程一样，邓小平后来的积极干预扭转局面，加快了这一过程。精英主义的视点揭示，浦东开发项目的决策虽然有广泛的参与，但实质上政策的制定过程是由不同领域、不同层次的精英主导。从初步设想的提出到项目的确定，从优惠政策的制定到新区开发规划的设计和实施，都离不开这些精英的强劲作用。在制度主义者看来，浦东开发的政策过程实际上是由中国现有的政治体制和行政机制所塑型。除了价值判断或事实判断偏失等原因，行政管理结构和权力运行的规则决定了前一阶段的迟滞和后一阶段的加速。中国社会公认的最高领袖在浦东开发决策起了决定性的作用。正是一种制度化的传统和权力运行机制为邓小平提供了一个良好的舞台，使他不仅在浦东，而且在中国改革开放的其他领域的决策进程都能高效度发挥作用，从而使中国发生了举世瞩目的巨大变化。

8.5 本章结论

创建中国经济特区的决策进程表明，在改革开放时期的不同阶段和不同事件中，各种因素对决策过程都产生了重要影响。总体而言，1979—1995 年是中国经济特区快速发展的时期，可以说是成绩斐然，但也有偏差和挫折。在改革开放时期的新形势下，中国所面临的巨大内外压力被转化为推动思想方式转变和一系列新政策、新战略出台的强大动力。政策制定的效率和质量显著提升的原因是多方面的，包括决策者思维方式和指导思想的转换更新、比较宽松的政治环境，以及决策方法的改进等。这些因素的共同作用使政策产出和执行的效度得到显著改善，从而使中国经济社会发展取得了巨大的成就。考察所选择的三种关于政策是如何制定的理论和模型在解读经济特区相关政策过程中的适用性，我们看到不同的结果，其解释力各有特色。

从多元主义论的视界观之，经济特区快速发展的强大动力来自不同层次不同方面多元利益主体的参与推动。在多元主义论者看来，无论是第一和第二批经济特区创建还是浦东新区开发项目的启动，都是通过一种“自下而上”的模式产生的。在这种运行机制中，相关利益主体相互影响或协同共振，从而影响政策过程。海南的发展更具有典型的决策圈内外多元参与的特点，政策圈内外的推动力和阻滞力竞相发挥作用。在这一过程中，两种力量发生了尖锐冲突，导致坎坷迟滞的政策过程。尽管浦东开发项目起步较晚，但它在中国经济特区建设计划中占有重要地位。除了上海在中国的重要地位外，这个项目在政治和经济上拥有最重要的资源，也是一个值得特别注意的原因。对于改革开放时期的中国，多元主义的解释描绘了一幅丰富多彩的政策制定过程的图景，在这个过程中，利益相关者利用他们所能控制的资源，积极地寻找他们冀望的目标，追寻他们渴求的利益。然而，多元主义理论对中国实践的适用性还相当有限。因为，改革开放二十年来出现的多元化趋势，还只是处于初步阶段。此外，值得注意的是，多元主义视角本身也未能准确探究谁在主导经济特区的政策过程。

从精英主义的视点观之，特区政策过程中的冲突和动力实质上是这些政治精英，尤其是省级以上政治精英之间的作用与竞争。改革开放战略的制定是以邓小平为首的改革派精英群体取得决定性胜利的结果，是创建经济特区的前提和指导思想。如果不挫败“凡是派”所代表的极“左”思潮，执政党的领导集体就不能转变观念，更新思维方式，就不能确定一系列加快中国经济发展的新政策、新纲领。没有这种转变，创立经济特区的计划就不可能产生。在经济特区创立发展进程的三个案例中，也都主要是政治精英在影响政策过程中发挥了关键作用，其中国家主要领导者的影响尤为突出。在这一过程中，精英的角色包括推动者和异议者，两者在政策过程中的作用都是显而易见的。在海南洋浦项目案例中，在较长的时间里，来自社会各方面的巨大压力不能改变洋浦项目积极推进派精英层的坚定信念，而支持洋浦项目的精英群体的强势意志在很长时间里也不能改变高层反对派的保守僵化的思想倾向。三年后该项目的最终确定，是两种力量竞争的结果。在浦东新区案例中，邓小平的介入立即结束了旷日持久的浦东开发决策进程，启动了这一意义深远的工程。尽管精英主义的方法在很大程度上可以有效解读经济特区的政策过程，但它无法解释这些精英为什么以及如何利用他们的掌握的资源来影响经济特区的政策过程，以及是什么塑型或构建了这样的政策制定机制。要回答这些问题，制度主义的界面能够给予更好的解释。

制度主义论者认为，创建经济特区的决策模式是改革开放时期中国政治体制和行政机制影响塑造的产物。它揭示和论证了如下重要问题。正是中国的政治制度赋予这些精英特定的地位和权力，使他们能够在经济特区的决策进程中能有突出的表现。正是中国的政治和行政体制塑型具有双重作用的中央管理机制。它一方面能够保证中央在重大决策问题上有较高的决策效率，另一方面它又在一定程度上制约地方主政者的积极性和工作效率。较之与共和国建国初期，这一权力运行机制的效率虽有所减弱，但仍具有相当的实力，在保障特区决策相对高效方面的积极作用仍然十分显著。正是中国的政治制度，允许并认可领袖人物的权威地位。对邓小平而言，无论他是否担任党和国家的要职，在大多数情况下，他都能对特区的政策进程产生决定性的影响，只有在处理洋浦项目一案的前期例外。中国的政治制度决定洋浦风波这场意识形态之争的极端重要性。改革开放时期，挫败“两个凡是”斗争的胜利为以改革开放为主线的中国发展开辟了道路，经济特区的构想也由此产生。特区建设过程中的意识形态冲突，经常影响到特区政策的制定，如后来深圳特区深化发展所遭遇的质疑和阻碍，如洋浦项目的迟滞通过。概而言之，制度主义方法的解读具有显著的适用性和说服力。它揭示，现行制度是中国权力配置和权力运行机制的强劲资源和坚实基础，中国经济特区相关政策的制定就是在既定制度的基石上进行的。从本章的论析可以得出的结论是，三种关于政策是如何制定的国家理论对中国经济特区决策过程的解释力或解释效度依次为：制度主义、精英主义与多元主义。

第 9 章　关于政策应当如何制定若干理论之适用性研究

在第 8 章，我们以所选定的若干关于政策是如何制定的相关理论对中国经济特区创立发展的决策进程进行考察，对我们认知这些理论和模型的适用性，并从理论到实践层面理解中国的政策过程，包括政策制定过程中的动机、参与者、环境和资源，以及决策机制等多有助益。本章进一步探讨究四个所选定的关于政策应当如何的理论模型对解读中国经济特区政策过程的适用性，这些理论模型包括理性主义模式、渐进主义模式、最优化方法和权变理论。

正如前文所指出，以规定性分析为特征的决策模式的创立是为了寻求改进政策过程的路径与方法。在这些模式中，渐进主义是一种对理性主义的批判，其他的模式则是探求中间道路的尝试。那么，这些理论模式是否适用于解读中国经济特区的决策过程，它们在多大程度上以及如何能够在中国的政府决策实践中应用？这些就是本章拟作讨论的问题。

9.1 理性主义模式的解读

尽管综合理性模型和有限理性模型都在不同程度上包含着理想化的元素，因而都有其局限性，但在决策中应用这样的模式对于减少消极因素的影响，提升决策效度仍然具有重要意义。下文拟进一步探讨理性主义模式对解读中国经济特区创建发展决策过程中的适用性。

9.1.1 综合理性模式还是有限理性模式?

为了确定一项政策，综合理性主义模式要求在考虑到有必要信息支持的所有备选方案，并在分析和评价这些备选方案的所有后果的基础上，选择其中能够最大限度地实现决策者价值的方案（见 4.1.1）。在制定创建经济特区计划与相关政策的过程中，决策是依循这样的方式进行吗？这样的方法是否曾有效促进经济特区发展进程？现有证据表明，决策者通常会尝试许多可能性来寻求解决方案或政策输出，以实现其追寻之价值，这有利于经济特区的发展进程。一般认为，经济特区的基本决策过程包括以下步骤：

- 地方政府或国家部委级职能机构提出建议请求批准，或是提出需要解决的问题请示对策；
- 由中共中央书记处书记或国务院副总理以上领导人确定所提出建议或问题的实质以及应对的必要性，以便确定是否需要将其列入议程；
- 如认为问题需要进一步研究，中央派出一个通常至少是副总理级别的高层领导率领调查组前往实地考察调研；
- 通过举行多种相关论坛或会议，让不同意见得以表达和论争，并讨论各种备选方案的可行性及其可能产生的后果；

- 在研究所有可获得的备选方案的可行性及其后果之后，确定解决方案或相关政策；
- 中共中央或国务院召开会议，形成正式文件由双方各自或联合签署发布，之后新方案或新政策开始实施。

在第一批经济特区的启动阶段和浦东新区项目酝酿的前期到中期，都可以很清楚地看到政策过程都是基本上依循这样的路径进行。然而，深入分析这两个过程，我们可以发现一些值得进一步深入探讨的问题。其中之一，发生在建立第一批经济特区的过程。即在此这个过程中犯了一个“大错误”（邓小平语）——此即上海没有被列入建立经济特区的备选名单。十年以后，邓小平非常遗憾地公开承认，这是一个失误，失去了加快上海和全国经济发展的十年大好时机（见 7.2.2）。这一事实指向两种可能性：（1）在确定建立第一批经济特区的计划时，似乎没有考虑所有可能的方案；（2）对各种可能性的考虑，似乎只注重研究和评价它们在某些方面的影响，而忽视另外一些方面的影响。例如对上海而言，可能只是考虑因为它重要的政治地理和经济地位等条件不宜做实验等，而忽视由于上海在中国经济地位和科学技术基础方面的优势能够对特区的创立发展产生的巨大推动力，以及在创立后一定会产生的对上海、对长三角地区和对全国经济发展和改革开放的巨大示范、辐射和推动作用。

第二个问题发生在浦东开发的政策过程中。资料显示，早在 1984 年，上海市政府就已向国务院提交请示报告，提出开发浦东的构想。但当时国务院只是将其视为地方层面的经济战略。两年后，即 1986 年，国务院在对上海市再次提交的报告《上海市总体规划方案》的批复中，仍然没有把浦东作为国家战略来考虑。直到 20 世纪 90 年代初，邓小平才认识到浦东的重要地位。这一过程表明，中央决策机构在六年时间里，虽然至少有两次机会审议上海的报告，但均未能以统筹全国大局的眼光，仔细研究和评估浦东的潜力和可能的前景及其影响。这个问题与第一个问题相关联，如果在1984年上海第一次提出开发浦东建议时国家将其视同深圳一样对待，就可以大大减少邓小平的遗憾，因为浦东可以提前六年开发。如果在1986年能够做出这样的决定，浦东开发将比后来提前四年。然而，事实上这样的结果都没有发生。这一决策的迟滞延宕，即在20世纪70年代末未能选定浦东，而到80年代中期仍然未能看好浦东的问题，令人信服地证明了理性主义决策模型的局限性。然而，能否依据这些事实，就断言当时中央决策者没有努力，或没有尽全力去获取决策资源，完善决策条件以利于做出最优决策呢？显然，这样的结论亦有悖情理。因为，“在决策过程中考虑所有的选择几乎是不可能；而且对各种选择的后果的了解也必然是不完整的；并且评估这些结果涉及相当大的不确定性”（Hill, M. 1997, p,100）。这就是为什么渐进主义方法在许多情况下似乎更为实际和适用的原因，对此我们将在下一节中讨论这一问题。

根据上述分析，进一步考虑第一批经济特区建立初期和浦东开发前期至中期这两个决策过程，在一定程度上只能用有限理性模型来进行解读，即强调不是寻求决策者价值最大化的而是获得满意或足够好的结果。以综合理性模式来进行解读则是不适当的，因为应用这种模式进行决策的要求通常超出人们能力的限度。这意味着，在前一种情况下，建立工业园区或出口加工区的建议得到确认、深化和合法化，经济特区计划很快得以启动，并选择了四个具有比较优势和很大发展空间的地方来建立特区（也许不一定都是最好的！）应当说，这是成功的决策。但是，当时经济特区的候选名单最终没有包括上海，这是一个遗憾，而非一个大错误，需要进行苛责。分析第二个决策过程，同样，从1984年到1990年初，上海关于开发浦东的两次建议得到中央的重视和支持，这对上海来说实际上已经是一个很好的、令人满意的结果。当然，如果从一开始就把浦东新区确定为像特区一样的国家级发展项目甚至国家重点项目，就像最终的决定那样就更好了！遗憾的是，在较短的时段中人们无法认识到这一点。显然，这两个案例都清晰地表明人类理性的局限性。

尽管如此，理性主义元素在中国政策过程中的日益增量彰显是一个值得注意的进步。与改革开放前的数十年相比，中国更加重视寻求较好的决策方式。以上列举的经济特区政策过程的一般步骤和我们在实证章节中讨论过的事实表明，政策制定者愿意听取来自执政党内外和国内外各方面的不同意见，包括反对意见；提倡并积极进行比较全面深入的调查和可行性研究；能以比较谨慎的态度来制定政策。这些变化标志着，中国正在逐渐摆脱20世纪70年代末以前不同程度存在的受经验主义、教条主义、整体主义和唯心主义影响的，以及不同程度地存在的以革命激情代替理性思考的旧决策模式。

如果我们认为上述两个经济特区政策过程是在一定程度上应用有限理性主义模式，那么我们也可以看到其他一些经济特区的决策进程中不同程度地应用理性主义方法。例如，海南对外开放进程的总体发展是一种相对较低层次的理性（实际上是一种渐进过程，下文的渐进主义阐释部分将对此进行论析）。那么，特区进程中的决策行为是否具有较高层次的理性主义模式的体现？较高层次的理性主义模式对经济特区的决策进程的推进是否具有适用性和有效性？考察浦东新区的开发规划的生成方式及其过程，或许我们可以从中找到一些答案。

9.1.2 更高层次理性主义的适用性

在第7章中我们看到，自从1992年4月浦东项目被确定为20世纪90年代中国对外开放和经济发展战略的国家重点项目以来，做好浦东项目的发展规划就成为一个至关重要的问题。浦东新区规划的高起点和高标准，和必须达到世界一流水平的要求，决定了要实现浦东规划的既定目标，就必须用最先进的理论和技术进行审慎细致和至善至美的规划。

因此，为达到这样的愿景，浦东的决策者们可谓殚精竭虑。为此，他们采取了在 7.2.4 中所述的六项主要措施。与特区创建决策和制定相关政策的一般模式相比，这些措施具有更高的理性主义色彩，包括尝试一切可能来实现决策者所追寻的目标，比较所有可能的选择和它们的后果，然后确定最好的备选方案。浦东新区的全面开发实践证明，无论是新区开发规划的指导思想还是规划本身，应当说都是适当的。它使浦东的开发建设很快走上健康、高效的道路，经济发展也取得了令世人瞩目的成就。

那么，具体而言，在浦东规划中，更高层次的理性主义要素是如何以及在何种程度上影响政策过程呢？作为浦东新区的核心区域和最重要的功能场所，陆家嘴地段的规划设计为我们提供了一个典型的案例。为了给这个面积仅 1.7 平方公里的弹丸之地寻找最佳的规划方案，新区的规划领导者在技术上和财政上都尽了最大努力（7.2.4）。可以毫不夸张地说，浦东新区规划者为陆家嘴的规划设计所做的工作包含了高度理性的方法：不惜重金聘请世界一流的城市规划设计大师参与浦东规划设计工作；考虑了所有最佳方案并评估其所有后果；最终方案的产生是将所获得的各种最佳方案和创意的精华组合，从而升华为一个综合性的最佳组合方案。这是当时可能获得的最好的最具创意的设计成果。这些事实表明，高层次的综合理性模式在很大程度上助力浦东规划的决策过程；在涉及包含较多纯技术内容的政策问题上，可以有效地采用高层次高标准的理性主义方法；越是纯技术含量高的决策项目，越是能够采用高层次的综合理性决策模式。

以上两节，我们考察理性主义模式在不同层次上对经济特区决策进程的体现及其对政策过程的影响。如上文所析，这是中国政府决策方式的显著进步。那么，为何能取得这样的进步？换言之，在改革开放时期的中国，在政策过程中理性主义方式的应用何以能显著增加？这是下一节将要探讨的问题。

9.1.3 理性主义倾向为何增强？

探讨中国何以能取得从传统的，在不同程度上存在的以经验主义、教条主义、整体主义和体现“左倾”思潮的理想主义与革命激情相结合为特征的决策模式，向包含较多理性主义元素的决策模式转变的进步，可以从如下四个方面进行分析。

首先，它是1978年以来中国思想解放运动的必然结果。发生在1978年的一场全国性的关于真理检验标准的争论，极大地解放了人们的思想。那种认为领袖特别是至高无上的领袖是万能的、永远正确的神话被彻底打破，越来越多的决策者开始懂得“实事求是”原则的真正意蕴和重要性，懂得以生搬硬套经典著作的词句作为工作指南，或者不顾现实情况，一切以领导意志为准则的做法的极大危险性。这些变化直接带来了政府决策中追求理性主义要素的进步，使政策过程中的理性思维日渐增多。另一方面，这场思想解放运动也使人们有可能在比较客观地总结1949年以来的历史教训的基础上，重新阐明和坚持实事求是的原则。它使人们开始能够正视过去，认识到过去几十年经济建设出现诸多失误的主要根源之一正是决策的错误。因此，中国的决策者更加清楚地认识到，一个国家的决策，无论是在经济上，还是在政治上，或在其他任何方面，都是一项需要十分审慎的工作，任何决策都必须符合客观实际的要求（Deng, X.1993, p.22）。

其次，20世纪70年代末，中国领导人认识到中国经济较之发达国家或地区的落后状况，深感压力巨大时不我待，这使他们对加快推动中国经济发展更深怀紧迫感。因此，这就成为中国在改革开放时期公共政策制定中追求理性的又一强大动力。

第三，理性主义与实事求是原则之间的重要理论关联性，使理性主义元素在中国政策制定中的作用不断增强。从根本上说，有限理性模型的本质与实事求是相似。有限理性理论认为，决策者需要对主要的、可获得的备选方案进行充分研究，并对其后果进行评价，以选择一个令人满意的或足够好的方案。同样，实事求是的原则强调从可获得的证据中探求事物的真理或结论。从这一视角出发，可以说，实事求是原则与有限理性都既有强调探求和发现真理或真知重要性的特点，又都有强调发现真理或真知可能性的特点。此外，二者实际上都承认这样的探求不能超越客观条件的限制。由于这些相似性与理论上的密切关联性，中国政府在重新提倡实事求是思想路线的同时，实际上也打开了走向理性主义的大门。

其他一些原因也在一定程度上为决策中理性主义元素的显著增量开辟了通道。这些因素主要是中国的政治体制的特点，以及多元化发展在当代中国的局限性。从经济特区政策过程的实践来看，中央在一定程度上似乎比较容易在决策中施行理性主义模式，因为它可以利用其权力比较集中权威为决策提供有效的动员和配置资源的方式。这些强有力的资源动员配置包括政治权力资源、财力资源和人力资源等。例如，在建立第一批经济特区的政策过程中，从中央到地方的决策者可以在很短的时间内集中所需要的资源开展各种相关工作，如中央大员多次进行实地调研、派出多批次专业团队到国外境外考察，召开各种会议进行可行性研究等，这些努力很快就为决策的最终形成创造了必要条件。

正如第 8 章所讨论的，虽然改革开始时中国逐渐出现了多元化发展的趋势，但它受到构成中国政治制度重要组成部分的，居于主导地位的政治一元论和意识形态一元论的限制。在新形势下，这些制约实际上增加了理性主义介入的可能性。其逻辑是，作为对寻求优化政府决策的一种补偿，它迫使决策者有更多的愿望更积极地寻求理性；制定更好的政策以加快经济建设已成为既定目标，决策过程中最广泛参与的不足，反过来要求在相对较小的范围内保持更大的理性，以增加决策的可靠性与可行性，特别是在决定对国家具有全局和深远影响的重大政策问题时。我们看到，在确定第一批经济特区和浦东项目的过程中，相关的决策会议频频举行。这些会议主要是在中央一级举行，有时也在地方一级举行，但范围较小。通常由国务院或中共中央领导人主持召开。但是，人们注意到，在这两个决策案例中，作为国家立法机构、监督机构和民意机构的人大，和作为政治协商机构的政协并没有参与，公众舆论也没有参与。这样的决策模式，实际上使得国家的党政中枢不可避免地必须承受更多的压力和责任，由此迫使高层决策者需要更多地重视理性决策的方法。

但是，当我们看到政治体制和政治一元论在中国决策新形势下对理性方法的运用所起的促进和强化作用时，需要注意的是，这样的状态也容易导致教条主义和整体主义的产生。过去曾经发生的惨痛教训一再证明了这一点。

在本节的论析中，我们用理性主义模型从不同维度审视经济特区的政策过程，看到了理性主义要素在不同程度上的体现。研究表明，这一政策过程的基本特征是，理性主义方法的运用程度因决策问题的要求和环境而异。即决策问题越重大，决策涉及的不确定因素越多，可采用理性主义模式的程度越低；决策问题涉及的技术含量越多，政策问题越具体，理性主义决策模式介入的可能性及其程度就越高。改革开放时期理性主义在政策过程的显现，是20世纪70年代末以来中国改革开放的逻辑发展。思想解放运动的勃兴促进了对理性主义决策的追求；经济建设的巨大压力加强了这种倾向；在新形势下现行政治体制所保留的原有的一些特点，增加了更多应用理性主义方式以求实现更好的政策产出的动力及可能性。

然而，正如前文所析，使理性主义决策方式具有可应用性的最重要的条件是拥有尽可能多的决策资源。因此，对于那些涉及诸多不确定因素的特区政策事件，如海南的发展，理性主义的分析方法并不能提供合理的解释。在这种情况下，即使决策者愿意，也难以依循理性主义的路径。而渐进主义决策模式则比较适合于解读这样的情境，下文即以渐进主义模式来作阐释。

9.2 渐进主义模式的解读

建构渐进主义模型的理论基础，是肯定和强调决策过程中由于资源限制而产生的不确定性（3.1.2）。这些不确定性的存在决定了决策行为通常不能仅依凭一次努力就能获得可以最快最好的方式实现预期目标的最佳决策输出。相反，需要通过一系列渐进式的决策输出和政策调整来逐步实现目标。

渐进主义决策模式的主要倡导者林德布鲁提出了这一模式的核心概念，即连续的有限比较、离散式的渐进主义和党派间的相互调适（3.1.2）。前两者的主要区别是，前者需要不断调整政策以达到一个明确的目标；而后者通过一系列不确定的政策行动所追求的目标，需要依据条件的可能性和未来确定的意愿不断调整。本节首先运用这两种路径分析中国经济特区的发展进程，然后考察中国经济特区发展过程中的党派互动调整。在这一过程中，应用一般性探讨与案例分析相结合的方式，考察渐进主义模式在中国的适用性及其适用程度。

9.2.1 对中国经济特区发展进程的总体考察

从 1979 年到 1995 年的 16 年间，中国经济特区迅速崛起。考察这一在推进中国改革开放战略实现过程中居功至伟的重要历史事件，人们会不可避免地提出这样如下问题：究竟是什么样的决策方式在经济特区成功创立发展进程中起了关键作用，或者说，是什么样的有效决策方式在经济特区的政策过程中占据主导地位？现有证据表明，正是渐进主义决策模式在中国兴起并作为一种决策过程的主导方式，使经济特区的高效建立发展得到保障。这一结论符合事实吗？渐进主义决策模式如何在中国经济特区决策进程中起到主导作用的？下文的分析将回答这些问题。

纵观整个中国经济特区的发展进程，人们可以看到了一个从无到有，从小到大，从弱到强，从开放程度较低到越来越高的发展过程。显然，这是一个渐进式的政策过程，其决策渐进的特点表现在三个方面：（1）经济特区构想从酝酿到形成是渐进式的；（2）经济特区所获政策的范围与力度是递增性拓展提升的；（3）选择设置为经济特区的目标地也是不断递增的。

在前一部分中，我们指出，经济特区的启动是一个较低层面的理性主义政策过程。实际上，从根本上说，这是一个渐进的过程。经济特区是中国对外开放进程中的一种突破性创新。1978 年底制定改革开放战略时，经济特区还不是决策者心中已有的概念。随后，从不同方面提出了设立工业园区或出口加工区的构想，这些构想逐渐引发中央决策者的关注和考虑，并进而把最初的构想变为确定建立作为中国对外开放的窗口、桥梁和试验田的经济特区的明确的政策产出和规划。这是一个典型的离散式的渐进决策过程。由于政策制定之初并没有具体的政策目标，目标的探索和锁定需要在政策过程中不断寻觅和调整。

如果说特区方案的创建过程是一个离散式渐进过程，那么特区的整体发展过程则是一个连续有限比较的渐进过程。分析这一问题，我们可以从渐进主义视界的经济特区发展进程的第二和第三个特征来观察。即如上所列，特区政策力度的增强是渐进的，选择设置特区的目标地也是渐进的。

关于第二个特点，主要是随着特区进程的发展，特区对外开放的深度和广度明显增量，国家给予支持的力度不断加大。与第一批经济特区相比，以海南为例，中央给予了一些特殊的政策，其中包括允许海南进行某些政治体制改革，试图建立“小政府、大社会”的体制，以促进经济建设，以及进行不再主要依靠发展公有制经济的经济体制改革（6.4.2）。更为引人注目的是，海南被允许将大片土地长期租给外商开发。

将浦东新区与早期的经济特区进行比较，可以看到，前者被赋予了一些非常特殊的有力度的宽松政策。这些政策主要包括：允许外商投资者发展第三产业，设立外资银行和从事转口贸易，并且中央政府对浦东和上海的发展给予直接和有力的金融支持（7.3.2）。因此，浦东新区被称为“最特殊的经济特区”。

上文列举的这些事实勾画了一个明确的政策渐进过程。换言之，正如邓小平所说，这是一个“摸着石头过河”的过程。为什么可以给予浦东的那些新政策在过去却未能出台？其原因并不难理解。因为在创立经济特区早期或前期，这些政策或是没有提出，或是不可行，不能付诸实施。它们需要逐步探索。如海南，发展不以公有制经济为主的经济体制和向外商长期大量出租土地的做法，都是特区发展过程中的新问题，前者是根据第一批特区的经验提出来的，后者是经过很长时间才得到解决并制定了相应的政策，洋浦风波就是因此产生的。在浦东，无论是允许设立外资银行，还是允许外资经营第三产业，以及由中央政府直接提供金融支持，都表明中央政府不仅要继续而且要进一步扩大对外开放，其进一步加强经济特区在中国经济建设中的作用的决心已经大大增强。

关于第三的特点，设置特区目标地选择的递增性。首先，是选择了与中国港、澳、台毗邻的城市或地区；接着，海南这个拥有极丰富自然资源的中国第二大岛屿也被卷入其中；最后，作为中国经济中心的大都市上海的一个重要地区浦东被选中，尽管这样做有相当大的风险。在 8.4 节中，我们曾尝试探讨浦东虽然存在较早被纳入特区设置地考虑的可能性问题，试图解释这样的选择为何既不能在 70 年代末确定，也不能在 80 年代中期和 80 年代末确定的原因。现在我们可以进一步回答这个问题，除了其他原因外，还因为中国的决策者认识到这样做的必要性和可能性需要时间。实践表明，获得这样的认知也是一个渐进的过程。

通过对这两个渐进过程的分析，可以得出以下结论：随着经济特区的发展，人们对经济特区重要性的认识逐步提升；随着特区的发展，特区现行政策不断加强，对外开放程度不断提升；特区能够有效执行并获得良好结果的政策越多，政策制定者就越有信心和能力制定更强有力的政策以支持特区的发展。因此，进而言之，经济特区发展得越好，决策者的勇气、自信和决心就越大。这是一个渐进的良性循环。那么，为什么我们说这些是连续的有限比较的渐进过程呢？因为新的政策都是在既有政策执行的过程中，在不断探索中一步一步得以明确的。通过这种方法，能够逐步地、持续地比较顺利地解决经济特区过程中出现的各种不确定性问题。即便当一些比较尖锐的矛盾发生的时候，比如洋浦风波，最终也是能够解决的。

从宏观层面观察整个经济特区的发展过程，可以看出，这是一个渐进的比较过程，因为它的总体目标是明确的，而推进这一目标的实现需要一系列渐进的调整行动。但在经济特区的某些阶段，由于存在很大的不确定性，政策目标不明确，决策者需要根据变化的情况不断地寻找有价值的清晰的目标，即采取离散性的渐进方式。从整体观察浦东发展的决策进程，这样的离散式渐进现象引人注目。海南发展的决策进程则更是这方面的一个典型案例。

9.2.2 对浦东案例的综合探讨

如前所述，浦东开发决策进程以 20 世纪 90 年代初为界，可以划分为前后两个阶段。第一阶段从 1984 年至 1990 年，是自下而上的酝酿阶段，时间较长；第二阶段从 1990 年至 1995 年，以邓小平介入为起点，自上而下，迅速发展。如果分别对这两个阶段进行观察，不难看到，第一阶段含有一定程度的理性主义成分，而第二阶段则体现出高层次的理性主义，甚至可称之为闪耀高度理性主义的光芒，尤其是浦东规划的制定。

正如前文所指出的，理性主义决策模式和渐进主义决策模式在本质上是一个显示学者们寻求改进决策方式的各种探索的一个连续统的两端。因此，低层面的理性主义包含着渐进主义的因素，低层面的渐进主义也包含着某些理性主义的因素。事实表明，在广东、福建已经设立四个经济特区的情况下，上海在 1984 年和 1986 年两次提出开发浦东，却没有直接地明确地要求设立经济特区或其他类型的开发区，而国务院的批复亦未对浦东发展做出明确的指导，发出明确的信号。若以综合方式来对这一进程作纵向的由始至终的考察，我们大致可以在一定程度上将其视为一个离散式的渐进过程。因为，在这一迟滞过程决策目标一直处于探索中未能锁定，而开发浦东重振上海雄风的总体意愿是明确的。

1986 年上海再次向国务院呈送报告后，浦东开发也一直没有厘定明确的目标，直到 1990 年初，邓小平介入这一事件，浦东发展的方向才得以确定。1990 年 4 月，浦东被宣布为国家规划的经济特区，从此开始了真正意义上的浦东开发。之后，1992 年浦东的地位进一步突出，被确定为 90 年代国家经济建设战略的重点。这一历程表明，浦东开发的目标在初期，无论是上海政府还是中央都未明确。它需要逐步地思考探索，而不是一开始就能确定或能够一次作出决定。从渐进主义决策模式的分析界面可以看到，由于上海在中国经济和政治上的重要地位，如何确定浦东的发展模式是一个令人踌躇难以定夺的选择题。因此，其决策过程所呈现的是一个离散式的渐进主义的图景。在此过程中，各种不确定性逐步被排除，真正有价值的正确目标逐渐清晰起来。

9.2.3 海南之路：一个典型的离散式渐进过程

与创立第一批经济特区相比，海南特区的建立发展经历了曲折的道路。经济特区并非在海南启动开放之初就得以设立，这一目标迟至 1988 年才明确下来，当时距离海南对外开放已经过了 8 年。在海南开放进程之初，究竟何种发展模式或者发展路径适合海南的实际，一直是比较模糊的。如 6.2—6.4 所述，海南的对外开放经历了三个阶段：（1）可参照经济特区的政策和经验的准特区阶段；（2）获得作为经济特区对待，但不是正式的经济特区地位；（3）海南单独设省，在全省范围内设立经济特区。由于经济发展方向问题和行政区划层级定位问题交织在一起，特别是在行政层级调整问题还没有明确之时，此问题对海南发展的负面影响尚未得到清晰认识，就使得相关政策的制定更加复杂和困难。回顾这一过程可以看到，这一时期不仅海南的有关政策在不断变化，而且海南的发展目标或方向也在不断调整或变化。换言之，这一政策的制定和实施过程也是一个不断寻找目标和锁定目标的过程。

如今，海南的开放事业早已走上正轨。正如前文所指出，海南特区之路表明，在启动一个庞大而复杂的经济特区计划的初期政策过程中，决策者通常不可能在开始时或在短期内获得最佳的决策输出或解决方案，甚至未能获得一个明确的目标。这需要在实践中不断摸索，需要对存在的问题不断进行深入思考和探索，同时使所需的方法和目标朝着更好的方向不断调整。也就是说，在这样的背景下一种离散式的渐进方法是适用的。这种方法，也可以理解为“在行动中寻找正确的目标”。事实表明，这是一种在需要因应存在诸多不确定性因素的决策环境中应当采用的有效方法。

在考察渐进主义方式的前两个要素的适用性后，我们现在转向对第三个要素即对党派间的相互调整问题的审视，看看它对解读经济特区政策过程是否能起作用。

9.2.4 “不同派别之间的相互调整”可行吗？

用党派相互调整的模式来讨论经济特区的政策过程，就是探讨参与政策制定的不同利益主体的思路、观念与诉求如何相互接近和相互调适，以达到一个为大多数人所接受的政策目标。此处所说的党派，泛指政策过程中持不同意见的派别，当然亦可包括真正的党派。林德布鲁指出，引入这种方法，是要在没有作为主要协调者的核心机构或权威人物统筹的政策过程中，实现协调一致。然而，中国的现实政治生活中，没有核心协调者出现的决策情况极少见。中国的政治体制特点决定了从中央到地方的所有决策机构都有自己的协调者，这种协调者可以是个人，也可以是组织。例如，执政党的最高领导人可以协调中央政治局和中央委员会，各级党委书记可以协调他所领导的党委，上级机构可以协调下级组织机构，等等。没有核心协调者统筹的情况只能是指应通过投票表决来决定政策选择的情况，如执政党各级党代会代表和各级领导机构成员的选举，以及全国人民代表大会在各个层面的选举。其实，即使在这种情况下，在不同的级别上，如果有重大决策问题需要投票表决时，该级别及以上的主要领导人和上级机关仍然有影响决策的权力和渠道。然而，另一方面，正如我们在 8.3.3 中所论及的，中国现实中存在着权力分散性的特点表明政策过程中发生协调效率较低的可能性。因此，无论在是否有协调者的情况下，根据中国的实际情况，要在协调基础上实现有效决策，党派之间的互相调适其中包括通过谈判和议价的方式来进行调适是必须的。

用这种方法来分析经济特区进程中的政策过程，我们是否可以发现在不同层次上使党派之间相互调整成为可能的决策行为呢？在中央层面，主要表现为召开中央政治局会议、国务院会议和中央专门工作会议，这样的会议使相关决策者有一个相互交流和交换意见的机会。这些方式往往会导致决策的不同程度的调整。例如，制定经济特区政策通常涉及经济、立法、计划、财政、税务、外贸和银行等多个部门的事务，需要由执政党中央机构或国务院领导召集各有关部委的负责人共同研究制定。这种方式涉及较多的相互调节，包括协商和议价，从而制定出各方面都能接受因而更具可行性与合法性的政策。在地方层面，也需要召开类似的会议。

在需要解决中央与地方之间的利益关系、地方不同主体之间利益关系的政策制定过程中，一般更多地采用协商或议价的方式。洋浦风波发生后，为了寻求解决办法，召开了有中央领导、各省党政领导人参加的中央特别工作会议（6.4.4）。海南领导人在一些中央和省级领导的支持下，曾据理论争，未作丝毫退步，努力争取达到自己的预期目的。然而，最终结果对他们不利。在省部级层面也经常发生这种情况。当需要解决某些重要的政策问题时，以特定主题为中心的论坛和会议为政策制定者提供考虑政策制定圈内外人士意见，同时允许意见各方相互调整的机会。在推进特区发展的过程的不同阶段，曾多次召开这样的既有专家学者作为决策部门顾问参与，也有主管领导和各级相关部门机构负责人部参加的会议。实践证明，它是决策者与专家学者，以及不同决策者之间为寻求更好的政策产出而进行相互调适的重要渠道。20 世纪 90 年代初，浦东项目之所以受到高度重视，一个重要原因是国内外专家学者的积极推动。这些人士在不同的论坛和会议上，一次又一次呼吁论说，指出和强调浦东开发的重要性，建议当地政府及时抓住这个千载难逢的开发浦东的机会。总之，上述三种渠道是为政策制定者提供的相互调整的基本方法，在中国经济特区创建和发展的政策过程中发挥了积极的作用。

根据上述分析，我们可以很清楚地看到，渐进主义模式不仅对于中国的政府决策实践具有很强的适用性，而且在中国经济特区的决策过程中发挥了重要作用。那么，为什么渐进主义决策模式如此受欢迎，是什么条件使得渐进主义在改革开放时期中国的政策过程中发挥重要作用？这是在下文要深入探讨的问题。

9.2.5 为何渐进主义决策模式有高度适用性？

现有的事实表明，在中国经济特区创建发展的决策过程中，渐进主义模式至少如下在三个方面得到应用：经济特区概念和经济特区创立规划的提出；经济特区发展建设的总体思路；以及经济特区相关政策的制定。因此，渐进主义是推动经济特区发展进程的基本决策模式。但是，我们是否可以说，在经济特区的所有政策过程中，渐进主义决策模式是最好的选择，而且是唯一的选择吗？要回答这些问题，需要从不同侧面对特区政策进程进行探究。

我们知道，在社会主义国家创办经济特区是中国改革开放战略的直接产物和重要组成部分，对中国来说是一个全新的事物。既没有现成的经验可以直接借鉴，也无法从经典著作中找到相关理论可作指导。因此，一切与经济特区有关的政策，包括作为对外开放进程中的一项重要试验而提出的经济特区概念和创立方案，都需要在实践中逐步探索、创制和创新。在此过程中，试验是非常必要的。这表明，在经济特区政策进程中采用渐进方式合乎常理。例如，经济特区方案的建立经历了三个阶段或三种构想的考虑：从工业园区或出口型加工区到出口型特区，再到经济特区（见 5.2），就是一个决策者逐渐接近一个明晰和适当的政策目标的过程。

除了这样的必然性，在经济特区创立发展进程中，特别选择渐进主义方式进行决策也具有必要性。在许多情况下，一项将做出的决定或将要执行的政策或许不是最好的，但在一个特定的需要做决策的时间节点和特定的背景下却是必要的选择。例如，最初确定第一批经济特区所选择的目标地名单如今不能被认为是最好的，譬如它没有包括浦东，十年后邓小平亦对此深感遗憾，不过这样的决定在当时可能是最好的。因为基于经济和政治的考虑，当时都选择了那些毗邻或最接近中国香港、澳门或台湾的地方。在中国实施经济特区发展战略已经 10 年之后即 1990 年，浦东才被国家列入考虑范围。这充分说明，一个比较好的理念，比较好的政策通常并非能一蹴而就，更不能凭空产生，它需要时间去探索和发现。但是，在直面需应对与抉择问题必需作出决策时就必须果断决策，而不能议而不决瞻前顾后等待“最好的”方案，以致错失良机。

在海南案例中，同样我们不能说用这种渐进方式决策所能够获得的决策输出是最好的决策。然而，在海南迫切需要发展，而在时间压力之下无法进行更充分的研究，更完美可行的备选方案无法获得的时候，以渐进方式进行决策获取令人满意的决策输出就是必然的选择。无须说，如果改革伊始就有一个完善的总体构想总体决策，比如像后来那样决定全岛办特区、海南单独设省，以及所有相关政策都能制定到位，当然非常之好！这样，完美的决策可以一次完成。遗憾的是，这种奢望不过是不切实际的镜花水月。

总之，在一个不断向前发展的政策过程中，人的理性是有限的，而“最优”是无限的。因此，在时间压力和任务压力无法缓释的条件之下，只有在一个限定时段内做出的选择，“最优”的说法才有意义。这些事实说明了渐进主义模式在经济特区创建发展的决策实践中能有突出表现的必然性。邓小平的“摸着石头过河”的名言，既概括了渐进式决策在中国政策过程中运用的实质，也指明了渐进式决策的必要性。这意味着，在决策者需要“过河”的时候，如果不能找到桥或船且无法建桥造船，而时机稍纵即逝，那么即使是“摸着石头过河”，也必须尽快过河！而不是等到桥或船都准备好了才过河。否则，就会与机遇失之交臂。用这一观点来解释经济特区的创建发展历程，可以清楚地说明，当中国的对外开放事业和经济特区计划迫切需要推进时，即便面临诸多不确定因素，即便当时能够做出的决策不一定是最优的，也必须当机立断作出决策，而不应观望踌躇，错失良机。当然，日后在有船有桥的条件下，即有可靠的经验和方法可以借鉴的情况下，则不必再耗人力物力去摸着石头过河导致延误决策。

经济特区政策过程中采用渐进主义模式具有必要性也有其历史原因。为了防止重蹈导致经济建设重大损失的如同“大跃进”那样的冒进政策之覆辙，需要改革开放时期的中国领导人以更为科学审慎的方式来进行决策。

此外，我们需要注意到，中国在经济特区政策过程中采取渐进主义方式并不意味着要放慢其工作效率。邓小平在倡导用“摸着石头过河”的方法来应对中国发展道路上所面临的种种不确定性的同时，多次在各种场合强力鼓励中国的各级领导者和干部群众更快、更大胆地推进工作。在一次重要的讲话中，他指出：

> 从事改革开放事业必须更加大胆，必须勇于尝试。不应该像小脚女人那样。只要一个问题被认为是正确的，就要大胆地尝试，大胆地开辟新的道路。深圳的重要经验是敢于闯出一条新路。没有一种大无畏的闯劲，没有一种敢闯敢干的闯劲，没有一股冲劲和干劲，就不可能走出一条好路子、闯出一条新路子，就不可能干出一番新事业。做任何事情都有完全成功的可能，没有任何出错的危险，没有任何风险，谁敢说这句话？……我从来没有这样想过（邓小平，1993，372 页）。

从邓小平的“过河论”和上面这段话，我们可以看到邓小平决策思维方式的两个要点：在政策问题上采取渐进式的处理方式，但是一旦决定就必须勇敢地大刀阔斧干下去，而且要尽可能干得更快一些。这看起来似乎有些矛盾。然而，它是一种重要的平衡。强调前者，是为了避免急躁冒进，避免犯大错误；倡导后者，是为了迅速推进中国的改革开放事业，尽快缩小与发达国家和地区的差距，迎头赶上。因此，改革开放时期中国决策行为的方向就一直是在设法找到平衡这两个原则的方式和路径。

总之，依据上文论证，在很大程度上，渐进主义式决策模式对于解读在面临诸多不确定性的经济特区政策过程中是适用的。这种决策方式有利于扩大政策制定的参与界面，有利于进行更细致的可行性研究和可操作性试验，以逐步获得更可靠的决策输出，从而避免或减少风险和损失。概而言之，促使这种具有重大现实意义的渐进主义决策方式的运用得到增量性发展之主要原因有四：一是推进存在着诸多不确定性的经济特区进程和相关开放政策制定的需要，在此过程中，实施一系列新项目新政策需要探索前行；二是促进中国经济快速稳定发展的需要；三是新时期思想解放的结果；四是深刻汲取了历史的经验教训。

然而，在强调采用渐进主义决策模式的重要性及其利好时，必须指出，渐进主义模式归根到底是为了因应存在较多不确定因素时的决策需要，以利于在人的理性与可为决策所用的资源之间取得平衡。因为，两方面都必然存在局限性。不过，在事关重大变革的政策必须制定，而又没有足够时间采取循序渐进方式的情况下，采用渐进主义方式则显然不适宜。在这样的情境下，应当运用最优化方法。在经济特区创立和发展进程中，一些政策制定的过程可以用最优化方式来解释。

9.3 最优化方法之解读

如果把渐进主义决策模式视为致力于获取政策过程中人类理性的有限性与决策资源的可获得性之间的平衡，那么，其他的决策方式，如最优方法，就可以被视为追寻理性主义决策模式与渐进主义决策模式之间的平衡所作的努力，因为它们旨在理性模式与渐进模式之间探求一条能取二者之长而避其所短的中间道路。最优化方法的核心理念是超理性成分、增加理性要素和元决策。本节运用这一方法分析中国经济特区的政策制定实践，考察这一方法如何以及在多大程度上适用于解读中国的政府决策实践。

现有的证据表明，在经济特区进程的一些事件中，可以看到最优化决策方法得到部分的但却显现突出意义的应用。首先，就决定如何决策的“元决策”而言，其重要性和有效性可以从决定经济特区进程的理论和指导原则的路径看得很清楚。我们知道，经济特区是中国改革开放战略的产物和重要组成部分，因此确立改革开放的各项理论和原则，制定创立和发展特区的大政方针，是推进特区决策进程的出发点和依据。那么，这些核心理论和指导思想是如何成功制定的呢？从宏观层面审视现实，其根本原因就在于制定了正确的元政策。此即，中共十一届三中全会以来，中国决策者逐步确立了一系列适用于指导决策的理论、原则和方法。这些就是实事求是思想路线的回归，坚持实践是检验真理的唯一标准，邓小平猫论的强调，以及后来提出用作判断各种新项目、新政策是否可行的三条标准等。这些理论和原则既是政策制定的指导思想，也是评价政策抉择后果的标准。此外，“摸着石头过河”这样的决策方法，就更为人们所熟悉。本质而言，“过河论”也属于元决策的范畴，因其警示和指导人们如何以谨慎求实的渐进方式来进行决策。在这些原则和方法的指导下制定的各项政策，带来了中国经济特区的勃兴和发展，这早已是不争之事实。

其二，另一个部分体出现最优化决策模型应用的是第一批经济特区选点的确定，即在首批特区目标地选择中加入了超理性成分和理性元素。一般而言，一个地方要选为经济特区，应该选在沿海地区，这样才有利于外向型经济的发展。然而，这样的地方，包括城市和城镇，全国有一百多个。为什么要首先选择这四个城市建立经济特区？实际上，这一考虑不仅包括一般的地理条件，而且还包括对其特殊的政治地理、经济地理意义的审慎评估。这就是，它们应当拥有与中国香港、澳门、台湾和海外华人建立密切联系的更大可能性；应能便于与港澳台及海外华人建立更密切的经济关系以利于促进中国经济发展，同时又有利于对他们产生积极的政治影响，以实现促进中国统一进程的目标。为了作出这样的选择，决策者需要创新性思维，需要集中群体的智慧进行正确的判断（根据决策者的意图，考虑那些最重要和最敏感方面的问题），有选择地审议各种备选方案和对拟选目标的解释（只限于考虑那些具有上述可能性的特别的城市，而不是考虑沿海地区的所有城市）。

改革开放所取得的成果已经证明，中国第一批经济特区的选点是明智的。例如，深圳毗邻中国香港，长期以来一直被香港市民和投资者视为中国政策的晴雨表。随着深圳特区发展的成功和繁荣，以及越来越多的外资经济成分在那里增长发展，香港投资者大大增强了他们在中国内地拓展业务的信心。例如，仅在浦东新区，在来自不同国家和地区的投资项目和投资总额中，香港都分别占总量的 40% 以上（Oversea Chinese Scolars, Electronic Edition，《海外学人》，电子版，第 126 期，1997 年 6 月 13 日）。更重要的是，深圳的繁荣稳定增强了港人对“一国两制”政策的信心，这对香港在过渡期内保持稳定乃至香港主权和平移交，都非常有利。从以上分析可知，经济特区的选址是一种超理性与理性元素相结合的决策，做出这样的决策是基于对中国经济、政治、历史等多种因素深刻分析和综合评估。决策者通过审慎评估这些因素及其相互作用的影响，最终确定这些首批经济特区的选点名单。

从上述讨论可以使我们看到，最优化模型对中国经济特区政策过程解释的适用性，集中于那些必须在给定时间内明确决定的具有重大影响的政策问题，以及为取得更好的政策产出必须设计决策程序的情况。在经济特区政策进程中的这类特殊情境下，最优化方式的应用产生了比较合理可靠的决策。至于其他类型的情况，最优化方法似乎并不适用。比如，当决策资源足够好的时候，如同浦东规划，就不一定需要用这种办法；而当决策面临太多不确定性时，也不可能采用这样的方法。这一事实表明，一种决策模式只有适合特定情况的需要时才是有效的，这正是权变决策方式所要求的。下文对权变决策模式的适用性作分析。

9.4 权变方式之解读

权变方式的实质，是强调一种决策模式只有应用于适合于该模式所要求的特定情境的政策过程才是有效的。下文首先概述经济特区过程中各种权变方法的应用情况，然后详细讨论各种权变理论的适用性。回顾经济特区的政策过程，正如我们在本章和前几章所论及，正是根据不同的具体情况采取了不同的决策方式，从而在不同程度上能够以较高的效度实现预期决策目标。以下是一个简要的决策模式应用分类。

- 应用最优化模式的元决策理念、超理性要素等确定决策的指导思想、原则和方法，使创立经济特区的构想、特区相关政策和第一批经济特区的选点得以产生和确定；
- 制定中国改革开放的宏观指导思想和战略主要是采取理性主义决策模式；
- 制定中国经济特区进程的具体计划和主要政策，采用了一种离散式连续比较的渐进主义决策模式；
- 海南发展进程所经历的是一个典型的离散式的渐进主义决策过程；
- 在确定那些具体的规划项目，特别是技术含量特别高的项目时，采取高强度的理性主义决策模式，如浦东新区的规划。

这些事实表明，权变方式看来有很不错的解释力，适用于从宏观、中观和微观层面解读中国经济特区创立发展的政策过程。在不同的背景情况下，决策者寻找和发现不同的可能性和条件，从而确定决策行为的本质和方向，进而采取适当的决策方式，获得较好的决策输出。

如 3.1.5 所论析，权变理论包括三个重要的模型：（1）克里斯滕森（Christensen）提出的关于决策的四种典型情况和相应的四种处理方法。（2）福雷斯特（John Forester）提出将决策背景看作是从理性主义的理想化情境到高度政治结构化的决策情境的连续统，并据此确定与之相适应的决策方法。（3）帕齐·希莉（Patsy Healey）提出的政策过程形式是围绕一组特定问题进行利益调节的产物，并根据以三条准则确定的变量关系提出决策过程形式的连续统。下文依次检视这三种模型的适用性。

首先，我们讨论克里斯滕森的模型。克里斯滕森定义的第一种情况是已知技术；有了商定的一致目标。在这种情况下，决策者需要按照标准和常规的程序来匹配一种有效的技术来达到目标。回顾浦东新区的规划历程，可以发现，这是能用这种模式的第一种情况解释的一个典型的案例。在此过程中，规划的目标非常明确，即确定要达到世界一流的现代化大都市水平，并能够得到包括资金和智力支持在内的充裕的技术资源（见 7.2.4）。因此，正如克里斯滕森所说，在这里，决策者扮演着规划者、标准化者、规则制定者、调节者、调度者、优化者和管理者的角色，他们的任务是制定规划方案，制定规划标准和达到标准的规则，选择和优化备选方案，并对规划进程进行管理。

克里斯滕森定义的第二种情况是未知技术；有商定一致的目标。在这种情况下，决策者需要以发明创造的敏感性，通过渐进迁移，获取必要的知识，寻找有效的方法。沿海经济发展战略（见 4.1.3）是由经济特区理念引发的，而后经济特区成为这一战略的一部分，它的形成即可用这种模式来解释。正如前文所指出，在制订开放策略时，并未提出沿海经济发展战略。中国改革开放之初，对外开放已经是一个既定目标（商定的目标），但是如何去做、以什么方式做并未清楚（未知技术）。因此，推进对外开放的实际过程就是不断探索开放路径的过程。正是在这一探索过程中，经济特区、经济技术开发区、沿海开放城市、沿海经济开发区等发展战略相继出台，最后形成沿海经济发展战略。我们知道，所有这些方略，包括“沿海经济发展战略”，不仅是中国对外开放战略的重要组成部分，也是中国对外开放战略的重要方式。然而，在制定这样的对外开放战略时，决策者并非一开始就对其了然于心。因此，为了寻求推动对外开放的路向与路径，政策制定者从行动伊始就扮演着如同克里斯滕森所说的参与其中的推动者、促进者、调停者、规则制定者和谈判者的角色。从沿海经济发展战略形成的发展历程来看，决策者们为这一总体战略的形成做了大量重要工作（在具体方式尚未明确的情况下），他们推动各种新构想新观念的发现和创造，推动各种新路径的发现与确定，推动各种新经验的总结与推广，推动新政策与新项目的酝酿与制定，组织与协调不同层次、不同方面的经济力量与行政力量来制定和实施新战略。在此基础上，以特区为起点的上述方略次第出台，最终形成的完整的“沿海经济发展战略”，成为中国推进对外开放进程的重要途径之一。

克里斯滕森定义的第三种情形是已知技术；没有商定的目标。在这种情况下，政策的制定变成一个议价过程。这种议价需要协调各方参与者之间的利益冲突和目标冲突。海南经济特区政策进程的实践说明了这种模式的解释力。如第 6 章所示，海南发展进程经历非常曲折的道路。其根本原因是，在初期甚至中期阶段，虽然国家和海南改革开放的总方向都是确定的，但决策者却没有明确的关于海南如何发展的具体目标或方向。因此，寻找一个适当的方略就可能涉及各方决策者之间利益矛盾并引发一系列议价行为。其政策过程面临诸多不确定性（见 6.2–6.4，8.3），包括经济建设战略和行政体制等方面的各种重大问题。自改革开放以来，这些不确定性引发了许多挑战，需要加以识别和解决，如中央、广东省与海南地区之间的利益关系和权力关系。在海南的发展历程中，政策制定者如克里斯滕森所说那样，扮演了务实者、调节者、研究者、实验者和创新者的角色。海南的曲折经历显示，涉及探索、研究、议价的政策过程，主要是关系到海南加快发展的利益和权力关系应该如何界定，应该向什么方向发展的问题。在此过程中，决策者根据实践的需要不断调整政策目标和权力关系，最终得以确定一个较好的、各方都能够认同的决策输出——一个较好的发展目标。

克里斯滕森定义的第四种情形是未知技术；亦无商定的目标。在这种情况下，决策成为在混沌状态下对工具和目标进行搜寻和排序的过程，决策者扮演魅力型领导者和问题发现者的角色，以务实（渐进）的方式进行决策，以应对所面临的不确定性。确定和推进经济特区计划的过程，可以用这样的模式来解读。作为中国对外开放战略的重要组成部分，1979 年以来，经济特区一直被视为中国对外开放的“试验田”“桥梁”和“窗口”。但是，正如前文所指出，在这个计划推出之前并没有一个现成的方案，甚至没有一个明确的概念。这意味着，这种情况是没有既定目标，亦未知技术——建立这些“试验田”“桥梁”和“窗口”的构想和如何建立都是未知的。于是，在这种情况下，中国的决策者动员各方参与以推动开放的进程，在此过程中发现了下级的创意，并及时制定政策和确定方案。于是，中国经济特区从无到有，从小到大，从少到多，从弱到强，从不成熟到比较成熟，已经发展成为中国对外开放事业的重要组成部分，在中国现代化建设中发挥着重要作用。考察这一过程，不难发现，决策者在这一伟大的创造性事业中发挥了参与促进者、主动发现者、关系调停者和策略制定者的关键作用。

用克里斯滕森的模式分析中国经济特区发展进程决策实践，其优点在于：它清楚地界定了一些鲜明的对比情境，便于观察者分析特定环境中的任务和方法。但是，其存在的问题也很突出：决策的情况并不能简单地按照已知与未知、同意与不同意这样截然分明的态势来界分与技术和目标相关的四类问题；决策背景情况具有多样性和复杂性。在所有可能的层次上，决策者拥有技术或目标的程度各不相同。例如，已知的技术可能约占三分之一、一半或更多；一项可能商定的目标可能已经接近一半或接近完成，或仅是在实现商定目标的道路上的某一节点被确定下来。因此，单纯用“是”或“否”来界定非常复杂的，通常难以定量定性的拥有技术与明确目标的相关情况，并以此来分析和选择决策方法似乎相当含混，缺乏足够的科学性。

福雷斯特的权变理论强调决策情境是一个连续统一体中的线性变化，它把决策情境从理性主义者的理想化情境到高度政治化的结构化决策情境描述为一个逐渐减少（前者）和增加（后者）的过程；并据此确定相应的决策方法。检视经济特区的发展历程，一些重大的决策行为可以按决策情境在上述连续统一体中的变化进行排序。这份清单，从高度理性主义的理想化状态到高度政治化的结构化状态，依次是：浦东规划确定→浦东项目启动→经济特区规划确定→深圳经济特区确定→海南发展方向与海南定位。根据我们所讨论的事实，这一线性序列表明，这些个案排序从起点到终点，决策的不确定性逐渐增加；相应地，处理决策的方法也就逐步从理性主义向渐进主义转变。

希莉的模型与福雷斯特的模型具有可比性，它以一个利益调节关系不断变化的连续统来考察决策方式，强调随着利益调节关系的变化，决策过程的形式也会发生变化。根据希莉连续统及相应的过程表，特区过程中的重大政策事件可按其利益协调关系列出如图 9.1。

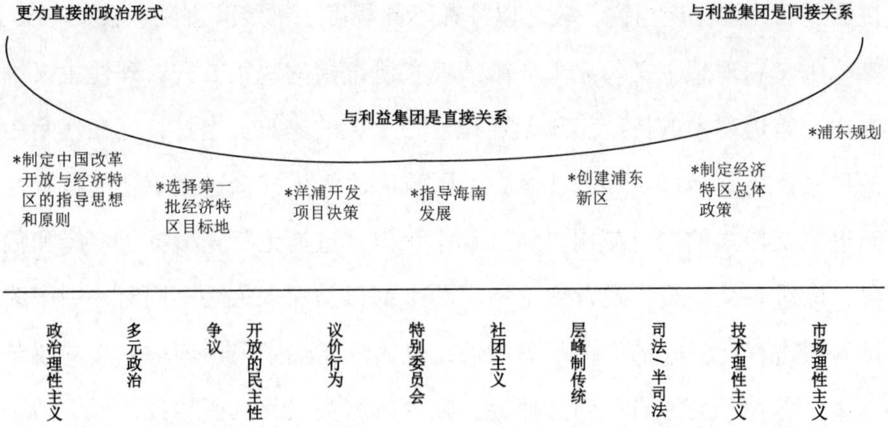

图 9.1　使用希莉（Healey）权变模型检视中国经济特区建立的政策进程

希莉的权变模型对经济特区政策过程的考察表明，政策过程的方式根据政策问题的背景和实质的变化而变化。与利益有更多直接联系的决策，涉及更多更公开的民主辩论和议价行为；而那些与政治因素关涉较多的决策类型，涉及政治理性较高行为；那些技术因素较多、与具体利益不直接挂钩的决策，则更多地涉及技术理性与市场理性行为。该模型从另一界面揭示决策内容和利益与理性相关度的变化对政策过程形式的重要影响，有助于更好地观察和理解中国经济特区创建发展的政策制定过程。

9.5 结论

本章以所选取的四种决策理论对中国经济特区决策进程的考察结果表明，它们能够在不同程度上适用于解读中国的政府决策实践。理性主义模式作为一种根本性的决策模式，在改革开放时期已经显示出日益增量地被引入政策过程，这是 20 世纪 70 年代末以来中国改革开放不断推进的逻辑发展。应当说，较之以往在不同程度上被经验主义、教条主义、整体主义和理想主义勾兑革命激情模式所裹挟的决策方式，理性主义因素在决策进程中的持续彰显无疑是一种重大的进步。当然，其在运用中的局限性仍须予以足够的注意。中国政府决策模式演进更重要的特征是渐进主义模式的广泛应用。经过邓小平以“过河论”来概括、演绎和倡导，渐进主义决策模式在理论和实践上都日益深入人心。同时，中国改革开放进程所面临的许多不确定性，也大大增加了采用渐进主义的改革以减少各种社会矛盾和利益冲突，减少决策失误及其所导致的损失的必要性。这对推动中国的经济社会发展的重要性毋庸言说。采用最优化模式是中国决策者在需要作出重大决策，而可获得时间有限的情况下的一种有效选择。权变模型提供了从不同界面对中国政策过程进行分类型分析解读的方式，亦对理解中国决策模式的流变颇多助益。这些情况说明，在中国经济特区创立发展进程的实践中，采用各种不同的决策方法之所以有效，是因为它们能够在或是决策性质和内容，或是决策复杂性，或是决策利益关系的协调等方面，或是在综合方面符合特定的情境。因此，寻求政府决策的可行方式与路径，必须审时度势慎思明辨，因应不同决策背景与决策问题的现实需求。

第 10 章　结论：一个综合性的解析

至此，本研究已完成如下四项工作。（1）分两组对主要的决策理论和决策模型进行系统论述，包括以实然性研究为特征的关于政策是如何制定的国家理论，和以应然性研究为特征的关于政策应当如何制定的理论。（2）对若干所选择理论和模型对中国实践的适用性进行了一般性探讨。（3）创建中国经济特区决策基本进程的回顾。（4）论析所选择理论与模型对于解读建立中国经济特区决策过程的适用性，这是本研究的重点。上述工作使我们得以从理论和实践的不同层面和视角认知这些理论和模型的适用性，以及改革开放时期中国政府决策行为的变化及其主要特点。

作为结语部分，本章以综合研究的方式，对上述理论与模型的适用性进行分析，并对中国经济特区创立发展的决策过程进行多维度的全面考察。前两章的论述，主要是以每一种选定的理论或模型为工具分别分析政策过程，其特点是从一个特定的理论界面观察政策实践，分别聚焦检视某些要素的作用。与此不同，本章对问题的探讨使用一种以综合理论来进行探讨的方式，并把描述性与规定性分析方法相结合。同时，对问题的论析不仅致力于探究决策过程中各相关要素的影响，而且分析各要素之间相互作用对决策的影响和制约。通过这样的综合分析，形成本研究的最终结论，即本研究的主要发现。

10.1 进一步讨论：以综合理论进行全面分析

依据第 2 章和第 3 章已作论析的相关理论和模型的基本思想，以及第 8 章和第 9 章运用这些理论模型所进行的实证分析，本章从如下三个方面进行全面的分析。（1）探讨在中国政府决策过程中起重要作用的五个关键要素：决策权的结构和运行机制、决策过程参与者、决策动机（动力）、决策的基本理论和方法，以及决策的政治环境。（2）分析不同时期各要素对决策过程的影响方式与影响程度。（3）揭示影响决策过程的各要素之间的互动关系。

虽然在前文相关部分审视若干选定理论与模型的适用性时，已经对中国的决策行为作一般性探讨，但研究的重点是经济特区决策进程的经验研究。因此，在进行全面分析之前，首先需要对 1949—1995 年间中国决策行为的主要发展变化作一个简要回顾，这是进一步研究必须廓清的背景。在此基础上，再对影响中国决策行为的各要素进行分析，探讨各要素之间的关系及其变化，以及产生这些变化的原因。

10.1.1 对不同时期政府决策行为的简要回顾

1949—1957 年中期。这是中共建立新政权成为执政党的初期阶段，通常这被认为是共和国建政后至 20 世纪 70 年代末改革开放之前政治上比较开明的时期。这一时段执政党与政府领导层的民主氛围相对较好，宏观政治环境相对宽松。执政党和政府的高层、省级和其他层级政府的领导者，都还比较愿意接受各级领导层内外的意见和批评。这一时期的决策有三个特点。

- 个人崇拜还没有很突出的发展。执政党的高层决策通常还不是仅由一位最高领导者或少数人主导，执政党内的各层级干部和党外人士尚能发表不同意见，甚至在一定程度上能对国家领导人提出批评。
- 尽管新政权的行政机构仍处于初期发展阶段，但在政策过程中能够发挥一定的作用。各级各部门干部在一定程度上还有表达他们的意见的权利和机会。
- 在一定程度上，公众意愿甚至批评意见尚可通过一些比较正常的渠道表达。

1957 年夏—1962 年初。这一时期发生了一系列政治运动，如反右运动、反右倾机会主义等。同时，在经济领域发动了所谓的“大跃进”。政治和意识形态控制日趋强化，使政府决策过程逐渐形成以下一些主要特点：在最高层及以下各级党政领导机构，个人作用不断突出，集体作用不断消减。主政者不愿听取党内党外不同意见的倾向在迅速发展。这方面在最高领导者身上表现得尤为严重。

知识分子历来都是社会中最有可能且最愿意为国家决策提供建设性建议的群体，但由于接踵而来的各种政治运动的严厉批判斗争和随之发展的日趋严峻的高压，他们的热情和积极性受到极大挫折和伤害。从此，他们参与或影响国家决策的可能性与主动性急剧消解。

1963—1966 年。这是中国进行国民经济调整的一个重要时期。因“大跃进”的错误及其带来的严重后果，毛泽东在 1962 年初的中央七千人大会后离开主要领导岗位，刘少奇担任执政党和国家主要领导人。由于采取了一系列新的政策来力图克服 1957 年以来一系列“左”倾政策所造成的错误，国家的经济状况得到一定程度的改善。这一阶段最初的政策过程似乎比前一阶段显现出开放和包容。然而，此时政治局势的发展却十分令人忧虑。毛泽东在反省“大跃进”错误时，对自己的错误并没有深刻认识，他的自我批评相当勉强，甚至在很大程度只是一种姿态。9月24—27日，中共中央八届十中全会在北京举行，毛泽东在会上作了关于阶级、形势、矛盾和党内团结问题的讲话，把社会主义社会中仍在一定范围内存在的阶级斗争作了扩大化和绝对化的论述，断言在整个社会主义历史阶段中资产阶级都将存在，并存在资本主义复辟的危险，强调阶级斗争必须年年讲、月月讲、天天讲。毛的这个讲话标志着政治思想上“左”倾错误的进一步严重发展。这样的理论导向对这一时期各方面的国家决策都起了决定性的作用。

正如中共中央后来在《关于建国以来党的若干历史问题的决议》（1981年6月27日）中所明确指出的，由于毛泽东关于社会主义社会阶级斗争的错误理论逐渐占主导地位，同时他个人独断专行的作风日益损害党的民主集中制，个人崇拜进一步发展，而这些错误未能及时纠正，最终导致“文化大革命”历史浩劫的发生。

1966—1976年。这就是所谓的“无产阶级文化大革命”时期。此期间，毛泽东的个人集权实际上代替了执政党中央的集体领导。对毛泽东的个人崇拜发展到了不可理喻的疯狂地步。执政党和政府的所有重要决定，无论是政治的、经济的，还是外交的，以及国家事务的所有其他关键方面，都要根据毛泽东的最后指示而定。同时，在全国范围内，从上到下，只允许表达与最高领袖思想一致的言论，不允许任何人持有与之不同的看法。在这种情况下，政策制定的方法就是典型的“主要领导者绝对主导模式”。实际上，由于个人精力、时间以及对诸多领域问题的认知能力的限制，毛泽东并不能直接有效地独自应对和处理所有重大决策问题。因此，这样的决策方式实质上为那些政治野心家投机者提供了使他们能够通过影响最高决策的方式来操纵国家大政方针的制定乃至蓄谋篡夺权力的可能性。

1978—1989 年。在这一时期之前，有一个短暂的过渡期，即从粉碎“四人帮”到中共十一届三中全会召开前夕的两年时间，史称“徘徊时期”，因为这段时间最高决策层对治国理政与国家发展方略无法定向。中共十一届三中全会之后，邓小平成为中国新一代集体领导的核心。这一阶段，随着改革政策的推行，政治环境逐渐宽松，民主气氛逐步恢复。虽然国家领导人仍在决策中发挥关键作用，但政治精英中的其他成员包括非中共的高层人士也是决策进程的重要参与者。特别是在经济领域，多元化趋势正在逐步发展，这有利于创造更好的决策环境。一些较好的决策方法得以有效采用。所有这些变化，带来了一系列较好的政策输出，从而在加快中国经济建设、增强中国综合国力等方面取得许多重要成果。但在这一时期的后阶段，政治方面的一些微妙变化也在不断滋长，导致政治平衡的失控。

1990—1995 年。正在进行的改革开放进一步发展深化，触及或影响了中国社会的几乎所有领域。邓小平退休，但对国家最重要的决策仍有举足轻重的影响。从体制上、程序上所采取的一些较好的决策方法和措施，有利于较好地广泛吸收国内外各方面的意见和建议，从而加快中国的经济社会发展和现代化进程。

通过简要回溯当代中国不同时期政府决策模式的变化发展及其原因，使我们能够对主要分析对象的背景状况和因果事实有比较系统的认知。这为我们进一步全面研究与创建发展经济特区有关的决策过程提供基础。

10.1.2 经济特区创建发展决策过程中的主要影响因素分析

关于决策权的结构和机制　强调这一要素的重要性基于制度主义理论。对这一要素的讨论，旨在探讨中国现行制度所决定的政策制定权的配置和运作方式对经济增长的影响。通过研究建立经济特区的决策进程来对此进行探讨，现有证据揭示如下四点。

- 确定建立经济特区方案和相关政策的决定权集中在中央决策层，而不是省部一级。这种集中决策的长处，一是确保这些方案能够作为国家发展战略而获得较高地位，二是使相关决策及其实施有足够的权威和动力，以获得较高的效度。其短处是在一定程度上不利于地方主政者充分发挥其主动性和创造性。
- 执政党的权力在决策中处于核心地位。同时，政府系统的作用正在变得越来越重要。决策中前期的主要工作由各级政府相关部门机构来完成，执政党的领导核心拥有最终的决定权。这在经济特区决策进程的各阶段都可以看到，特别是在关键问题上。
- 由于在审查和批准一项政策问题时需要遵循一些比较严格的程序，这样的程序有时可能会被反对派用作实现其所寻求目标的合法手段。例如，有些政策问题，虽然主要领导人明确表态支持，但却因受到阻滞不能决定。例如，洋浦项目的审批就被拖延了三年。
- 非正式政治活动可以在一定程度上影响政策进程。例如，中共海南省委书记许士杰在“洋浦风波”发生后为挽救洋浦计划在不同场合所作的努力，也产生了一定的作用。

关于政策制定者　这是一个基于精英论的决策要素的议题，探讨政治精英在创建中国经济特区决策过程中的作用。决策者对政策制定的影响程度主要取决于其政治能力、专业能力，以及正式或非正式身份等，下文即聚焦于对这些问题的分析。

分析个人能力，包括政治能力与专业能力在决策中的意义，邓小平的案例极具典型性。中国的改革开放和现代化建设事业，以及作为其中一个重要组成部分的经济特区的创立和发展，都与邓小平有密切关系。这些重大决策不仅是主要由他倡导或支持的，而且是在他的直接指导下开展和推进的。现在人们普遍认为，邓小平的非凡才能、坚强意志、卓越智慧和丰富的政治经验，使他成为当代中国最优秀的决策者之一，在国内外享有崇高的威望。在经济特区问题上，他敏锐地抓住关于在深圳建立工业园区和出口加工区的创议并予以坚决支持，并亲自命名为“特区”；坚定不移地支持海南的洋浦计划；明确肯定浦东开发的重大意义并全力推动。这些事实突出地表现了他在发现、分析、判断和决定重大政策问题上的超常能力。显然，邓小平的表现充分说明决策者个人能力的重要性。

在省部一级，可以看到，20 世纪 70 年代末中共广东省委第一书记习仲勋和第二书记杨尚昆，在早期寻求、完善和支持建立工业区的构想中起到关键作用（见 5.2.1）。如果当时没有他们的卓有成效的工作，这个设想就不可能提上国家的议事日程。

比较浦东和海南的发展，也可以看到地方决策者能力的重要性。从总体上看，浦东新区在被正式确定为国家项目并开始全面建设时，开发情况基本是好的。除了其他方面的原因外，在很大程度上是得益于其决策者的较高素质。正是他们高效度的工作，才使浦东开发项目的研究、规划、组织和指挥等政策过程得以顺利进行。人所共知，1949 年以来，由于上海在中国政治、经济上的重要地位，作为一个直辖市，被任命为上海主政者的通常是能力较强者。例如，20 世纪 90 年代中共中央政治局的两位常委和一位委员，包括总书记江泽民和总理朱镕基，原来都是上海市的主要领导。相比之下，海南的情况则大不相同。虽然其面积比上海大得多，但作为一个偏远的孤岛，1988 年以前它只是广东省的一个行政区，因此在新省和经济特区成立之前，它的领导团队相对薄弱。而在同时独立建省与成立特区后，要在短时间内选拔和组织一支强有力的从省级到基层的干部队伍，诚非易事。客观地说，这也是海南发展坎坷，三个阶段都遭遇波折和干扰的重要原因之一。

另一个需要讨论的重要问题是决策者的地位，包括其正式的官方地位和非正式地位对政策进程的影响。在改革开放时期的中国，一个引人注目的政治现象是，决策者的一些关键影响来自其非正式身份，这样的影响甚至超出其正式身份所能产生的影响。为什么会出现这种情况？这样的状况如何影响政策进程？应该如何评价政策制定者的身份地位在政策过程中的影响？这些问题都值得进一步分析。从根本上说，应该肯定的是，党政系统的重量级身份对于一个参与国家决策行为的人来说是重要的。决策参与者在系统中的正式职务和级别通常决定其能够在多大程度上影响不同级别的政策进程。然而，这并非是现实的全部。改革开放以来的中国政治生活表明，没有相应级别的官方职位甚至没有正式的行政任命职位者也可能对决策进程产生不容忽视的乃至决定性的影响。譬如，邓小平自 20 世纪 70 年代末“平反”以来，一直不是执政党和国家的一号领导人，他最重要的正式身份只是中共中央政治局常委和中央军委主席。然而，他的真正地位和作用，无疑是改革开放以来中国的最高领袖，这是国内外公认的。邓小平 1987 年从中共中央政治局退休，1990 年从中央军委主席的位子上退下来后，仍然以他在中国的强大权威和巨大威望，影响着执政党和国家事务中每一个重大问题的决策过程。20 世纪 90 年代初，邓小平在上海考察工作后，向中共中央提出浦东开发问题，要求抓紧解决。接着，1992 年初，邓小平到南方（主要是经济特区）视察并发表一系列重要讲话，阐述肯定建立市场经济机制加速中国改革开放进程重要性的思想，极大地推动了中国改革开放和经济社会建设的持续发展。邓小平能够强有力地影响中国改革开放决策进程的力量，不仅来自他所拥有的权威和威望，他的卓越才干和功绩，而且来自他在 70 多年的革命和政治生涯中与执政党和国家领导机关、中央和地方高级干部建立的密切关系，以及由此产生的强大感召力。

这些事实说明，除了正式的行政任命职务外，由个人既有权威、威望和社会基础所构筑的非正式身份同样是个人能够影响决策的重要资源。事实上，在改革开放时期的中国，不仅是邓小平，还有其他许多元老，无论他们是否有相应级别的官方身份，都曾在中国的政策制定过程中的不同方面发挥不同程度的重要作用。出现这样的政治现象并长期存在，是由于一些历史原因所造成。由于“文化大革命”十年动乱的祸害，中国不仅失去了许多重要的有才干有能力的领导人，而且培养新干部的工作实际上也长期停顿。20世纪70年代末，当中国改革开放战略和大规模现代化建设终于得以启动时，出现了各级干部特别是能当重任的领军人物严重不足的情况。因而，许多超龄的老干部或继续身居要职，或当顾问，为新一代各级主政者出谋划策，并对执政党和政府各级机关进行指导和监督。因此，那些在不同层级的资深领导者，即使不在相关岗位上，也能对其所在部门机构的决策产生重大影响。

关于政策制定的动机（动力） 对这一要素的探讨，是从马克思主义决定论与经济全球化之影响的界面上展开。如果提出如下这样一个问题：进入改革开放时期，中国制定国家治理政策的主要动机是什么？其答案毫无疑问必定是，加快促进恢复和重振中国经济，使中国的落后状况尽快得到改善。如前文所分析，这样的紧迫感来自国内外形势对政权和国家的巨大压力，包括经济压力和政治压力。无须说，这种沉重的压力，在经济全球化的国际大环境中，已经更为突出和加剧。因此，中共十一届三中全会以后，在邓小平的倡导下，中共中央制定了“一个中心，两个基本点”的基本路线。一个中心是以经济建设为中心，两个基本点是坚持四项基本原则和坚持改革开放。这一指导思想也体现在“三个有利于”的判断标准中，即确定判断改革开放时期任何问题的是非标准是看是否有利于发展社会主义社会的生产力，是否有利于增强社会主义国家的综合国力，是否有利于提高人民的生活水平。可以肯定地说，在改革开放之前，中国从来没有如此明确和坚定地追求经济发展的动机和目标。马克思主义的经济基础决定论的思想，从来没有如此突出地在中国国家重大决策中得到坚定践行。幸运的是，改革开放以来这种动机一直主导着和强力推动着中国的政策制定行为。正是得益于此，中国经济连续 15 年以 9% 以上的速度迅速增长，一个经济强劲发展的中国正在崛起。

中国高层的决策者意识到，实施对外开放和建设经济特区的战略方针，在广泛扩大中外交流，吸收西方先进的科学、技术、管理方法和资金等各种资源的过程中，中国也可能会越来越多地受到西方思想文化影响。但是，自 20 世纪 70 年代末以来，中国对外开放的大门一直没有关上，也没有收窄。中国决策者认为，促进对外开放和经济发展，摆脱国家落后的困境，直接关系到国家的命运和前途，因此被视为作为高于一切的和不可改变的核心目标。决策的优先权实际上是改革开放和经济发展，而不是防范意识形态的入侵。换言之，在决策实践中，中国决策权威部门的实际做法是宁愿冒着可能的来自西方意识形态侵蚀的风险，也要实现经济的高速发展。

分析推动经济特区创立发展进程和相关开放方案决策的动机，还需要注意另一个特点，即在制定这些方略和政策时，既有经济上的动机，亦有政治上的追求。也就是说，在这种情况下，经济和政治动机是可以统一的。这既是促进国家经济发展、提高人民生活水平的需要，也是增强政权合法性和维护社会稳定，推进中国统一大业的需要。这些动机在决策过程中整合起来并得以强化，不仅形成了领导层的决心，而且也极大地激发了人民认同和支持的热情。

关于政策制定方法　分析这一要素，旨在探索中国如何改善其决策。那么，中国在制定有关经济特区和对外开放政策的决策过程中通常是采取什么方式呢？检视实践可以看到，这些方法主要有民主集中制、实用主义、渐进主义和理性主义和最优化方法等。

民主集中制是中国共产党一直强调的组织运行的根本原则，它要求在任何情况下都必须实行少数服从多数，下级服从上级，全党和机关服从党中央的这一民主集中制。它最初是一项组织原则，后来也被视为一项决策原则。在理论上，参与决策者被鼓励畅所欲言，大胆直言；但在实践中，仍然强调的一个重要纪律，就是要求各级党员干部必须与中央保持一致。这一要求在政治和思想方面尤为严格。所以，讨论贯彻民主集中制问题，主要是涉及经济方面。

西方个人主义传统则被认为是先自由后民主；相反，中国寻求的是民主与权威、个人专权和集中相结合，而不是与自由相结合（He, B.1996, pp.43-44）。但是，在许多情况下，这样的体制确实表现出较高的决策效率，因为它能够及时有效地处理决策者认为有利于国家利益的事务。邓小平在强调这种决策体制的重要意义时，曾明确指出：

> 社会主义制度的最大优点，就是中央一有决定，就迅速贯彻执行，不受任何干扰。当我们决定进行经济体制改革时，全国人民都响应了。当我们决定建立经济特区的时候，经济特区很快就建立起来了……从这一点来看，我们的制度是很有效率的（Deng, Xiaoping. 邓小平，1983 年，第 75 页）。

在对中国决策实践的审视中，我们在注意到权力集中在一定程度上有助于提高效度的同时，也需要注意到事物的另一面——决策模式上的分权和民主趋势发展的重要性。改革开放以来，中国经济特区创立发展进程的推进和相关开放项目的实施，见证了中国在经济与科技发展领域决策能力与决策效度的提升。正如在实证考察章节所讨论的，在相关决策进程中，来自执政党内外、地方和中央、专业和非专业、国内和国外的参与者、观察者或关注者都能够在较大程度上比较自由地发表意见，包括反对意见。到目前为止，尚无人因为发表不同意见而遭遇麻烦。可以说，创建经济特区的进程和实施对外开放战略在较短的时间内得以比较顺利比较高效地推进，并取得令人瞩目的成就，其显著的决策开放性和包容性是重要的原因之一。这样的进步使决策部门能够尽可能广泛地吸收各方面的建议和批评。

实用主义这个词语在中国的政界和学界从来不被青睐，甚至人们多半认为它是一个贬义词。然而，在西方研究者看来，中国领导集团所制定的推进改革开放和经济发展的主要政策通常是实用主义的。因此，西方学术界习惯以实用主义这个词来概括邓小平的政治哲学（Pye, L. 1995, p.32）。派伊认为，在一些中国人看来，实用主义一词包含着某种庸俗的含义，因为一方面，“它是对一个没有原则，只关心自身利益的腐败政客的作风的委婉说法”，另一方面，“从稍微体面的视界看，实用主义意味着一种没有较高的价值取向，没有什么是神圣的，只要价格合适，一切都可以出售的行为准则”（Pye, L. 同上）。应当说，派伊所揭示的某些国人对实用主义的看法比较到位，但这样的认知却比较偏颇。深度分析实用主义的行为，至少可以发现它的三种类型的表现：

- 目标和方法都是实用主义的；
- 目标是理性的，符合行为者的基本价值观，但实现方式是实用主义的；
- 目标是实用主义的，实现方式是理性的。

依据中国的实际情况，这里所讨论的实用主义是第二种路径，是理性导向型实用主义，即运用那些真正能够解决眼前问题的方法、理论和其他各种资源，去争取实现符合国家长远利益和根本价值的理性目标。中国以这一方针作为指导思想和根本方法，来制定和推进经济特区及相关对外开放战略的政策。作为邓小平的两大贡献之一，他的“建设中国特色社会主义”理论，本质上就是提供了以这种方式进行政府决策的思想基础（Beijing Review , vol.40, No.10/1997, p.8）。其理论的关键，是要根据中国的实际（人口众多，经济基础比较薄弱，经济社会发展比较落后等），来决定中国如何制定各方面的政策。这些政策必须有利于维护国家利益（符合“三个有利于”的原则），而不能重蹈教条主义的覆辙，照搬照抄经典著作或文献中的原则和方法，或者照搬别国的现成经验和理论。依据这样的原则来判断，只要符合中国的实际要求（条件和利益）的政策，就是中国特色的社会主义政策，就可以采用。因此，从根本上说，建设中国特色社会主义理论的重要意义，就在于它为中国的发展提供了更为广阔的政策选择空间的思想基础。邓小平所提出的著名的“猫论”正是反映了这一思想的核心。因此，中国的决策者在探讨和分析经济特区和相关开放计划的可行性时，他们的判断标准的依据就是“三个有利于”的思想，这使得他们在决策过程中找到解决问题的路径和方式的思路得到极大拓展，从而使解决问题的效度大为提升，而不会陷入空耗时日的理论与意识形态之论争。例如，中国改革开放进程中曾经出现的一些激烈争论的问题是，现实中已经选择的道路或政策究竟是社会主义还是资本主义，经济特区之路究竟是社会主义之路还是资本主义之路？这些争论在20世纪80年代初期，特别是在深圳经济特区，在采取更加开放的政策加速发展的过程中，曾经多次发生。所幸的是，邓小平一直强调，我们不需要太多的争论，而是依照“三个有利于”的原则进行判断和决策。遵循这一求真务实的指导思想和方法，有利于中国决策者不断大胆创制新的政策，不断推进中国对外开放和经济特区进程。

关于渐进主义、理性主义和最优化方法三种决策模式在中国的应用，前文已作较深入的讨论。正如已经分析指出的，比较三者在改革开放以来中国决策过程中的应用程度及其效度，渐进主义模式应是居第一位的，其后依次是理性主义模式和最优化方式。

审视以多种决策理论与模式分析推动经济特区进程和相关对外开放政策制定的效用，可得出如下结论，在实践中运用正确决策方式对获得良好的政策输出至关重要。在这种应用中最为引人瞩目的成功，是20世纪70年代末以来对渐进主义和实用主义方法的应用。事实表明，二者作为中国政府决策机制的两轮与双翼，大有助益于中国的决策行为的优化，使之变得更加审慎、理性和高效度。

政治环境方面 探讨决策的政治环境因素的要旨，是研究决策进程在何种程度上能够及如何实现多元参与。这种政治环境是政治制度所塑形，它一方面关涉政策制定者之间互动的可能性和程度，另一方面则涉及政策制定者与民意、民情之间沟通与互动的程度及其结果。对于第一方面，考察决策行为的参与者能否，如何以及在何种程度上自由、充分地表达意见，正确的意见能否及在何种程度上被接受。第二方面，考察公众情绪如何及在何种程度上得到表达并影响决策过程，或者说决策者如何及在何种程度上能够接受公众的意见、要求和监督。

总的来说，中国发起改革开放之后，其政治环境在朝着比较宽容和宽松的方向发展，特别是在经济决策的范畴。简要回顾在中国政治生活中所发生的一些主要变化，有助于把握中国政治生活变迁的总体脉络和背景：中共十一届三中全会以来，在执政党和国家政治生活中个人崇拜和个人独断专行现象显著弱化，意识形态控制方面的容忍度有增量性提升，决策参与的多元化发展趋势日愈显著。可以看到的事实体现在很多方面。在公共场所悬挂领导人的肖像不再是一种硬性规定，也不再需要为国家领导人“山呼万岁”；因抱有政治歧见而被解除职务的领导人不再被视为阶级敌人，受到粗暴的批判和羞辱；执政党中央和国家主要领导比较愿意听取各方面的意见和建议；八个民主党派获得前所未有的较高的政治地位。这些非中共政党的主要领导人可以参与国家重大决策过程，在国家发展战略的制定，重要政策文件出台，和重要人事任命等许多重大问题上，中共中央都要征求他们的意见。

中国政治环境朝着更多元化、更宽容的方向发展，同样体现在创建特区的决策进程。其间，我们看到各种不同的意见，包括尖锐对立的意见，都得到比较充分的表达。在海南“洋浦风波”中，虽然中央多位主要领导人已公开表态支持洋浦项目，但全国政协委员张维仍然能够公开发表针锋相对的讲话，强烈反对洋浦项目。这种情况在过去绝无可能。对如何回应“洋浦风波”，中央的决策核心层也出现不同意见，发生势均力敌的论争，使这一问题陷入僵局。虽然我们无法知道这一过程的细节，但它所能传递出的信息却是很清晰的，那就是洋浦项目虽然得到包括邓小平在内的多位高层领导的明确支持，但在较长时期内还是未能获批。这些现象表明，中国已经逐渐摆脱旧的政治环境，走进相对开放和宽容的新环境，这种新的环境有利于鼓励体制内外参与或关注公共事务决策者积极表达不同的意见和建议，鼓励人民积极表达意愿和诉求，积极参与国家政治生活。

然而，正如上文所论及，改革开放以来政府决策政治环境的改善，主要还是在经济领域。至于那些在中国一直被认为是敏感问题的思想意识形态方面与政治方面政策的制定，仍然不能鼓励人们自由地发表不同意见，特别是那些明显与中共中央要求和规定相左的意见。

10.1.3 各要素对决策影响程度及其关系评析

在讨论影响中国政府决策各要素的表现与作用之后，需要进一步分析和评价它们在中国决策过程中的影响程度和相互关系。每一要素的影响，按其对改革开放时期中国政府决策实践影响的程度，可依次作如下排序：

- 决策权力结构和运行机制；
- 决策者；
- 动机（动力）；
- 方法；
- 环境。

为进一步理解这五种要素的影响为何以此顺序列出，有必要作更多的分析。第一，中国的决策权力结构和机制与制度密切相关，并由制度所塑型，体现为组织结构和运行机制。这样的结构与机制决定（1）决策者的地位、作用和权力关系；（2）决策的基本程序和方法。具体而言，它确立执政党在国家各级领导中的核心地位和权力体系的高度集中；它实际上承认国家党政主要领导人的特殊地位和权力；它规定审查和批准政策或计划的程序。因此，权力结构和运行机制在五要素中占有最重要的地位。

其次，决策者的重要作用是指在政策制定过程中，以省部级及以上领导为核心的政治精英，特别是高层领导，不仅处于政策制定的中心地位，而且在他们认为需要的时候能够对中国的权力结构和权力运行机制起到反作用。换言之，他们不是仅仅是被动地受到后者的影响或决定，而且能够变革前者。例如，中国发动改革开放后，取消执政党主席的职务，废除领导干部任职终身制，推进执政党与国家行政体制权力分离、国有企业政企分离与党政分离等决定，都是决策者通过调整权力结构、权力配置方式和权力制衡关系等举措反作用于制度的体现。与经济特区相关的，创立特区体制，改变海南行政地位和实现海南建省等，都是决策者反作用于制度的典型范例。毫无疑问，这些措施主要是由高层决策者制定的，是决策者对权力结构和权力运行机制进行变革的突出表现。事实表明，这样的反作用或变革有益于不断改善权力结构和决策进程，加速和优化中国经济社会发展。

第三，认知所面临的压力，并把压力转换为强大动力，对于推动经济特区相关政策的制定至关重要。中国领导人认识到，尽快推进中国经济建设，改善人民的生活状况，是关系到中国生存发展的迫在眉睫的大事。中国的核心决策者基于对世界格局变化和时代发展潮流的感知与对人民愿望的体察，产生了这样的紧迫感和强劲动力。

第四，采用行之有效的决策方式，导向产生良好的政策产出。例如，一系列经济特区相关政策得以出台并取得丰硕成果。显然，在这些决策方式中，最具普适性的是渐进主义和理性导向型实用主义。

第五，由权力结构和权力运行机制所制约的，同时也受到最高决策层所影响的政治环境的显著改善，使中国特区政策制定过程中的多元化介入程度显著提高。政治环境的改善鼓励人们在政策制定圈内外都能够比较大胆地发表意见，并对政策过程进行监督和批评。围绕洋浦风波所发生的情况体现了这种进步的影响。

最后，我们可以把这五种要素的作用和关系概括如下。

- 由中国现行制度塑形的权力结构和运行机制决定了决策者的地位、权力关系和政治环境，因而在五要素中占主导地位。
- 核心决策者在界定政策问题，获取、配置和集聚动力，选择方法并影响环境诸方面起关键作用。此外，他们还能够以变革方式对制度施加反作用。
- 决策动机对于激发和凝聚目标探寻动力、锁定决策目标与持续推动政策进程有重要意义。
- 适当的决策方式有利于取得更好、更可靠的政策输出，对于实现决策目标至关重要。
- 决策的政治环境虽然是由第一和第二要素所决定，但它对决策过程的影响作用极为重要，因为它决定决策过程中利益相关者参与、表达或监督的可能性及其程度。这种情况在决策群体内外与体制内外的表现都令人瞩目。

运用从不同方面选取的一系列决策与决策相关理论和模型，对中国经济特区进程进行整体的全面的分析，使我们了解改革开放时期中国决策行为的一些基本特征，以及这些理论和模型的适用性。现在，有必要进一步比较经济特区进程的三个典型案例（或三个阶段）的差异，从而探讨和评价这一时期中国政府决策行为的变化与发展，并从另一个角度进一步验证所选理论与模型的适用性。

10.2 三个典型案例之比较分析

从中国第一个经济特区深圳的创立，到浦东新区的崛起，已历十余载。在这样一个较长的时段中，中国政府的决策行为发生了一些突出的变化，这些变化的出现是受到多种因素的影响。因此，比较三个案例中的经济特区建立发展的决策过程，可以发现其不同特点。下文即分析在各阶段所采取的决策方式，探讨每一阶段在改进决策方式方面所取得的进展。

从总体上看，建立首批经济特区的决策模式的特点，是涉及多种方法。当时的情况是，中国在经历近三十年时间基本与世隔绝的状态之后，刚刚开始迈出把国家工作重心转移到经济建设上来并探索对外开放道路的第一步。发展经济和推进对外开放的任务十分紧迫，但前行的方式与路径却还是未知数，有很大的不确定性。如前文所分析，在这样的情况下，决策者所要做的就是积极探寻以求获得突破的进路。在这样奋力前行的时候，他们成功地发现并抓住了建立出口加工区和外向型工业园区的思路，进而加以深化，将其定义为经济特区的新概念。在很短的时间内，他们完成了完善和启动这一创议的一系列紧张工作（见 5.2.2 与 5.2.3）。这一进程见证了多种决策模式的作用。其一，是精英主义决策模式。虽然，创立经济特区的构想是通过自下而上的方式产生的，但政府体制外的其他社会力量基本上没有参与，而政府各级精英，尤其是高层精英，在决策中起了关键作用。其二，是理性主义决策模式。处在中国改革和对外开放的初始阶段，决策者汲取过去的沉痛教训，能够比较审慎和理性地对待政策问题（见 5.2）。其三，这一阶段还有一种特别突出的自上而下的推进政策过程的方式。这就是，最初的政策构想提出后，由中央有关领导通过直接掌控、指挥和监督之后所有的重要的行动来推动政策过程。从上面的分析，可以清晰地看到这一时期的政策过程的一些主要特点：决策动机明晰而决策时间紧迫；实现目标的路径尚不很明确，亟须积极探索；决策模式的权变性，高层政治精英对政策过程起主要推动作用；决策和政策执行都有较高效度。

与创建第一批经济特区的决策相比，海南建立经济特区的决策过程更具有鲜明的渐进式特征。在第 6 章我们看到，海南从 20 世纪 80 年代初开始对外开放，到 1988 年最终正式建立特区和建省，其发展历程漫长而曲折，甚至遭遇很大挫折。这一历史进程为何如此坎坷？正如我们在 8.3 所分析的，海南发展的政策过程面临太多的不确定性，其发展前景能见度较低，长期难以制定适当对策，这无论对中央或是地方政府来说都是一个特别的挑战。同时，后来作为新建省，海南各级管理层特别是领导班子亟需整合和提升效能。在较长一段时间里，其决策力与执行力都存在问题，难以应对困难局面的工作。这样的特殊背景，就必然使与海南开放发展之路相伴的是一种典型的“摸着石头过河”的渐进主义决策方式，即逐步寻找合适的解决方案。因此，更确切地说，正如 9.2.3 所分析，海南开放发展决策所经历的三个阶段，是典型的离散式渐进过程。

依据渐进主义与多元主义的理论关系，海南发展的政策进程中渐进主义特征的显现表明多元力量参与的必然性，因为不确定性的突出存在使得相关精英很难在较短的时间内在一个他们能认可的框架内找到解决方案。而宏观政治环境的发展则为多元主体和民意的多元介入提供了可能。因此，海南发展政策过程的主要特点除了渐进主义模式的应用，还有多元力量的介入与决策过程的迟滞性。

浦东新区是中国最特殊的经济特区，其政策制定过程以理性主义模式为主要特征。与第一批经济特区和海南经济特区相比，浦东新区的政策制定的背景和脉络有很大不同，即浦东开发进程的决策条件比前两批特区要好得多。这主要体现在如下方面。浦东开发的设想提上决策议程时，中国经济特区的发展和对外开放进程的推进已经积累了不少经验；上海主政者团队与各级干部的整体素质较强；上海在经济与科技力量基础、金融基础和区位优势等方面所具有的其他特区难以望其项背的有利条件，更有助于推进浦东的建设（见 7.1）。因此，这些利好条件使得浦东新区开发在正式被确定为国家项目后，决策过程效率较高，政策产出较好。这些特别的条件对浦东政策进程之强劲助益可见于如下方面：（1）减少了浦东新区政策制定中需要做大量基础性试验的资源投入；（2）为浦东开发建构了高起点；（3）为浦东发展确立高标准；（4）使决策者有可能努力实现他们所追求的价值最大化。由于这些原因，浦东新区创立开发的决策者，包括中央和地方的决策者，在制定政策时主要采用了理性主义模式。此外，浦东决策的另一个特点，是能够更自觉更广泛地吸收来自国内外的包括学术界和专业界人士的意见和建议，这是因为中国经过十多年的改革开放和经济社会发展，总体而言社会环境已更为宽松。这有利于中国决策质量的进一步提升。在分析浦东开发条件与决策进程的优势与利好的同时，我们也应注意到其政策过程中的另一种情况。如果从纵向考察浦东开发的政策过程，我们亦可看到渐进主义模式的特征——建立浦东新区战略的制定时间从1984年一直延续到1990年。在这一迟滞的过程中，出现了决策目标探索的朦胧时期和政治精英之间的隐性竞争，导致了决策方案从前期考虑到最终锁定也经历了漫长的过程。

通过以上比较分析，我们可以得出这样的结论：在推进经济特区计划十余年的发展进程中，中国的政策制定过程是一个不断完善的过程，其特征是渐进主义、理性主义和多元主义决策因素越来越多地体现于其中。

在研究这些主要决策理论和模型在中国实践中的适用性，以考察改革开放时期中国决策行为的特点时，我们从如下四个方面进行了分析。

- 对选定的理论和模型在中国决策实践中的适用性进行一般性审视和讨论。
- 进而具体分析所选择理论和模型对中国经济特区相关政策制定过程的适用性。
- 以整合方式进一步探讨创立和发展中国经济特区的决策过程。
- 对中国经济特区创立发展的三个阶段（亦即三个案例）的政策过程特征及其原因进行比较研究。

那么，依据这些从不同界面并以不同方法所作的研究，我们已经能够在多大程度上认知通过应用这些理论和模型来解读改革开放时期中国的决策行为及其特点？对此问题的回答，就是本研究的最终结论。

10.3 本研究的主要发现

本研究以中国经济特区建立发展的决策进程为案例，探讨若干决策理论在中国改革开放时期政府决策实践中的适用性，并从这一路径切入，研究中国决策方式的演变、缘由及其影响，研究的主要发现如下。

1. 现有制度对塑形中国决策模式起决定性作用

中国的现行制度如何塑型其政策模式？简而言之，中国的各种主要制度决定了中国的权力结构与权力关系（见 10.1.2），中国的政府决策行为正是在这样的框架中进行。具体而言，由现行制度所决定的与政府决策模式相关的要素至少涵盖如下六个方面。

- 执政党是国家领导的核心力量和主导力量，是国家各层级政府机构决策的核心力量和主导力量。
- 政府决策权的特点是与执政党中央保持高度一致，各层级机关部门与个人必须依照中央和上级要求行事。
- 执政党和国家的权力在形式上分离，实际上相互渗透，执政党处于权力的核心地位。
- 认可和肯定国家主要党政领导人的关键性作用。
- 政策制定机制是以执政党为核心的行政主导，而不是立法主导。
- 在制定国家政策时，秉持意识形态安全、政权安全与促进经济发展同等重要的原则，并在向前二者倾斜的前提下把控三者的平衡。

2. 政治精英在中国决策进程中居于主导地位

事实上，在任何现代国家中，政治精英都在国家政策制定中起关键作用。而当代中国的特殊之处在于，由于以下方面的原因，政治精英的主导作用更为突出。（1）体制背景的原因决定了无论是决策圈内还是圈外的人，都还难以充分表达自己的观念和意愿，特别是对那些敏感的政治和意识形态问题。（2）相关机制和权利的缺失使公众实现充分行使对国家决策的知情权、参与权、批评权与监督权还需做很大努力。（3）新闻媒体对国家政策行为的监督作用还比较孱弱。这些缺失使政治精英处于更为优势的地位，这包括主要领导者个人的突出作用、领导干部的重要影响、国家领导人的关键作用以及国家机关对社会的过度干预与管制等。

其他的一些因素也强化了政治精英在国家政策制定中的重要地位。政治体制强调执政党在各级权力机构的核心地位，进一步加强了政治精英的合法权力。中国还是一个发展中国家的现状，决定了很多人即便生活在都市或城镇，政治参与意识依然比较薄弱。国民教育水平的相对落后状态，也在很大程度上削弱了社会公众关注、参与和影响公共政策问题的积极性与可能性。中国文盲人数为2.29亿，占世界文盲总数的25.83%。初中升学率仅为44%，居世界第66位；大学录取率为2%，排在世界第102位（Gao, G. 1997）。最后，从历史上看，中国的封建社会延续两千多年，形成了一整套高度集权、控制严密的封建政治制度和思想文化制度，封建制度与封建思想文化残余的遗毒至今仍远未彻底清除。流布社会各阶层的许多消极甚至反文明的思想观念，如皇权至上、君权至尊、官本位、长官意志决定论、上智下愚、“劳心者治人，劳力者治于人”等，以及民众把各级政府主政者称为“父母官”的陋习等等，都对政府干部和社会公众的思想行为产生了相当大的负面影响。

3. 多元化发展趋势对中国政策制定产生了重要影响

当代中国社会多元化趋势兴起的实质，是非中共与非政府政治力量和社会力量能够越来越多地能够参与到中国国家治理与经济活动领域的政策制定过程。换言之，分散的非体制性政治力量正在日益踊跃地参与公共事务的政策过程。肯定这一进步的意义与前面所讨论的政治精英仍然主导中国的政策制定并不矛盾，因为多元化参与虽然已经有一定程度的发展，但还远未达到其应有的状态。这样的进步与改革开放前30年的情况相比，主要表现在：非中共身份的政府干部包括位于领导岗位的负责干部数量增加，并能更多地参与决策；各级人大（立法机关）、政协（咨议机关）与八个非中共党派的作用明显增强；已能够较多地鼓励决策圈内外人士大胆发表意见，特别是在经济领域，等等。

这些进步的出现是改革开放时期中国政治生活的显著变化，标志着中国走向多元社会的发轫。发生这样的变化有多方面的原因。首先，这是中国实现国家工作重心从政治斗争阶级斗争向经济建设转移带来 20 世纪 80 年代以来中国经济快速增长，从而促进了多元社会力量的发展，从根本上改变了过去各级权力机构只有政治领导者才有权控制决策的局面。经济界、学术界人士开始显现对政策制定的影响。随着经济的快速发展，社会中形成各种不同收入和不同利益结构的群体，收入差距也在不断扩大。这样的变化产生的后果之一是利益群体形成。各种利益群体开始积极表达各自的价值偏好和力争实现各自的利益诉求。他们之间竞争，以及社会各阶层之间的竞争，促进了社会多元化发展。

其次，这种多元化趋势是由中国社会多元经济成分的出现所致。随着改革开放进程的发展，中国社会的经济结构发生了巨大的变化。现在，在中国除了纯粹的公有制经济外，已经有私营经济、集体经济、合资经济和外商独资经济等多种经济成分同时存在，且在蓬勃发展。依据马克思主义的经济学原理来区分，它们是由社会主义经济成分、社会主义资本主义混合经济成分、单一资本主义经济成分等组成。这种多元所有制多元经济共存的状况，在中国改革开放以前绝无可能出现。多元经济成分的出现和发展，在经济领域快速催生了多种利益群体，甚至一些较有力量的阶层和群体，进一步推动了中国社会多元化趋势发展。

其三，是受政治改革要求的影响。20 世纪 80 年代初以来，随着经济改革和开放政策的实施，要求政治改革和争取更多民主权利的运动在中国持续不断。尽管他们的许多要求尚未能被或未能完全被政府所接受，但它们确实促进了中国政治多元化和民主进程的推进。

其四，是吸取历史教训的结果。在 20 世纪 70 年代末之前，曾有许多沉痛的教训，许多灾难性的错误是由错误的甚至非常错误的决策方式造成的（见 4.2.3）。因此，促进政治多元化的发展趋势，营造一个民主、开放和更具包容性的环境，以利于广泛吸纳决策层内外、执政党内外和体制内外的不同意见和民意，已成为中国政府的共识，成为加快经济社会发展和中国现代化进程的必选项。

4. 渐进主义和实用主义是决策机制的基石，大有助力于实现较高效度的决策运行

在推进中国经济特区发展和相关改革开放战略制定的过程中，渐进主义模式和实用主义方法是中国决策机制和决策理念的基础和最重要的方法。如前所析，这里所说的实用主义，是指大胆地运用一切有效的方式来实现既定的理性目标。这是一种思维方式，也是一种决策理念和决策模式。在中国，广受世人赞赏的邓小平的“猫论”，被认为是典型的理性导向型实用主义的生动表述。邓小平提出的关于评价政策与各种新事物是否可行是否可取的“三个有利于”的衡量准则，明晰且深刻地体现了这样的思想。虽然，这一评价依据是 1992 年正式提出的，但是从改革开放以来，其基本观点和核心理念就已经一直在指导实践。中国创立经济特区与制定和实施各项政策就是遵循“三个有利于”（Deng, Xiaoping. 邓小平，1993，第 372 页）的指导思想而取得成功，是贯彻实行“三个有利于”指导思想的典型。此外，以邓小平“摸着石头过河”思想为代表的渐进主义决策模式被广泛运用于改革开放时期中国政府的政策制定过程中，取得了突出的政策效果。依据现有的包括经济特区发展历程等方面的资料，可以肯定地说，中共十一届三中全会以来，中国因决策失误导致的在大政方略的错误明显减少，特别是在经济社会发展领域。

由于吸取了改革开放前 30 年的经验教训，中国十分注意避免发生过去经常出现的好高骛远、急于求成，以泛政治化方式考量研判经济社会形势和外交事务，用政治目标代替经济社会发展要求和目标的错误。这些努力使理性主义决策方法得到更多的应用。此外，根据实际情况的需要，其他有效的决策方式也得到较好的应用。

5. 一个创新性的中国特色理论体系逐渐形成

作为一个实行社会主义制度的国家，中国依然把马克思主义作为国家政治生活的指导思想和基本原则。然而，在改革开放时期，中国应用马克思主义的方式已经发生重大变化，从而对中国政府决策行为和决策方式产生了重大影响。现有的证据表明，主要的变化是在制定政策时更为突出地强调实事求是和理论联系实际的原则。这就是，国家发展战略和公共政策的制定必须符合中国的实际，即必须符合人民的愿望和国家的需求，必须依据本国经济、政治和社会各方面的条件与可能性，而不是照搬照抄书本教条或其他国家的经验。自 20 世纪 70 年代末启动改革开放以来，在这样的思想指导下，中国前所未有地创造了如下一系列新的理论和政策：社会主义初级阶段理论、以经济建设为中心理论、建设中国特色社会主义理论、以创立和发展经济特区为重要内容之一的改革开放战略、建立和发展社会主义市场经济体制理论、促进国家统一的“一国两制”理论，以及在外交、教育、科技、文化与军事等领域的各种相关方针政策，等等。这个新的理论体系具有创新性、开放性、实践性与持续发展性的特点。这些新的理论、战略和政策，成功地推动中国向全面现代化建设和促进国家统一的目标阔步前行，极大地改善和提升了中国的国际地位。毫无疑问，这些思想、战略和政策没有一条照抄自马克思主义经典著作，也没有一条照搬中国前任领导人的指示，更没有一条是复制其他国家的现成经验。这些，都是改革开放以年来中国创新性工作的成果。总之，正是中国领导者思维方式的创新，旧观念的更新转换，使中国能够在很大程度上否定过去曾得以大行其道的教条主义和理想主义，因而能够比较实事求是地应用马克思主义，并由此取得创新性的理论成果和一系列高效度的政策产出。

历史已经反复证明，如果一个国家不能根据自己的实际情况来制定政策，而是照抄书本和别国的经验，就一定会导向错误的道路，遭遇重挫甚至不可承受的灾难。苏联和东欧所发生的情况证明了这样的必然性。

关于这一点，全国政协常委、清华学者刘西拉在论析邓小平的功绩时说得很透彻：

> 邓小平不仅给中国带来了经济发展和社会进步，更重要的是他教会中国人一种新的思维方式：即为了民族的命运和国家的前途，我们一方面要按照实事求是的原则进行创造性思维，另一方面要以脚踏实地的精神，通过一步一步的努力积蓄力量（Gao, G. 1997）。

应当说，他的评价很朴实，却一语中的。邓小平所强调的这种实事求是求实创新的思维方式和务实精神，正是改革开放时期中国能够成功进行一系列高质量决策制定一系列高效度政策的基础。

参考文献

一、外文论著

Alford, R. (1975), 'Paradigms of Relations between State and Society', in L. E. Lindberg, R. Alford, C. Crouch, and C. Offe (eds), *Stress and Contradictions in Modern Capitalism*, Lexington Books, Lexington Mass.

Anderson, J. E. (1975), *Public Policy-Making*, Preager Publishers Inc.

Anderson, J. E. (1984), *Public Policy-Making*, Hilt, 3rd edition, Rinehart & Winston, Inc. London.

Apter, D. E. (1991), 'Institutionalism Reconsidered', *International Social Science Journal*, (August) vol. 43, pp.463-81.

Asia-Pacific Report: Trends, Issues, Challenges, (1986), Honolulu, East-West Centre.

Barnett, A D. (1968), *Cadres, Bureaucracy, and Political Power in Communist China*, New York.

Barnett, A. D. (1985), *The Making of Foreign Policy in China*, Westerview Press, Inc. Boulder.

Bell, D. (1960), *The End of Ideology*, Free Press, New York.

Berry, D. (1974), 'The Transfer of Planning Theory to Health Planning Practice', *Policy Science*, vol. 5, (September), pp.343-61.

Binns, T. (1991), 'Shanghai's Pudong Development Project', *Geography*, October, vol. 76, pp.362-65.

Blackstone, T. and Plowden, W. (1988), *Inside the Think Tank*, London, Heinemann.

Blowers, A. (1984), *Something in the Air: Corporate Power and the Environment*, Harper & Row Publishers, London.

Bogdanor, V. (ed.) (1987), *The Blackwell Encyclopaedia of Political Institution*, Basil Blackwell, Oxford.

Bogdanor, V. (ed.) (1992), *The Blackwell Encyclopaedia of Political Science*, Basil Blackwell, Oxford.

Bottomore, T. B. (1966), *Elites and Society*, Penguin, Harmondsworth.

BR (1987), 'Hainan Opens Wider to Outside World', *Beijing Review*, vol. 30, No.47, p.30.

BR (1988), 'Hainan to Feature Market Economy', *Beijing Review*, vol.31, No.6, pp.5-6.

BR (1988), 'New Province, New Programmes', *Beijing Review*, vol. 31, No.37, pp.6-7.

BR (1988), 'Provisions of the State Council of the People's Republic of China for the Encouragement of Investment and Development in Hainan Island' (Promulgated on May 4, 1988), *Beijing Review*, vol. 31, No.35, pp.26-28, 30.

BR (1988), 'Zhao Outlines Coastal Strategy', *Beijing Review*, vol. 31, No.51, p.5.

BR (1990), 'Hainan's Four Development Zones', *Beijing Review*, vol. 33, No.12, p.30.

BR (1990), 'New Development Zones in Shanghai', *Beijing Review*, vol. 33, No.36, pp.29-30.

BR (1990), 'Preferential Policies on Pudong', *Beijing Review*, vol. 33, No.29, p.26.

BR (1990), 'Shanghai Mayor on Pudong Development', *Beijing Review*, vol. 33, No.39, pp.19-22.

BR (1991), 'Hainan Project to Begin Soon', *Beijing Review*, vol. 34, No.18, p.29.

BR (1991), 'Hainan SEZ Investment Rules', *Beijing Review*, vol. 34, No.18, pp.28-29.

BR (1991), 'Letter of Intent for Yangpu Zone', *Beijing Review*, vol. 34, No.42, p.29.

BR (1992), 'Yangpu EDZ Enjoys Preferential Police', *Beijing Review*, vol. 35, No.17, p.31.

BR (1992), 'Making Decisions for Yangpu Development', *Beijing Review*, vol. 35, No.41, p.29.

BR (1992), 'Pudong Enters International Market', *Beijing Review*, vol. 35, No.21, pp.29-30.

BR (1992), 'Shanghai's Bold Move to Reform,' *Beijing Review*, vol. 35, No.12, pp.5-7.

BR (1992), 'Yangpu Area to be Built Up with Foreign Funds', *Beijing Review*, vol. 35, No.13, p.30.

BR (1995), 'CPC Central Committee Proposal for Economic Development', *Beijing Review*, vol. 38, No.46, pp.12-6.

BR (1997), 'Message to the Whole Party, The Whole Army and The People of All Nationalities Throughout the Country', from the Central Committee of CPC, the Standing Committee of NPC, the State Council of PRC, the

National Committee of CPPCC, and the Military Commissions of CPC Centre and the PRC, *Beijing Review*, vol. 40, No.10, pp.4-13.

Braybrooke, D. and Lindblom, C. E. (1963), *A Strategy of Decision*, The Free Press, New York.

'Bubbling along in Hainan', by a special correspondent of *The Economist*, *The Economist*, vol. 324, No.775/1992, p.73.

Burns, J. P.(1993), 'Book Review', *China Quarterly*, September 1993, vol. 135, pp.573-4.

Carnoy, M. et al. (1993), *The New World Economy in the Information Age*, The Pennsylvania State University Press.

Castells, M. (1994) 'European Cities, the Informational Society, and the Global Economy', *New Left Review*, March/April, vol. 204, pp.18-32.

Cawson, A. (1986), *Corporatism and Political Theory*, Oxford, Blackwell Ltd.

Cawson, A. (1992), 'Corporatism', in Bogdanor, V. (eds), *The Blackwell Encyclopaedia of Political Science*, Basil Blackwell, Oxford.

Cawson, A. and Saunders, P.(1981), *Corporatism, Competitive Politics and Class Struggle*, paper prepared for a BSA/PSA Conference on Capital, Ideology and Politics.

Chan, T. et al. (1986), 'China's Special Economic Zone: Ideology, Policy and Practice', in Jao, Y. C. and Leung, C. K. (eds), *China*'s *Special Economic Zones*, Oxford University Press.

Chan, T. M. H. (1991), 'The policy of opening and Special Economic Zones', in Kuan Hsin-Chi and Maurice Brossean (eds), *China Review*, The Chinese University Press, Hong Kong.

Chang, D.W. (1988), *China Under Deng Xiaoping*, Macmillan Press.

Chang, K. (ed.) (1990), *Mainland China after the Thirteenth Party Congress*,

Westview Press, Oxford.

Chang, P.H. (1982), *Power and Policy in China*, second and large edition, the Pennsylvania State University Press.

Chao Yu-sun (1987), 'Why the Establishment of Hainan as a Province?', *Issues & Studies*, vol. 23, No.10, pp.7-10.

Cheng, Elizabeth (1988), 'No Plan For an Island—A new Chinese province develops in a chaotic fashion', *Far Eastern Economic Review*, vol. 140, No.21, p.96.

Cheng, Elizabeth (1989), 'No Treasure Island,—China's newest SEZ needs development funds', *Far Eastern Economic Review*, vol. 144, No.20, pp.58-9.

Cheng, Elizabeth (1992), 'Island Beach-Head—Kumagai wins approval for China trade zone', *Far Eastern Economic Review*, vol. 155, No.17, pp.64-5.

China's *Foreign Economic Legislation*, (1984), second edition, vol.1, Foreign Languages Press, Beijing.

Chossudovsky, M. (1986), *Towards Capitalist Restoration? - Chinese Socialism after Mao*, Macmillan, London.

Christensen, K. S. (1985), 'Coping With Uncertainty in Planning', *Journal of the American Planning Association*, No.51 (1), pp.63-73.

Cohen, M. D., March, J.G. and Olsen, J. P.(1972), 'A Garbage Can Model of Organisational Choice', *Administrative Science Quarterly*, No.17, pp.1-25.

Crane, G. (1990), *The political Economy of China*'s *Special Economic Zone*, M. E. Sharpe, Inc., New York.

Cunningham, G. (1963), 'Policy and Practice', *Public Administration*, No.41, pp.229-38.

Dahl R. A. and Lindblom, C. E. (1953), *Politics, Economics and Welfare*,

Harpers, New York.

Dahl, R. A. (1956), *A Preface to Democratic Theory*, Chicago University Press.

Dahl, R. A. (1961), *Who governs? Democracy and Power in an American City*, Yale University Press, New Haven, Conn.

Dahl, R. A. (1967), *Pluralist Democracy in the U.S.*, McNally, Chicago.

Dahl, R. A. (1982), *Dilemmas of Pluralist Democracy: Autonomy versus Control*, Yale University Press, New Haven, Conn.

Dai Gang, (1990), 'Shanghai's Pudong Project in Full Swing,' *Beijing Review*, vol. 33, No.43, pp.16-20.

Dai Gang, (1991), 'A Bridge between Dream and Reality', *Beijing Review*, vol. 34, No.29, pp.23-6.

Dai Yannian, (1992), 'Hainan Improves Investment Environment', *Beijing Review*, vol. 35, No.25, pp.13-8.

David, B. (1991), *Bureaucracy, Economy and Leadership in China: the Institutional Origins of the Great Leap Forward*, Cambridge University Press.

Deng Xiaoping (1985b), *Building Socialism with Chinese Characteristic*, Foreign Language Press, Beijing.

Deng Xiaoping, (1984b), *Selected Works of Deng Xiaoping (1975-1982), English edition*, Foreign Languages Press, Beijing.

Domes, J. (ed.) (1979), *Chinese Politics after Mao*, University College Cardiff Press, Cardiff.

Dreyer, J. (1993), *China*'s *Political System: Modernisation and Tradition*, Macmillan Press Ltd.

Dror, Y. (1964), 'Muddling Through—'Science' or Inertia? '*Public Administration Review*, No.24, pp.153-7.

Dror, Y. (1968), *Public Policy Making Re-examined*, Calif.: Chander, San Francisco.

Dunleavy, P.and O'Leary, B. (1987), *Theories of the State: the Politics of Libera Democracy*, Macmillan, London.

Dye, T. (1984), *Understanding Public Policy*, Prentice Hall.

Easton, D. (1953), *The Political System*, Knopf, New York.

Edmonds, R. L. (1989), 'Hainan Province and Its Impact on the Geography of China', *Geography*, vol.74, No.32, pp.165-9.

Engels, F. (1884), *The Origins of the Family, Private Property and the State*, Foreign Language press, Peking, 1978.

Etzioni, A. (1967), 'Mixed Scanning: A Third Approach to Decision-Making', *Public Administration Review*, No.27, pp.385-92.

Etzioni, A. (1968), *The Active Society: A Theory of Societal and Political Process*, Free Press.

Etzioni, A. (1986), 'Mixed Scanning Revisited,' *Public Administration Review*, vol. 47, pp.8-14.

Evans, P.B. et al. (eds) (1985), *Bringing State Back in*, Cambridge University Press, London.

Fei Xiaotong, (1990), 'Turning Shanghai into a "Mainland Hong Kong"', *Beijing Review*, vol. 33, No.43, PP.21-3.

Forester, J (1984), 'Bounded Rationality and Politics of Muddling Through', *Public Administration Review*, Vol. 44, No, 1, Jan/Feb., pp.23-31.

Forester, J. (1984), 'Bounded Rationality and the Politics of Muddling Through,'*Public Administration Review*, No.44, pp.23-31.

Franz Schurmann, (1966), *Ideology and Organisation in Communist China*, Berkeley.

Friend, J. K. et al. (1974), *Public Planning: The Inter-Corporate Dimension*, Tavistock, London.

Gao Shangquan (1996), *China*'s *Economic Reform*, Macmillan Press Ltd, London.

Ge, W. (1990), 'Rules Add to Pudong's Appeal to Investors', *China*, vol. 33, No.43, pp.12-5.

Gerth, H.H. and C. Wright Mills (1958), 'Introduction: The Man and His Work', in Gerth and Mills (eds), *From Max Weber: Essays in Sociology*, pp.3-74, New York, Oxford University Press.

Glassman, R. M. (1991), *China in Transition: Communism, Capitalism and Democracy*, Praeger Publisher, New York.

Goldstein, Avery (1990), 'Explaining Politics in the People's Republic of China: the Structural Alternative', *Comparative Politics*, April, pp.301-322.

Goodman, D. S. G. (1989), *China's Regional Development*, Roultledge, London.

Goodman, D. S. G. (1994), *Deng Xiaoping and Chinese Revolution*, Poutledge, London.

Goodman, D. S. G. (1995), *Deng Xiaoping and the Chinese Revolution: a Political Biography*, Routledge, London.

Goodman, D. S. G. and Segal G. (eds) (1989), China at Forty: Mid-life Crisis? Clarendon Press, Oxford.

Goodman, D. S. G. and Segal, G. (eds) (1991), *China in the Nineties: Crisis Management and Beyond*, Clarendon Press, London.

Gorman, R. A. (ed.) (1985), *Biographical Dictionary of New-Marxism*, Greenwood Press, Wespoint Connecticut.

Grandner, M. J., Simon, H. A. and Guetzow, H. (1958), *Organisations*, Wiley.

Griffiths, F. (1971), 'A Tendency Analysis of Soviet Policy-Making', in Killing

H. G. and Griffiths, F. (eds), *Interest Groups in Soviet Politics*, Pricenton University Press.

Gu, Z. (1991), *China Beyond Deng: Reform in the PRC*, Mcfarland & Company Inc. Publisher. Jefferson.

Hall, P.(1986), *Governing Economy: The Politics of State Intervention in Britain and France*, Oxford University Press, New York.

Hall, P.A. (1992), 'From Keynesianism to Monetarism: Institutional Analysis and British Economic policy in the 1970s', in Sven Steinmo, Kathleen Thelen and Frank Longstreth (eds), *Structuring Politics-Historical institutionalism in Comparative Analysis*, Cambridge University Press.

Ham, C. and M. J. Hill (1984), *The Policy Process in the Modern Capitalist State*, Harvester Wheatsheaf, London.

Ham, C. and M. J. Hill (1993), *The Policy Process in the Modern Capitalist State*, 2nd edition, Harvester Wheatsheaf, London.

Hanrin, C. L. (1990), *China and the Challenge of the Future*, Westview Press, London.

Harding, H. (1971), 'Maoist Theories of Policy-Making', in Robinson, T.W. (ed.), *The Cultural Revolution in China*, University of California Press, Berkeley.

Harding, H. (1981), *Organising China*, Stanford University Press.

Harding, H. (1984), 'Competing Models of the Chinese Communist Policy Process', *Issues and Studies*, February, pp.13-36.

Harding, H. (1987), *China's Second Revolution: Reform after Mao*, The Brookings Institution, Washington, D. C.

He, Baogang (1996), *The Democratization Of China*, Routledge, London.

Healey, P.(1990), 'Policy Process in Planning', *Policy and Politics*, vol. 18, No.2, pp.91-103.

Heath, A. (1981), *Social Mobility*, Fontana, London.

Heclo, H. (1972), 'Review Article: Policy Analysis', *British Journal of Political Science*, No.2, pp.83-108.

Hfferbert, R. I. (1974), *The Study of Public Policy*, Bobs-Merrill Company.

Hill, M. J. (1997), The Policy Process in the Modern State, third edition, Harvester Wheatsheaf, London.

Hill, M. J. (ed.) (1993), *New Agendas in the Study of Policy Process*, Harvester Wheatsheaf Press.

Hill, M. J. (ed.) (1993), *The Policy Process: A Reader*, Harvester Wheatsheaf Press.

Hirszowicz, M. (1980), *The Bureaucratic Leviathan: A Study in the Sociology of Communism*, Martin Robinson, Oxford.

Hogwood, B. W. and Gunn, L.A (1984), *Policy Analysis for the Real World*, Oxford University Press.

Hollingworth, C. (1984), 'Letter From the End of the World', *Far Eastern Economic Review*, vol. 123, No.11, p.27.

Hsu, I. C. Y. (1982), *China Without Mao*, Oxford Press.

Hsu, I. C.Y. (1995), *The Rise of Modern China*, 5th edition, Oxford University Press, New York.

Hu Qiaomu, (1978), 'Observe Economic Laws and Speed Up the Four Modernisation', *Beijing Review*, No.47.

Hua Sheng, Zhang, X. and Luo, X. (1993), *China: From Revolution to Reform*, Macmillan Press Ltd., London.

Ian, D. (1991), *Politics in China: From Mao to Post-Deng Era*, W & R Chambers Ltd, Edinburgh.

Ikenberry, G. J. (1988), 'Conclusion: An Institutional Approach to American

Foreign Economic Policy', in Ikenberry G. J, Lake, D. A. and Mastanduno, M. (eds). *The State and American Foreign Economic Policy*, Ithaca, Cornell University press, New York.

Janis, I. and Mann, L. (1977), *Decision Making*, Free Press.

Jao, Y. C. and Leung, C. K. (eds) (1986), *China*'s *Special Economic Zones: Policies, Problems and Prospects*, Oxford University Press, New York.

Jenkins, W. I. (1978), *Policy Analysis*, Martin Robertson, London.

Jessop, B. (1979), Corporatism, Parliamentarism and Social Democracy, in Schmitter, P.C. and Lehmbruch, G. (eds), *Trends Toward Corporatism Intermediation*, Beverly Hills and London: Sage.

Jordan, A. G. and Richardson, J. J. (1987), 'The Contemporary Language of Policy Making', in Jordan, A. G. and Richardson, J. J (eds), *British Politics and Policy Process*, Unwin Hyman Ltd. London.

King, D. S. (1992), 'Work-welfare Programs', in Steinmo, S., Thelen, K. and Longstreth, F. (eds), *Structuring Politics-Historical institutionalism in Comparative Analysis*, Cambridge University Press.

Kleinbrg, R. (1990), *China*'s *'Opening' to the Outside World - the Experiment with Foreign Capitalism*, Westview Press, Boulder.

Kou Zhengling, (1990), 'Hainan to Lease Land-Use Right', *Beijing Review*, vol. 33, No.17, p.29.

Kuo, H. (1979), 'Patterns of Intra-elite Conflict', in Jurgen Domes (eds), *Chinese Politics after Mao*, University College Cardiff Press.

Lampton, D. M. (1987), 'Chinese Politics: The Bargaining Treadmill,' *Issue and Studies*, No.3, pp.11-41.

Lewis, J. W. (1963), *Leadership in Communist China*, Ithaca, New York.

Lieberthal, K. (1992), 'Introduction: The "Fragmented Authoritarianism"

Model and It's Limitations', in Lieberthal, K. & Lampton, D. M. (eds), *Bureaucracy, Politics, and Decision Making in Post-Mao China*, 1992.

Lieberthal, K. and Oksenberg, M. (1986), 'Understanding China's Bureaucracy: The First Step to a Better Corporate Strategy', *China Business Review*, November-December, pp.24-31.

Lieberthal, K. and Prahalad, C. K. (1989), 'Multinational Corporate Investment in China', *China Business Review*, March-April, pp.47-51.

Lieberthal, K. G. and Lampton, D. M. (eds) (1992), *Bureaucracy, Politics, and Decision Making in Post-Mao China*, University of California Press.

Lieberthal, K. G. and Oksenberg, M. (1988), *Policy-making in China: Leaders, Structures, and Processes*, Princeton University Press.

Lieberthal, K. G. et al (eds) (1989), *Paths To Sino-US Automotive Co-operation*, Washington, U.S. Trade Development Program.

Lin Lianqi (1997), 'Yangpu: A New Hot Spot For Investment', *Beijing Review*, vol. 40, No.49, pp.9-12.

Lin, S. (1993), 'The New Pattern of Decentralisation in China: The Increase of Provincial Powers in Economic Legislation', *China Information*, vol. VII, No.3 (winter 1992-3), Leiden.

Lindbeck, H. (ed.) (1972), *China: Management of a Revolutionary Society*, University of Washington Press.

Lindblom, C. E. (1959), 'The Science of "Muddling Through"', *Public Administration Review*, No.19, pp.78-88.

Lindblom, C. E. (1963), *A Strategy of Decision: Policy Evaluation as a Social Process*, Free Press.

Lindblom, C. E. (1964), 'Contexts for Change and Strategy: A Reply', *Public Administration Review*, No.24.

Lindblom, C. E. (1965), *The Intelligence of Democracy*, The Free Press, New York.

Lindblom, C. E. (1977), *Politics and Markets*, Basic Books, New York.

Lindblom, C. E. (1979), 'Still Muddling, Not Yet Through', *Public Administration Review*, No.39, pp.517-25.

Liu, A. P.L. (1976), *Political Culture and Group Conflict in Communist China*, Clio Press, Inc. Oxford.

Louise do Rosario, (1989), 'North Wind Doth Blow—Peking sacks Hainan's governor and Guangdong trembles', *Far Eastern Economic Review*, vol. 145, No.39, pp.10-11.

Luard, E. (1990), *The Globalization of Politics: The changed focus of political action in the modern world*, Macmillan Press Ltd. London.

Macfarquhar, R. (1983), *The Origin of the Cultural Revolution*, Columbia University Press, New York.

Macfarquhar, R. (1983), *The Politics of China: 1949-1989*, Cambridge University Press, New York.

March, J. G. and Olsen, J. P.(1976), *Ambiguity and choice in organisations*, Bergen, Norway, Universitetsforlaget.

March, J. G. and Olsen, J. P.(1989), *Rediscovering Institutions, The Organisational Basis of Politics*, The Free Press, New York.

March, J. G. and P Olsen, J. P.(1986), 'Garbage Can Models of Decision Making in Organisation', in March, J. G. et al. (eds), *Ambiguity and Command: Organisational Perspectives on Military Decision Making*, Cambridge, Mass. Ballinger.

March, J. G. and Simon, H. A. (1993), *Organisations*, second edition, Blackwell Business Press.

March, J. G. and. Olsen, J. P (1984), 'The New Institutionalism: Organisational Factors in Political life', *American Political Science Review*, No.78, pp.734-49.

Marsh, D. and Stoker, G. (1997), *Theory and Methods in Political Science*, Macmillam Press Ltd., New York.

Marx, K. (1859), *A Contribution to the Political Economy*, Preface, translated by McLellan, D.

Marx, K. (1977) *Selected Writings*, McLellan. D. (eds), Oxford University Press, Oxford.

Marx, K. and Engels, F. (1973), *Karl Marx and Frederick Engels Selected Works*, in one volume, Lawrence and Wishart, London.

Mckinlay, R. D. & Little, R. (1986), *Global Problems and World Order*, France Printer (Publishers), London.

Meyerson, M. and Christie, E. (1955), *Politics, Planning, and the Public Interest: the Case of Public Housing in Chicago*, Free Press.

Middlemas, K. (1979), *Politics in Industrial Society*, Andre Deutsch, London.

Miliband, R. (1969), *The State in Capitalist Society*, Weidenfeld & Niclson, London.

Miliband, R. (1977), *Marxism and Politics*, Oxford University Press, Oxford.

Miliband, R. (1983), 'State Power and Class Interests', in *New Left Review*, vol. 138 (March-April).

Montesquieu, C. (1746), 'Selections of "The spirit of the Law"', in M. Richter, (ed.), *The Political Theories of Montesquieu*,1977, Cambridge Univ. Press.

Moody, P.R. (1977), *Opposition and Dissent in Contemporary China*, Hoover Institution Press, Stanford.

Moody, P.R. (1983), *Chinese Politics after Mao*, Praeger Publisher, New York.

Moody, P.R. (1984), 'Political Liberation in China: A Struggle between Two Lines', *Pacific Affairs*, January, pp.26-44.

Mosca, G. (1896), *The Ruling Class*, trans. by Kahn, H. D. and Livingston (eds), A., New York, McGraw Hill (1939).

Nakamura, R. (1987), 'The Policy process and Implementation Research', *Policy Study Review*, No.7, pp.142-154.

Nathan, A. J. (1973), 'A Factionalism Model for CCP Politics', *China Quarterly*, vol. 53, pp.34-66.

Nathan, A. J. (1976), 'Policy Oscillation in People's Republic of China: A Critique', *China Quarterly*, vol. 68, pp.720-750.

Nolan, P.& Dong, F. (eds) (1990), *The Chinese Economy and its Future: Achievements and Problems of Post-Mao Reform*, Polity Press, Cambridge.

Nolan, P.(1993), *State and Market in Chinese Economy*, Macmillan Press Ltd.

O'Connor, J. (1973), *The Fiscal Crisis of the State*, St.Martin's Press, New York.

Oksenberg, M. (1968), 'Occupational Groups in Chinese Society and the Cultural Revolution', in Oksenberg, et al, *The Cultural Revolution: 1967 in Review*, Michigan Papers in Chinese Studies, No.2 (Ann Arbor: Centre for Chinese Studies, University of Michigan)

Oksenberg, M. (1972), 'Policy Making Under Mao', in Lindbeck, M H (ed.), *Management of a Revolutionary Society*, University of Washington Press.

Oksenberg, M. (1982), 'Economic Policy-Making in China: Summer 1981', *China Quarterly*, vol. 90, pp.165-94.

Oksenberg, M. and Goldstein, S. (1974), 'The Chinese Political Spectrum', *Problems of Communism*, March-April, No.2, pp.1-13.

Panitch, L. (1980), 'Recent Theorisation of Corporatism: Reflections on a Growth Industry', *British Journal of Sociology*, vol. 31, No.2, pp.159-87.

Pareto, V. (1926), *Trattato di sociologia generale*, 2 vols. Trans. and (eds) by Livingston, A. and. Bongioro, A. as *The Mind and Society*, 4 vols, London, Cape, (1935).

Parsons, W. (1997), *Public Policy, An Introduction to the Theory and Practice of Policy Analysis*, Edward Elgar, Cheltenham.

Peter, B. Guy (1986), *American Public Policy*, Second edition. Chatham House Publishers Inc.

Poulantzas, N. (1973), *Political Power and Social Classes*, New Left Books, London.

Poulantzas, N. (1976), *Crisis of the Dictatorship*, New Left Books, London.

Poulantzas, N. (1978), *State, Power, Socialism*, New Left Books, London.

Pye, L. (1981), *The Dynamics of the Chinese Politics*, Cambridge University Press.

Pye, L. (1986), *The Dynamics of Factions and Consensus in Chinese Politics: A Model and Some Propositions*, The Rand Company.

Pye, L. (1991), *China: an Introduction*, fourth edition. Harper Collins Publisher.

Pye, L. (1995), 'An Introduction Profile: Deng Xiaoping and China's Political Culture', in David Shambaugh (ed.), *Deng Xiaoping—Portrait of a Chinese Statesman*, Clarendon Press, Oxford.

Rivett, P.(1979), *Model Building for Decision Making*, John Wiley & Sons, Chichester.

Robertson, D. (ed.). (1993), *A Dictionary of Modern Politics*, second edition, Europa Publication, London.

Robinson, T. W. (1971), *The Cultural Revolution in China*, University of California Press, Berkeley.

Rosario, L, (1989), 'Peking Sacks Hainan's Governor and Guangdong Trembles:

North Wind Doth Blow', *Far Eastern Economic Review*, vol. 145, No.39, pp.10-11.

Sabatier, P.A. (1991), 'Toward Better Theories of the Policy Process', *Political Science & Politics*, No.24, pp.147-56.

Sabatier, P.A. (1988), 'An advocacy Coalition Framework of Policy Change and the Role of Policy-Oriented Learning Therein', *Policy Science*, vol. 21(fall), pp.129-168.

Schmitter, P.C, (1974), 'Still the Century of Corporatism?' *Review of Politics*, vol. 36, pp.85-131.

Schwarzmantel, J. (1994), *The State in Contemporary Society: An Introduction*, Harvester Wheatsheaf, London.

Shambaugh, D. (ed.). (1995), *Deng Xiaoping*, Clarendon Press, Oxford.

Shirk, S. L. (1993), *The Political Logic of Economic Reform in China*, University of California Press, Berkeley.

Shirk, S. L. (1993), *The Political Logic of Economic Reform in China*, University of California Press Berkeley.

Simon, H. A. (1947), *Administrative Behaviour*, Free Press.

Simon, H. A. (1975), *Administrative Behaviour*, third edition, Free Press..

Simon, H. A. (1983), *Models of Bounded Rationality*, MIT Press, Massachusetts.

Simon, H. A. et.al. (1964), *Public Administration*, Knopt.

Skilling, H. G. (1968), 'Background to the Study of Opposition in Communist Eastern Europe', *Government and Opposition*, vol. 3 (spring), No.2, pp.294-324.

Smith, G. and May, D. (1980), 'The Artificial Debate between Rationalist and Incrementalist Models of Decision Making', *Policy and Politics*, No.8, pp.147-61.

Solinger, D. (1982), 'The Fifth National People's Congress and the Process of Policymaking: Reform, Readjustment, and the Opposition', *Issues and Studies*, August, pp.63-106.

Solinger, D. (1984), *Chinese Business under Socialism*, University of California Press.

Starkie, D. (1984), 'Policy Changes, Configurations, and Catastrophes', *Policy and Politics*, vol. 12, No.1, pp.71-84.

Tai Ming Cheung, (1993), 'Life Is a Beach?—China's Hainan aspires to become an island paradise', *Far Eastern Economic Review*, vol. 156, No.31, pp.60-61.

Teiwes, F. C. (1972), 'Provincial Politics in China: Themes and Variations', in Lindbeck, H. (ed.), *China: Management of a Revolutionary Society*, University of Washington Press.

Teiwes, F. C. (1984), *Leadership, Legitimacy, and Conflict in China: From a Charismatic Mao to Politics of Succession*, Macmillan Press, London.

The Blackwell Encyclopaedia of Political Science (1992), Oxford.

Thelen, K. and Steinmo, S. (1992), 'Historical institutionalism in Comparative Politics', in Steinmo, S., Thelen K. and Longstreth, F. (eds), *Structuring Politics- Historical institutionalism in Comparative Analysis*, Cambridge University Press.

Thelen, K. and Steinmo, S. (1992), 'Historical institutionalism in Comparative Politics,' in Steinmo, S., Thelen, K. and Longstreth, F. (eds), *Structuring Politics- Historical Institutionalism in Comparative Analysis*, Cambridge University Press.

Vloeberghs, G. (1979), 'The Position of Hua Guofeng', inJugen Domes (ed.), *Chinese politics after Mao*, University College Cardiff Press.

Whitson, W. W. (1972), 'Organisational Perspectives and Decision Making in the Chinese High Command', in Robert A Scalapino (ed.), *Elites In People*'s *Republic of China*, University of Washington Press, pp.381-415.

Wildavsky, A. (1980), *The Art and Craft of Policy Analysis*, Macmillan Press Ltd. London.

Winkler, J. T. (1976), Corporatism, in *European Journal of Sociology*, No.17, pp.100-136.

Wolfe, A. (1977), *The Limits of Legitimacy*, The Free Press, New York.

Yang Xiaobing, (1988), 'Hainan Province—China's Largest SEZ', *Beijing Review*, vol. 31, No.18, pp.14-18.

Yang Xiaobing, (1988), 'Hainan to Adopt More Special Policies', *Beijing Review*, vol. 31, No, 18: pp.4-5

You Yuwen, (1995), 'Pudong and New Development in Shanghai', *China Today*, No.10, pp.10-12.

二、中文论著

A Report Outline of Shenzhen SEZ, submitted to the Work Conference of SEZs which convened by the State Council in February 1990, by Shenzhen government.

Chang Huanli, (1992), 'The Establishment, Development and Features of Our Country's SEZs', *The Coastal Economy and Trade*, No. 6, pp.15-8.

Cheng Yaoni (1996), 'Ecological City: A new Target of Shanghai within this Century', *Outlook*, No.49, pp.27-31.

Cheng, E. (1992), 'Island Beach-Head', *Far Eastern Economic Review*, vol. 155, No.17, pp.64-5.

Chinese Statistical Yearbook (1988, 1989, 1990, 1990, 1991), Chinese Statistical

Press, Beijing.

Chinese Yearbook (1988,1989, 1990, 1991,1992), China's Statistical Press, Beijing.

Deng Xiaoping (1984), *Selected Works of Deng Xiaoping (1975-1982)*, Chinese edition, People's Press, Beijing.

Deng Xiaoping (1985), 'The Magnificent Targets and the Basic Policies of Realising the Four Modernisation (October 6, 1984)', in *To Build the Socialism with Chinese Characteristics*, reversed and enlarged edition, 1985, Beijing, People's Press.

Deng Xiaoping (1987), 'To Develop Democracy in Politics and Carry out Reform in Economy (April 15, 1985)', in *To Build Socialism with Chinese Characteristics*, reversed and enlarged edition, People's Press, Beijing.

Deng Xiaoping (1993a), 'The Main Points of Deng Xiaoping's Talk in Wuchang, Shenzhen, Zhuhai and Shanghai (1992 Jan.18-Feb.21)', in *Selected Works of Deng Xiaoping*, vol. 3, People's Press, Beijing.

Deng Xiaoping (1993b), *Selected Works of Deng Xiaoping*, vol. 3, Chinese edition, People's Press, Beijing.

Dong, Furen (1982), 'Further Develop the Study of China's Economic Development Strategy', in *Jingjixue Wenzhai (Economics Digest)*, No.4.

ED (1988) 'Resolution of The First Session of The Seventh National People's Congress on Setting Up Hainan SEZ' (Adopted by the First Session of the Seventh NPC on 13 April), *Economic Daily*, 14 April, p.2.

ED (1988), 'Resolution of The First Session of The Seventh National People's Congress on Setting Up Hainan Province' (adopted by the First Session of the Seventh NPC on 13 April), *Economic Daily*, 14 April, p.2.

Gao Gang (1997), 'Post-Deng China: The Thinking of the Summit Consultants,

A Report of Visiting the CPPCC Members', *Huasheng Monthly*, April, pp.8-19.

Ge Wu (1990), 'Rules Add to Pudong's Appeal to Investors', *Beijing Review*, No.43 pp.12-5.

Guo Zhemin (1992), 'On the Development Types of China's SEZs', *The Economy of Asian and Pacific Region*, No.3, pp.56-60.

Huang Ju (1990), 'To Celebrate Pudong's Development and Expand Opening Up to the Outside World', *Xinhua Monthly*, No.9, pp.54-56.

Ji Changwei (1989), 'The World's Economic Tendency and the Issue of Outward-Oriented Economy in China's Coastal Areas', *Development Studies*, No.2, pp.1-6.

Jiang Ji (1985), 'Several Relationships Concerning Opening Up Coastal Cities to the Outside World', *Economic Daily*, 13 May 1985, p.3.

Jiang Shijie (1996), 'Yangpu, How Is Its Development Now?' *People*'s *Daily*, overseas edition, 6 Jan. 1996, p.2.

Jiang Zemin (1991), A Speech at the Reception of Celebrating the Tenth Anniversary of the Founding of Shenzhen SEZ, in *The Yearbook of China*'s *Economic Management System Reform*, pp.33-34.

Jiang Zemin (1996), 'Joining Forces to Create a Good Future of Friendship and Co-operation Between China and Kazakhstan', *People*'s *Daily*, overseas edition, 6, Jul. 1996, p.1.

Jiang, Wei (1981) The Origins of the Special Economic Zones, *World's Economic Introduction*, 2 February 1981, p.2.

Jing, B. (1990), 'Pudong: An Open Policy Showcase', *Beijing Review*, vol. 33, No.29, pp.23-5.

Li Dahong at el. (1997), 'A Report of the Friendly Relation between the Third

Generation Leadership Group of CPC and the Leaders of Democratic Parties', *Outlook*, No.18, pp.4-8.

Liang Xiang (1985), 'The Establishment and Development of Shenzhen Special Economic Zones', in *Shenzhen Yearbook.*

Liu Guoguang (1989), 'On the Several Issues of the Economy Development Strategy in China's Coastal Areas', in The Editorial Department of *The World Economy* (eds), *The Development Strategy of the Outward-Oriented Economy in China*'s *Coastal Areas*, pp.1-11.

Liu Peng (1985), 'We Must Revise Our Understanding of the Open Door Policy', *Outlook*, 18/April, pp.9-11.

Liu Rongcang (1987), 'Increasing the Results in Funds Utilisation Is an Important Link in Increasing Production and Economising', *People*'s *Daily*, 17 Apr. 1987, p.2.

Liu Xiaolin (1996), 'China: to Turn Down Corruption', *People*'s *Daily*, Overseas Edition, 13th, January 1996, p.4.

Liu Yongbing (1992), 'The Development of the World's SEZs and the *Status Quo* of China's SEZs', in *Tactics and Countermeasures*, No.11, pp.31-3.

Lu Lin (ed.) (1995), *The Opening Forward Position Brimming with Charm*, The Law Press, Beijing.

Ma Chunhui & Feng Yuhui (1996), 'A Comparative Study of the Special Economic Zones Between the Developed and the Developing Countries', in *Special Zone Economy*, No.2, pp.49-50.

Ma Hong (1982), 'On Unified Financial Authority and Concentrated Financial Resources', in *Caijing Wenti Yanjiu (Research on finance and economic problems)*, No.1.

Major, J. (1995), 'A Speech with Chinese Officers', *People*'s *Daily*, Overseas edition, 27 December, p.4.

Mao Zhedong (1943), 'Some Questions Concerning Methods of Leadership', in *Selected Readings from Works of Mao Zhedong*, Beijing, 1967.

Mao Zurong (1992), 'The Enlightenment form Visiting Shenzhen', *The Coastal Economy and Business*, No.9, pp.22-25.

Meng Jinghang and Yang Jianhe (1995), "Three Unchanges" are the Fundamental Guiding Principles of Further Developing SEZs', *Special Zone Economy*, No.10, pp.7-10.

Ni Tianzheng (1992), 'A Great Project Over Next Century', in the Department of Advanced Studies, CPC Central Party School (eds), *The Reports from SEZs*, The Press of CPC Central Party School, Beijing.

Ni Tu (1994a), 'Deng Xiaoping, Jiang Zemin and the Special Economic Zones', *Democracy and Law*, No.9, pp.4-8.

Ni Tu (1994b), 'The Origin of the Special Economic Zones: Deng Xiaoping, Jiang Zemin and SEZs', part 2, *The Democracy and Law*, No.10, pp.6-9.

Ni Tu (1994c), 'The Origin of the Special Economic Zones: Deng Xiaoping, Jiang Zemin and SEZs', part 3, *The Democracy and Law*, No.11, pp.10-14.

OCSE (1997), 'Hong Kong is the Number One of the Foreign Investment in Pudong New Zone', *Overseas Chinese Scholars*, electronic edition, No.126, 13, June.

OL (1996), 'Zhongnanhai and Pudong development', *Outlook*, Beijing, No.17.

PD (1990), 'Jiang Zemin Inspects Hainan and Reaffirms that the Decision Making of Setting Up Hainan SEZ Is Correct and the Policies do not Change', *People*'s *Daily*, 19 May, p.1.

PD (1992), 'The State Council Further Relaxes the Policies for Hainan', *People*'s *Daily*, 11 August, p.1.

PDO (1995), Editorial: 'A New Example of Concentrating National Forces to Accomplish the Important Matter', *People*'s *Daily*, overseas edition, 17 November, p.1.

PDO (1996), 'Pudong Became the First Choice Area of Foreign Capital that Seeking Increasing in Value', *People*'s *Daily*, overseas edition, 8 May, p.2.

PDO (1997), 'Zhu Rongji Met Kirichy', *People*'s *Daily*, overseas edition, 29, February, p.1.

Peng Mingpang (1997), 'A Great Man of the Century', *Chinese Youth*, No.3, pp.4-13.

Qu Zhang (1989), 'China's Largest and Most Special SEZ—Hainan Province', *International Economic Cooperation*, No.6, pp.3-7.

Quan Qizhen (eds) (1992), *The Ten Years' General Situation of China*'s *Coastal Economic Opening Zones*, Science Press, Beijing.

RF (1981), 'The Resolution about The Party's Several Historical Issues Since the Founding of PRC' (Adopted with one accord by the 6th Plenum of 11th Central Committee of CPC, June 27, 1981). *Red Flag*, No.13, pp.3-27.

Semi-month Talk, (Journal) Beijing. (1990-1995)

Sui Guangjun (1990), 'On the SEZs' Role in the Economic Cooperation between China and Foreign Countries', *Jinan Academic Journal*, No.4, pp.44-52, 62.

Sun Xiaogang (1991), 'On the Ten Relations in the Development of Shenzhen SEZ', *SEZ Economy*, No.1, pp.12-14.

SZE, Editorial, *Special Zone Economy*, issue 4, 1992, Shenzhen, P.R. China

The Bulletin of the Third Plenum of the Eleventh Central Committee of CPC: 'The Regulations of Guangdong Special Economic Zones (Adopted on 26 August 1980 by the Standing Committee of the National People's

Congress)',in Shenzhen Commission of Economic System Reform (eds), *The Selected Reform Documents of Shenzhen SEZ*, pp.1-5.

The Research Office for Economic System Reform of CPC Hainan Committee (1989), 'The Reform and Opening-Up of Hainan Province', in The State's Commission for Economic System Reform (ed.), *Chinese Year Book of Economic System Reform*, Reform Press, Beijing, pp.413-7.

The Selected Edition of the Important Documents since the Third Plenum of the Eleventh Central Committee of CPC, (1990), vol.1, People's Press, Beijing.

The SEZs Office of China's State Council (1988), 'China's Great Practice of Opening to the Outside World', in *The Ten Years of China*'s *Economic System Reform*, Reform Press, Beijing.

'The Statistical Bulletin of the National Economic and Social Development of Shenzhen City in 1991' (1992) *The Economy of SEZs*, No.3.

The Statistical Bureau of Shenzhen (1988), *A Combining Statistical Data of the Coastal Opening Cities, Special Economic Zones and the Cities with Special State Plans* (1980-1986), 1987, pp.151-153, and 1988 edition, p.100.

The Yearbook of Shenzhen Special Economic Zone, (1985), Shenzhen, China.

Wang Ruipu (ed.) (1995), *A General Review of China*'s *Economic System Reform*, PLA Press, Beijing.

Wang Zhuo (1995), 'The Clarion Call of the Open Policy and the Sound of the SEZs: Congratulate the Ten Years Anniversary of the Open Publication of "*The Special Zone Economy*"', *Special Zone Economy*, No.9, pp.6-9.

Xiamen's *Statistical YearBook of Economy linked with Foreign Countries* (1989), The Statistical Press of China.

Xiao Bing (1998), 'The Twenty Years of China's Political System Reform', *Xinhua Monthly*, No.9, pp.37-38.

Xie Baisan (1991), *China*'s *Economic Policies: Theories and Reforms Since 1949*, Fudan University Press, Shanghai.

Xie Jinghu (1995), 'Fifth Anniversary of Pudong's Development and Opening Up: the Harvest Besides the Figure', *Outlook*, No.15, pp.4-6.

Xie Jinghu, et al. (1996a), 'Zhongnanhai and Pudong Development', *Outlook*, No.17, pp.4-10.

Xie Jinghu, et al. (1996b), 'Pudong Become the First Choice Area of Foreign Capital's increment', *People*'s *Daily*, overseas edition, May 8 1996, p.2

Xinhua News Agency (1992), 'The State Council Approves Hainan Province to Introduce Investment from Foreign Businessmen for the Development and Construction of Yangpu Economic Development Zone', *People*'s *Daily*, 14, 15 March.

Xu Long, (1991) 'The Ten Years of China's SEZs', *The Economy of Hong Kong and Macao*, No.6: pp.21-23.

Yan Bing (1995), 'A Tour through Beijing-Jiulong Railway (1)', *People*'s *Daily*, overseas edition, 13th, November 1995, p.1.

Zhan Qicheng (1989), 'On the Newly Development of the World's SEZs', *The Issue of International Trade*, No.12, pp.32-7.

Zhang Jianwei (1996), 'Xu Shijie and the Yangpu Disturbance', *The Successor of China*, overseas edition, No.1, pp.34-41.

Zhang Shihong (1996), 'A Beautiful Blueprint and a New Contribution: An On-the-Spot Report of Pudong New Zone's Planning', *People*'s *Daily*, Overseas Edition, 8 May 1996, p.2.

Zhao Guobin, et al. (1992), 'A Study Report of Investigating Hainan, Shenzhen and Pudong', *Heihe Academic Journal*, No.2, pp.17-23.

Zhong Ekang (1986), On Some Issues of the Development Strategy of Shenzhen

Special Economic Zone, *The Year Book of Shenzhen Special Economic Zone (1986)*, pp.337-339.

Zhong Yechang (1989), *On the Economic Development of Hainan*, Hong Kong News Press.

后记

本书从探讨若干决策理论和决策模式在中国改革开放时期政府决策实践中的适用性之路径切入，研究中国政府决策方式的演变及其影响。对决策重要性的认知，当以赫伯特·西蒙所言“管理就是决策”之论最为精要。这一论断不仅适用于解释政府及其他所有营利与非营利组织的管理，也同样适用于个人对其可支配资源的管理。政府决策在政府公共事务管理中处于核心位置。现代政府决策的本质，是一种非市场选择行为，是政府基于公众授权在规范市场行为、矫正市场失灵、配置公共资源、协调利益关系、增进社会福祉和维护国家利益等方面所进行的谋划抉择。从根本上说，政府管理过程乃是政府对内外公共事务进行决策和执行决策的过程。在现代国家的民主政治环境中，政府决策往往是多元参与的利益博弈的结果，是不同利益群体竞争的产物。从这个意义上说，政府决策即是一种政治过程。政府决策对于通过治国理政的良性运行以实现、增进和维护公共利益的至关重要。因此，必须对如何改善政府决策方式，优化政府决策机制和决策过程，以利于提升政府决策效度的问题持续进行深入探究。

研究政府决策问题，一直是我学术研究的主要意趣之一。很多年前，我在英国纽卡斯尔大学攻读博士学位时，就选择以决策理论与决策分析作为博士学位论文的研究方向。博士毕业后，我的研究工作进一步在政府决策方式、政府决策合法性、政府决策注意力、政府决策执行、公共政策分析与公共政策差等正义批判等论域相继展开，继而进入对政府决策能力的研究。这是二十多年来我对政府决策问题进行学术研究的一个大致的路线图。

如上所析，政府决策对于国家治理至关重要。观近代以降世界各国政治风云之变幻，察七十余载中国政府管理模式之流变，深感政府决策之得失成败与国家民族的兴衰荣辱及民众的福祉安康密切相关。研究政府决策即旨在推动政府决策方式和政府决策能力之改善，促进政府决策效度之优化。我深信，在这一学术之苑锲而不舍地耕耘播种，一定会获得我们所期待的收获。希望所奉献的这本小书能为这块学术园地增添一缕特别的色彩。

本书在把英文版原著转换为中文的初期文字处理工作中，使用科大讯飞公司的机器翻译技术和软件。作者对科大讯飞公司的友情支持，对科大讯飞研究院院长潘青华君之盛情襄助致以衷心感谢！

拙著出版荣幸地得到南京大学政府管理学院优势学科项目的大力支持，在此谨向南京大学政府管理学院和院长孔繁斌教授表达诚挚谢意！

特别感谢中国大百科全书出版社的大力支持！出版社万象工作室主任陈光博士以严谨负责之专业精神、敬业精神所进行的高效度工作令人赞赏。本书付梓之时，我对他付出的辛劳谨致谢忱和敬意！

感谢妻子姜秀珍女士一直对我的学术研究工作予以全力支持，为我解除后顾之忧。无论是在国内还是国外，我的每一种著作出版，都有她付出的辛劳。

黄健荣 谨识

壬寅年中秋

于南京秦淮亦柳斋